ネイティブ表現をきわめる

韓国語
〈動詞〉
小辞典 2600

今井久美雄 著

インターブックス

추천의 말

세상에는 외국어 교육에 대한 오해가 많다.

모국어와 마찬가지로 그냥 듣기만 해도 저절로 실력이 붙는다는 말에는 두 손 두 발을 다 들 수밖에 없다. 사춘기를 지난 성인의 뇌의 구조는 어린이들과는 전연 달라 외국어 공부는 차분히 해나갈 수밖에 없다. 모국어는 습득하는 것이지만 외국어는 습득이 아니라 학습하지 않으면 안 된다.

이마이 선생님은 늘 한국어 학습자가 한국어를 학습할 때 도움이 되는 책을 많이 출판해 왔다. 이번 책 'ネイティブ表現をきわめる 韓国語〈動詞〉小辞典2600'도 한국어 학습자가 늘 궁금증을 느끼는 한국어 동사에 대해 알기 쉽게 하나하나 설명한 책이다.

아마도 지금까지 일본뿐만 아니라 한국에서도 외국인을 위해 이만큼 동사에 대해 잘 설명을 한 책을 본 적이 없는 것 같다.

이 책은 틀림없이 여러분들의 한국어 학습에 있어서 가려운 곳을 긁어 주고 등을 밀어주어 성큼 앞으로 나아가게 해 줄 것임을 믿어 의심치 않아 추천하는 바이다.

2022 년 3 월 좋은 날

조 희 철

推薦のことば

世の中には外国語教育に対する誤解が多い。母国語と同じようにただ聞くだけで自ずと上達するという話に至っては，お手上げである。思春期を過ぎた成人の脳の構造は，子どもたちとは全く異なっているので，外国語の勉強は順序だてて進めていくほかない。母国語は習得するものだが，外国語は習得するのではなく，学習しなくてはならない。

今井先生は，これまで学習者が韓国語を学ぶ上で役に立つ本を多数出版してきた。本書『ネイティブ表現をきわめる 韓国語〈動詞〉小辞典 2600』も，韓国語学習者にとってふだんから気になっている動詞の使い方に関して，ひとつひとつわかりやすく説明した本だ。

おそらく今まで，日本だけでなく韓国でも，外国人のためにこれほど動詞についてくわしく説明した本はないだろう。学習者に対する本書の行き届いた配慮が，学習の意欲を増進し，効果を大きくアップさせてくれることを信じ，皆さんにお薦めする次第である。

2022 年 3 月吉日

チョ・ヒチョル
（編集部訳）

はじめに

　みなさんの中にはラットが回転ケージの中を疾走するように，「十年一日」のごとく，変化のない勉強を繰り返して，結局途中で投げ出してしまう方も目につきます。また最近は在宅で受講できるウェブ講座が盛んになりましたが，リモート空間の中で，なかなか自分に合った教室を探すのも大変です。

　この本は「脱初級」をめざし，「中・上級」に向かって力をつけたいと考えている学習者にターゲットを絞って，豊富な動詞の語彙力が身につくように作られた小辞典です。

　ふだん私たちは，「見る」「聞く」「食べる」……といった基礎動詞だけでなく，日本語の日常会話では，「(コーヒーを) かきまぜる」「(ご飯を) こぼす」「(炭火で) あぶる」「(窓の外を) のぞく」などのワンランク上の動詞を不自由なく使いこなしているのです。みなさんも，もう少し背伸びをして「ちょっとしたひとこと」がネイティブのようにすらすらと言えるように，ボキャブラリーをアップグレードしませんか。

　「手を洗う」「髪を洗う」「服を洗う」「皿を洗う」……など，韓国語では「洗う」ものによって使う動詞が違います。また，「ガムを噛む」と「唇を噛む」なども，日本語では同じ「噛む」でも韓国語では別の単語を使います。このように，つい日本語の感覚で，間違えて使ってしまうような例を豊富に例示しました。

　またみなさんが初級時代に習った間違えやすい動詞の不規則変化，作文や会話で迷ってしまう하다と되다，自動詞と他動詞，使役形と受身形，시키다・당하다，など基礎的な重要項目を巻頭にまとめました。さらに学習者が最後まで飽きずに勉強できるように，楽しい内容のコラムも随所にちりばめました。この本が，きっとみなさんの「韓国語の登山」をエスコートしてくれるよき伴侶になると信じています。

　2022 年 3 月

今井久美雄

目次

凡 例

第 2 部「日常生活に欠かせない動詞」の記載方法は，以下の通りとした。

- 日常生活でよく使われる動詞を，原則として「あいうえお」順に掲載した。ただし，派生語などの掲載箇所が離れることを避けるため，厳密に「あいうえお」順になっていない箇所もある。
- 「食事する」「勤務する」など，韓国語にもある「漢字語名詞＋する」形の動詞は省いた。
- 各例文は学習者の便宜を図り，辞書に載っている形で記載してある。
- 掲載語の配列のしかたは次の通り。
    - ① 見出し語：浮く
    - ② 見出し語の「受身形」「使役形」：浮かす，浮かべるなど　➡で表示
    - ③ ①，②以外の派生語　▶で表示
- 適当な例文がないものについては＝で直接の意味を記した。
- 漢字語由来の動詞には합合하다*のように＊印をつけた。고집을 부리다のような熟語にも＊印をつけた。
- 補足説明が必要なものは MEMO 欄をもうけ，そこに記した。
- 形は形容詞を表す。この本は「動詞」の本だが，韓国語に当てはまる動詞がない場合には形容詞で代用し，この記号をつけてある。
- 俗は俗語を表す。

第1部

第1部

文法事項のおさらい

　ここでは，中・上級に進む上での基本的な事項をまとめてみました。何度勉強しても間違える動詞の不規則活用など，いままでうろ覚えだった項目を再度確認してください。また自動詞と他動詞の使い方や，使役形や受身形のよく間違える点についても詳しく述べてあります。あれこれ既存の参考書をめくって調べ直すより，これ一冊で解決できるように構成してあります。もう一度知識を整理してみましょう。

第 **1** 章 動詞の活用再チェック！

第1部

日本語話者が日本語を使うときに活用を常に意識していないのと同じで，韓国語ネイティブに近づくためには動詞の活用もスムーズにできるようにしておきたい。とくに変則活用はこの際もう一度チェックしておこう。

動詞の活用は，語幹と語尾の結合のしかたが規則的な正則活用と，変則的な変則活用とがあり，それぞれの活用のしかたは以下で説明する通りである。

なお，表の①〜⑦の各欄は，次のそれぞれの形である。

> ①原形（辞書の見出し形），②−ㅂ니다/−습니다，③−아요/−어요，④−았어요/−었어요，⑤−아서/−어서，⑥−면/−으면，⑦現在連体形（−는），過去連体形（−ㄴ/−은），未来連体形（−ㄹ/−을）

1 正則活用

語幹の末尾にパッチムのないもの（母音語幹）と，あるもの（子音語幹）に分けると覚えやすい。

・語幹の末尾にパッチムのないもの（母音語幹）

①	②	③	④	⑤	⑥	⑦
가다	갑니다	가요	갔어요	가서	가면	가는, 간, 갈
오다	옵니다	와요	왔어요	와서	오면	오는, 온, 올
되다	됩니다	돼요 (되어요)	됐어요 (되었어요)	돼서 (되어서)	되면	되는, 된, 될

2

・語幹の末尾にパッチムのあるもの（子音語幹）

①	②	③	④	⑤	⑥	⑦
받다	받습니다	받아요	받았어요	받아서	받으면	받는, 받은, 받을
먹다	먹습니다	먹어요	먹었어요	먹어서	먹으면	먹는, 먹은, 먹을

2 変則活用

変則活用には，次の 10 種類がある。

・–아/–어で始まる語尾が接続すると語幹の形が変化するもの

　👉 으変則，르変則，러変則，우変則，하変則，어変則の 6 つ。

・母音で始まる語尾が接続すると語幹の形が変化するもの

　👉 ㄷ変則，ㅂ変則，ㅅ変則，ㅎ変則の 4 つ。

・語幹がㄹで終わるもの

　👉 すべて変則的な活用をするのでㄹ語幹という（厳密には変則活用
　　ではないが，ここでは変則活用に準じて扱う）。

---

(1) 으変則

・語幹が一で終わる動詞のほとんどが該当する。

・語幹末母音の一のひとつ前の母音が陽母音なら ト，陰母音なら ㅓ がつく（語
幹末の一は脱落する）。

①	②	③	④	⑤	⑥	⑦
담그다	담급니다	담가요	담갔어요	담가서	담그면	담그는, 담근, 담글
모으다	모읍니다	모아요	모았어요	모아서	모으면	모으는, 모은, 모을
잠그다	잠급니다	잠가요	잠갔어요	잠가서	잠그면	잠그는, 잠근, 잠글

・1音節語幹の場合はすべて _어がつく。

①	②	③	④	⑤	⑥	⑦
끄다	끕니다	꺼요	껐어요	꺼서	끄면	끄는, 끈, 끌
뜨다	뜨니다	떠요	떴어요	떠서	뜨면	뜨는, 뜬, 뜰
쓰다	씁니다	써요	썼어요	써서	쓰면	쓰는, 쓴, 쓸
트다	틉니다	터요	텄어요	터서	트면	트는, 튼, 틀

❗ 語幹が르のときは, 으変則でなく르変則（後述）になるが, 치르다は例外で, 으変則なので注意!

(2) 르変則

・ 가르다（分ける）, 거르다（[順序を]抜かす）, 누르다（押す）のように, 語幹が르で終わる動詞の大部分が該当する。
・ 次に아/어で始まる語尾が続くと, 르아は ㄹ라に, 르어は ㄹ러になる。

①	②	③	④	⑤	⑥	⑦
가르다	가릅니다	갈라요	갈랐어요	갈라서	가르면	가르는, 가른, 가를
거르다	거릅니다	걸러요	걸렀어요	걸러서	거르면	거르는, 거른, 거를
누르다	누릅니다	눌러요	눌렀어요	눌러서	누르면	누르는, 누른, 누를
바르다	바릅니다	발라요	발랐어요	발라서	바르면	바르는, 바른, 바를

르変則に該当する動詞の例

가르다（分ける, 割る）　　　　거르다（順序を）飛ばす

거스르다（逆らう）　　　　　　고르다（選ぶ）

기르다（育てる）　　　　　　　끄르다（ほどく, はずす）

나르다（運ぶ）　　　　　　　　누르다（押す）

두르다 (巻く，巻きつける)　　떠오르다 (浮かび上がる)

마르다 (乾く)　　머무르다 (留まる，泊まる)

모르다 (知らない)　　문지르다 (擦る)

바르다 (塗る)　　부르다 (歌う，呼ぶ)

사르다 (燃やす)　　서두르다 (急ぐ)

엎지르다 (〔水を〕こぼす)　　오르다 (上がる)

이르다 (言い聞かせる，諭す)*　　잇따르다 (相次ぐ)

자르다 (切る)　　저지르다 (〔罪を〕犯す)

조르다 (締める)　　지르다 (叫ぶ)

찌르다 (突く)　　흐르다 (流れる)

＊이르다 (至る) は，러変則。

＊들르다(立ち寄る)，따르다(従う，〔液体を〕注ぐ)，치르다(〔借金や代金を〕支払う)などは，
語幹が르で終わっているが으変則，이르다 (着く，到着する) は，러変則である。

(3) 러変則

・語幹が르で終わる動詞の一部が該当する。ふだんよく使われるのは이르다
(至る)のみ。

・次に어で始まる語尾が続くと，르가르러になる。

①	②	③	④	⑤	⑥	⑦
이르다	이릅니다	이르러요	이르렀어요	이르러서	이르면	이르는, 이른, 이를

(4) 우変則

・動詞では푸다 (すくう，汲む，〔飯を〕よそう)のみが該当する。

・次に어で始まる語尾が続くと，ㅜとその次の○が脱落する。

①	②	③	④	⑤	⑥	⑦
푸다	풉니다	퍼요	펐어요	퍼서	푸면	푸는, 푼, 풀

(5) 하変則

・하다で終わる動詞すべてが該当する。
・次に아で始まる語尾が続くと，아が여となる。また하여は해と変化する。

①	②	③	④	⑤	⑥	⑦
하다	합니다	해요	했어요	해서	하면	하는, 한, 할
구하다	구합니다	구해요	구했어요	구해서	구하면	구하는, 구한, 구할

(6) 어変則

・語幹が ㅓ で終わるもののうち그러다（そうだ），이러다（こうだ）などごく一部のみが該当する。
・次に母音が来ると，ㅓ + 어 = ㅐ となる。

①	②	③	④	⑤	⑥	⑦
그러다	그럽니다	그래요	그랬어요	그래서	그러면	그러는, 그런, 그럴

(7) ㄷ変則

・걷다（歩く），깨닫다（悟る），듣다（聞く），묻다（尋ねる），싣다（積む）のように，語幹が ㄷ で終わる動詞の一部が該当する。
・次に母音が来ると ㄷ が ㄹ となる。

①	②	③	④	⑤	⑥	⑦
걷다	걷습니다	걸어요	걸었어요	걸어서	걸으면	걷는, 걸은, 걸을
깨닫다	깨닫습니다	깨달아요	깨달았어요	깨달아서	깨달으면	깨닫는, 깨달은, 깨달을
듣다	듣습니다	들어요	들었어요	들어서	들으면	듣는, 들은, 들을
묻다	묻습니다	물어요	물었어요	물어서	물으면	묻는, 물은, 물을
싣다	싣습니다	실어요	실었어요	실어서	실으면	싣는, 실은, 실을

❶ 語幹がㄷで終わる動詞のうち, 닫다 (閉める), 묻다 (埋める), 묻다 ([粉・
ごみ・水などが]) くっつく, 믿다 (信じる), 받다 (受け取る), 얻다 (も
らう) などは正則活用である。ㄷは次に母音で始まる語尾が続いてもㄹ
には変わらない。

①	②	③	④	⑤	⑥	⑦
닫다	닫습니다	닫아요	닫았어요	닫아서	닫으면	닫는, 닫은, 닫을
묻다	묻습니다	묻어요	묻었어요	묻어서	묻으면	묻는, 묻은, 묻을
믿다	믿습니다	믿어요	믿었어요	믿어서	믿으면	믿는, 믿은, 믿을
받다	받습니다	받아요	받았어요	받아서	받으면	받는, 받은, 받을
얻다	얻습니다	얻어요	얻었어요	얻어서	얻으면	얻는, 얻은, 얻을

(8) ㅂ変則

・語幹がㅂで終わる動詞のうち굽다 (焼く), 눕다 (横たわる), 돕다 (助ける)
などが該当する。
・次に −으で始まる語尾が続くと, ㅂ+으→우と変化する。

・돕다はㅂ+아→와と変化する (下表の＊)。
・꼽다 (指折り数える), 뽑다 (選ぶ), 씹다 (噛む), 업다 (背負う), 잡다 (つ
かむ), 접다 (折り畳む), 집다 (つまむ) などは正則活用。
・밟다 (踏む) のような二重パッチムのものは該当しない (正則活用)。

①	②	③	④	⑤	⑥	⑦
굽다	굽습니다	구워요	구웠어요	구워서	구우면	굽는, 구운, 구울
눕다	눕습니다	누워요	누웠어요	누워서	누우면	눕는, 누운, 누울
돕다	돕습니다	도와요＊	도왔어요＊	도와서＊	도우면	돕는, 도운, 도울

(9) ㅅ変則

· 긋다 (線を引く), 낫다 (治る), 붓다 (注ぐ), 잇다 (結ぶ), 젓다 (かき混ぜる), 짓다 (作る) のように, 語幹がㅅで終わる動詞の一部が該当する。
· 次に母音で始まる語尾が続くとㅅが脱落する。

①	②	③	④	⑤	⑥	⑦
긋다	긋습니다	그어요	그었어요	그어서	그으면	긋는, 그은, 그을
낫다	낫습니다	나아요	나았어요	나아서	나으면	낫는, 나은, 나을
붓다	붓습니다	부어요	부었어요	부어서	부으면	붓는, 부은, 부을
잇다	잇습니다	이어요	이었어요	이어서	이으면	잇는, 이은, 이을
젓다	젓습니다	저어요	저었어요	저어서	저으면	젓는, 저은, 저을
짓다	짓습니다	지어요	지었어요	지어서	지으면	짓는, 지은, 지을

🔔 ㅅで終わる動詞のうち벗다 (脱ぐ), 빗다 (櫛でとく), 씻다 (洗う), 웃다 (笑う) などは正則活用で, 母音で始まる語尾が続いてもㅅは脱落しない。

①	②	③	④	⑤	⑥	⑦
벗다	벗습니다	벗어요	벗었어요	벗어서	벗으면	벗는, 벗은, 벗을
빗다	빗습니다	빗어요	빗었어요	빗어서	빗으면	빗는, 빗은, 빗을
씻다	씻습니다	씻어요	씻었어요	씻어서	씻으면	씻는, 씻은, 씻을
웃다	웃습니다	웃어요	웃었어요	웃어서	웃으면	웃는, 웃은, 웃을

(10) ㅎ変則

· 動詞でㅎ変則に該当するものはない。낳다(生む), 넣다(入れる), 놓다(置く), 닿다 (着く), 쌓다 (積む) など語幹がㅎで終わる動詞は全て正則活用をする。

①	②	③	④	⑤	⑥	⑦
낳다	낳습니다	낳아요	낳았어요	낳아서	낳으면	낳는, 낳은, 낳을
넣다	넣습니다	넣어요	넣었어요	넣어서	넣으면	넣는, 넣은, 넣을
놓다	놓습니다	놓아요	놓았어요	놓아서	놓으면	놓는, 놓은, 놓을
닿다	닿습니다	닿아요	닿았어요	닿아서	닿으면	닿는, 닿은, 닿을
쌓다	쌓습니다	쌓아요	쌓았어요	쌓아서	쌓으면	쌓는, 쌓은, 쌓을

(11) ㄹ語幹

- 날다（飛ぶ），놀다（遊ぶ），돌다（回る），들다（入る，持つ），살다（生きる，住む），울다（泣く），팔다（売る）など，ㄹで終わる語幹の動詞すべてが該当する。
- ㄴ，ㅂ，ㅅの前と終声ㄹ，오で始まる語尾・接尾辞の前でㄹが脱落する。

①	②	③	④	⑤	⑥	⑦
날다	납니다	날아요	날았어요	날아서	날면	나는, 난, 날
놀다	놉니다	놀아요	놀았어요	놀아서	놀면	노는, 논, 놀
돌다	돕니다	돌아요	돌았어요	돌아서	돌면	도는, 돈, 돌
들다	듭니다	들어요	들었어요	들어서	들면	드는, 든, 들
살다	삽니다	살아요	살았어요	살아서	살면	사는, 산, 살
울다	웁니다	울어요	울었어요	울어서	울면	우는, 운, 울
팔다	팝니다	팔아요	팔았어요	팔아서	팔면	파는, 판, 팔

第2章 自動詞と他動詞

　自動詞と他動詞の区別はふだん気にすることはないが，作文をしたりするときのために，しっかり覚えておきたい。

　自動詞とは，「～を」「～に」などの目的語がいらない動詞，つまり主語が行う動作や行為などを示す動詞である，また他動詞とは，「～を」「～に」などの目的語が必要な動詞，つまり誰か・何かに作用する動作や行為などを示す動詞である。ここでは，自動詞と他動詞をわかりやすくまとめてみた。

1 自動詞と他動詞が対になっているもの

　「열리다（開く）-열다（開ける）」のように，自動詞と他動詞が対になっているものを가나다라順に整理した。似ていて間違えやすい単語なので，口に出して言ってみながら慣れるしかない（◆を付けた動詞は，自動詞・他動詞のどちらでも使えるもの）。なお，ここでは一部のみを抜粋している。

自動詞	他動詞
걸리다（かかる）	걸다（かける）
깨다◆（起きる）	깨우다（起こす）
깨지다（割れる）	깨다◆（割る）
나다（出る）	내다（出す）
남다（残る，余る）	남기다（残す，余す）
녹다（溶ける，解ける）	녹이다（溶かす，解かす）
늘다（増える）	늘리다（増やす）
닫히다（閉まる）	닫다（閉める）
뜨다（浮く）	띄우다（浮かべる）
마르다（乾く）	말리다（乾かす）
맡다（受け持つ，担当する）	맡기다（任せる）
모이다（集まる）	모으다（集める）
묻히다（埋まる）	묻다（埋める）

바뀌다（変わる）	바꾸다（変える）
벗다（脱ぐ）	벗기다（脱がす）
붙다（付く）	붙이다（付ける）
비다（空く）	비우다（空ける）
비치다（照る）	비추다（照らす）
서다（止まる，立つ，建つ）	세우다（止める，立てる，建てる）
섞이다（混ざる）	섞다（混ぜる）
속다（だまされる）	속이다（だます）
숨다（隠れる）	숨기다（隠す）

MEMO

身体以外の物を隠す場合は숨기다，감추다の両方を用いるが，人間の身体や抽象的な物を隠す場合は숨기다を用いる。

식다（冷める）	식히다（冷ます）
없어지다（無くなる）	없애다（無くす）
열리다（開く）	열다（開ける）
오르다（上がる）	올리다（上げる）
울다（泣く，鳴く）	울리다（泣かせる，鳴かせる）
웃다（笑う）	웃기다（笑わせる）
잡히다（つかまる）	잡다（つかむ，つかまえる）
줄다（減る）	줄이다（減らす）
타다（燃える）	태우다（燃やす）
타다（乗る，載る）	태우다（乗せる，載せる）
피다（咲く）	피우다（咲かせる）
흐르다（流れる）	흘리다（流す）

2 -아지다/-어지다 と -아뜨리다/-어뜨리다

おもに良くない状態になる意味を持つ -아지다/-어지다のつく動詞は自動詞であり，-지다を -뜨리다 (트리다) に置き換えると，他動詞になる。

自動詞(-아지다/-어지다)	他動詞 (-아뜨리다/-어뜨리다)
깨지다 (割れる，砕ける)	깨뜨리다 (割る，砕く) ＊깨다の強調形
꺼지다 ([電灯，火などが] 消える)	꺼뜨리다 ([電灯，火などを] 消す) ＊끄다の強調形
넘어지다 (倒れる)	넘어뜨리다 (倒す)
늘어지다 (垂れる，伸びる)	늘어뜨리다 (垂らす，伸ばす)
떨어지다 (落ちる)	떨어뜨리다 (落とす)
망가지다 (壊れる)	망가뜨리다 (壊す)
무너지다 (崩れる，倒れる)	무너뜨리다 (崩す，倒す)
부러지다 (折れる)	부러뜨리다 (折る)
빠지다 (抜ける)	빠뜨리디 (抜かす)
쓰러지다 (倒れる)	쓰러뜨리다 (倒す)
엎어지다 (転ぶ，ひっくり返る)	엎어뜨리다 (ひっくり返す) ＊엎다の強調形
오그라지다 (へこむ)	오그라뜨리다 (へこませる)
일그러지다 (ゆがむ)	일그러뜨리다 (ゆがめる)
자빠지다 (転ぶ，ひっくり返る)	자빠뜨리다 (倒す，転がす)
짜부라지다 (へこむ)	짜부라뜨리다 (へこませる)
터지다 (爆発する)	터뜨리다 (爆発させる)
퍼지다 (広がる)	퍼뜨리다 (広める)
허물어지다 (壊れる，崩れる)	허물어뜨리다 (うち壊す) ＊허물다の強調形
헝클어지다 (からまる)	헝클어뜨리다 (からめる) ＊헝클다の強調形

3 自動詞, 他動詞どちらにもなる動詞

　たとえば日本語の「吹く」という動詞は, 同じ形であっても「風が吹く」という場合は自動詞,「笛を吹く」という場合は他動詞である。

　このように, 同じ形でありながら自動詞にも他動詞にもなる単語が, 韓国語にも存在する。いくつかの代表的な例を, 例文とともに見てみよう。

그치다 ─────────────

自動詞 やむ, 止まる

　　・비가 그치다 (雨が止む)

　　・오랫동안의 분쟁이 그치다 (長い間の紛争が止む)

他動詞 やめる, 止める

　　・이야기를 그치다 (話をやめる)

　　・딸꾹질을 그치다 (しゃっくりを止める)

내리다 ─────────────

自動詞 下りる, 降りる, 下がる

　　・비행기가 공항에 내리다 (飛行機が空港に降りる)

　　・배추의 값이 내리다 (白菜の値段が下がる)

他動詞 下ろす, 降ろす, 下す, 下げる

　　・짐을 기차에서 내리다 (荷物を列車から下ろす)

　　　　＊韓国語で기차と言う場合は列車を指す(韓国では現在,汽車は走っていない)。

　　・가게의 셔터를 내리다 (店のシャッターを下ろす)

다치다 ─────────────

自動詞 けがをする, 傷つく

　　・교통사고가 나서 많은 사람들이 다치다 (交通事故で多くの人がけがをする)

他動詞 けがをさせる, 傷つける

　　・칼에 손을 다치다 (ナイフで手をけがする [直訳は「ナイフで手を傷つける」])

13

다하다

自動詞 終わる, 尽きる, なくなる
- 무더운 여름이 다하다 (暑い夏が終わる)
- 이제 운이 다하다 (もう運が尽きる)

他動詞 終える, 尽くす
- 숙제를 다하다 (宿題を終える)
- 모든 방법을 다하다 (あらゆる方法を尽くす)

멈추다

自動詞 止まる, 止む
- 울음소리가 멈추다 (泣き声が止む)
- 차가 건널목에서 멈추다 (車が踏切で止まる)

他動詞 止める
- 숨을 멈추다 (息を止める)
- 교차로에서 차를 멈추다 (交差点で車を止める)

울리다

自動詞 音が鳴る, 鳴る
- 천둥소리가 울리다 (雷が鳴る)
- 화재 경보음이 울리다 (火災警報音が鳴る)

他動詞 音を出す, 鳴らす
- 클랙슨을 울리다 (クラクションを鳴らす)
- 버튼을 눌러서 버저를 울리다 (ボタンを押してブザーを鳴らす)

움직이다

自動詞 動く
- 바위가 움직이다 (岩が動く)
- 지구가 움직이다 (地球が動く)

他動詞 動かす
- 군대를 움직이다 (軍隊を動かす)
- 사회를 움직이다 (社会を動かす)

풍기다 ──────────────────────────────────────

自動詞 漂う

　　・구린 냄새가 풍기다 (くさいにおいが漂う)

　　・꽃 향기가 풍기다 (花の香りが漂う)

他動詞 漂わせる

　　・악취를 풍기다 (悪臭を漂わせる)

　　・향수 냄새를 물씬 풍기다 (香水の香りをぷんと漂わせる)

第3章 使役形の作り方

　日本語では「せる」「させる」を使って使役の意味を表すが，韓国語の使役形のつくり方にはいろいろな方法がある。ここでは韓国語の使役形のつくり方についてまとめてみた。

1 語幹に이, 히, 리, 기, 우, 구, 추をつける

　一部の動詞・形容詞は，語幹に이，히，기，리，우などの接尾辞がついて使役形をつくる（これらの使役形は一般に他動詞として扱われることが多い）。なお，以下の例語で 形 マークをつけたものは形容詞である。

① 이がついて使役形となるもの ·····································

높다 (高い) 形 → **높이다** (高める)
　소리를 높이다 (音を高める，上げる)

누다 (大小便をする) → **누이다** (大小便をさせる)
　오줌을 누이다 (小便をさせる)

눕다 (寝る，横たわる) → **누이다** (寝かせる，横たえる)
　아이를 자리에 누이다 (子どもを寝床に寝かせる)
　＊눕다の使役形にはもうひとつ，눕히다 (次ページ) もある。

먹다 (食べる)　　→ **먹이다** (食べさせる)
　아이에게 밥을 먹이다 (子どもにご飯を食べさせる)

붙다 (くっつく) → **붙이다** (くっつける)
　스티커를 붙이다 (シールをくっつける)

속다 (だまされる) → **속이다** (だます)
　사람을 속이다 (人をだます)

쓰다 (書く)　　→ **쓰이다** (書かせる)
　학생에게 리포트를 쓰이다 (学生にレポートを書かせる)

죽다 (死ぬ)　　→ **죽이다** (殺す)
　목을 졸라 죽이다 (絞め殺す)

줄다（減る）　　→ 줄이다（減らす）

사원을 줄이다（社員を減らす）

② 히がついて使役形となるもの ……………………………………………………

넓다（広い）形 → 넓히다（広げる）

간격을 넓히다（間隔を広げる）

눕다（寝る，横たわる）→ 눕히다（寝かせる，横たえる）

소파에서 잠든 아이를 침대에 눕히다（ソファーで寝入った子どもをベッドに寝かせる）

밝다（明るい）形 → 밝히다（明かす）

자기 신분을 밝히다（自分の身分を明かす）

앉다（座る）　　→ 앉히다（座らせる）

애를 빈자리에 앉히다（子どもを空いた席に座らせる）

익다（熟れる，熟する）→ 익히다（火を通す）

고기를 살짝 익히다（肉をさっとあぶる）

읽다（読む）　　→ 읽히다（読ませる）

학생에게 책을 읽히다（学生に本を読ませる）

입다（着る）　　→ 입히다（着せる）

아기에게 옷을 입히다（赤ん坊に服を着せる）

좁다（狭い）形 → 좁히다（狭める）

길을 좁히다（道を狭める）

괴롭다（苦しい，つらい）形 → 괴롭히다（苦しめる，いじめる）

하급생을 괴롭히다（下級生をいじめる）

더럽다（きたない）形 → 더럽히다（よごす，けがす）

명예를 더럽히다（名誉をけがす）

부딪다（ぶつかる）→ 부딪히다（［ぶつけられる］ぶつかる）

냉혹한 현실에 부딪히다（冷酷な現実にぶつかる）

MEMO ややこしい부딪다・부딪치다・부딪히다

　辞書には부딪히다는부딪다の使役形で，相手に「ぶつけられる」ことだと書かれているが，日本語との関係でみると「ぶつかる」も「ぶつける」も부딪치다と考えていい。

　実際に日常生活で使われているのは，ほとんど부딪치다（부딪다は書き言葉

としてごくまれに使われるのみ）である。辞書には부딪치다は부딪다の強調だ
とも書かれているが，無視してかまわない。

③ 리がついて使役形となるもの ……………………………………………

늘다（増える） → **늘리다**（増やす）

사람 수를 늘리다（人数を増やす）

돌다（回る） → **돌리다**（回す）

지구본을 돌리다（地球儀を回す）

살다（生きる） → **살리다**（生かす）

능력을 충분히 살리다（能力を十分に生かす）

알다（知る） → **알리다**（知らせる）

주민에게 사실을 알리다（住民に事実を知らせる）

울다（泣く） → **울리다**（泣かせる）

동생을 울리다（弟を泣かす）

④ 기がついて使役形となるもの ……………………………………………

남다（残る） → **남기다**（残す）

밥을 남기다（ご飯を残す）

맡다（預かる） → **맡기다**（預ける）

귀중품을 프론트에 맡기다（貴重品をフロントに預ける）

벗다（脱ぐ） → **벗기다**（脱がせる）

양말을 벗기다（靴下を脱がせる）

숨다（隠れる） → **숨기다**（隠す）

보물을 숲속에 숨기다（宝物を林の中に隠す）

웃다（笑う） → **웃기다**（笑わせる）

익살로 청중을 웃기다（ユーモアで聴衆を笑わせる）

⑤ 우がついて使役形となるもの ……………………………………………

＊接尾辞우がつくことで直前の母音が変わるものもあるので注意（下記の†）。

깨다（醒める，起きる） → **깨우다**（起こす）

늦잠 자는 아이를 깨우다（寝坊している子どもを起こす）

뜨다（浮く，浮かぶ） → **띄우다**†（浮かべる）

18

연을 하늘 높이 띄우다 (凧を空高く揚げる)

새다 (明ける) → **새우다** (明かす)

날밤을 새우다 (まんじりともせずに夜を明かす)

서다 (立つ) → **세우다**† (立てる, 建てる)

넘어진 할머니를 부축해 세우다 (転んだおばあさんを支えて立たせる)

자다 (寝る) → **재우다**† (寝かせる)

엄마가 아기를 재우다 (母親が赤ちゃんを寝かせる)

타다 (乗る) → **태우다**† (乗せる)

친구를 차에 태우다 (友達を車に乗せる)

⑥ 구がついて使役形となるもの ···

솟다 (湧く, 沸き上がる, そびえる) → **솟구다** (はね上がらせる)

어깨를 솟구다 (肩をそびやかす)

⑦ 추がついて使役形となるもの ···

낮다 (低い) 形 → **낮추다** (低める)

온도를 낮추다 (温度を低くする, 下げる)

맞다 (合う) → **맞추다** (合わせる)

렌즈의 초점을 맞추다 (レンズの焦点を合わせる)

늦다 (遅れる) → **늦추다** (遅らせる)

수업 시간을 늦추다 (授業時間を遅らせる)

2 –(을/를) 시키다 の形をつくる

시키다は, もともと「させる」「やらせる」「命じる」という意味がある。

・운동을 시키다 (運動をやらせる)

・공부를 시키다 (勉強をさせる)

・설거지를 시키다 (皿洗いをさせる)

・심부름을 시키다 (お使いをたのむ)

また, 動詞の시키다には「注文する」「出前を取る」という意味がある。

・치킨을 시켜 먹다 (チキンを, 出前を取って食べる)

・삼겹살 2인분을 시키다 (サムギョプサル 2 人前を注文する)

👉 第6章-4「翻訳に気をつける–시키다」も参照のこと。

3 –게 하다 の形をつくる

動詞・形容詞の語幹に–게 하다をつけると「～させる」「ある状況にもっていく」「ある状況に近づける」という意味になる。

・애들에게 밥을 먹게 하다 (子どもたちにご飯を食べさせる)

↳子どもたちにご飯を食べさせるようにしむけた (ご飯を食べるのは, 子どもたち)。

・내일 학교로 오게 하다 (明日学校に来させる)

・자기 방을 자유롭게 쓰게 해 주다 (自分の部屋を自由に使わせてくれる)

4 –게 만들다 の形をつくる

動詞・形容詞の語幹に–게 만들다をつけると, 相手の感情などを「ある状況にもっていく」という意味になる。

・화나게 만들다 (怒らせる)

・일을 복잡하게 만들다 (ことを複雑にする)

第4章 受身形の作り方

　「雨に降られた」「子どもに泣かれた」「財布を盗まれた」「魚を食べられた」……など，日本語は韓国語に比べて受身形で表現することがはるかに多い言語である。逆に韓国語は受身形で表現することが少ない言語なので，日本語話者にとって受身形は韓国語にうまく翻訳できない苦手な分野である。

1 文の構造を変える

　韓国語では，「～される」のような受身の表現を日本語ほど多用しない。また受身表現がないものも多く，その場合は日本語を直訳するのではなく，発想を転換して文の構造そのものを変える必要がある。

- ・外国人に道を尋ねられた〔→ 外国人が私に道を尋ねた〕。
  외국인이 나에게 길을 물었다.
- ・兄に教えてもらった〔→ 兄が教えてくれた〕。
  형이 가르쳐 줬다.
- ・ネズミは猫に食べられてしまった〔→ 猫がネズミを食べてしまった〕。
  고양이가 쥐를 먹어 버렸다.
- ・母親に手紙を見られた〔→ 母親が私の手紙を見た〕。
  어머니가 나의 편지를 보았다.

2 動詞の語幹に이, 히, 리, 기をつける

　固有語の動詞は，語幹に이, 히, 리, 기という接尾辞がつくことで，受身の意を表すことができるものがある。

① 이がついて受身形となるもの………………………………………………

놓다（置く）　　→ **놓이다**（置かれる）
　교실에 책상이 놓이다（教室に机が置かれる）

보다（見る）　　→ **보이다**（見える）
　여기서 바다가 보이다（ここから海が見える）

쌓다（積む）　　→ **쌓이다**（積まれる，積もる）
　먼지가 쌓이다（ほこりが積もる）

쓰다（書く）　　　→ 쓰이다（書かれる）

　　외국어로 쓰이다（外国語で書かれる）

② 히がついて受身形となるもの ···

닫다（閉める）　→ **닫히다**（閉まる）

　　바람에 문이 닫혔다（風で戸が閉まった）

밟다（踏む）　　→ **밟히다**（踏まれる）

　　발을 세게 밟히다（足を強く踏まれる）

뽑다（抜く，選ぶ）→ **뽑히다**（抜かれる，選ばれる）

　　선수로 뽑히다（選手に選ばれる）

잡다（捕まえる）→ **잡히다**（捕まる）

　　도둑이 경찰에게 잡히다（泥棒が警察に捕まる）

③ 리がついて受身形となるもの ···

듣다（聞く）　　→ **들리다**（聞こえる）

　　노래하는 소리가 들리다（歌を歌う声が聞こえる）

뚫다（〔穴を〕あける）→ **뚫리다**（〔穴が〕あく）

　　바지에 구멍이 뚫리다（ズボンに穴があく）

물다（噛む）　　→ **물리다**（噛まれる）

　　모기한테 물리다（蚊に刺される）

밀다（押す）　　→ **밀리다**（押される）

　　고유어가 한자어에 밀려 사라져 가다（固有語が漢字語に押されて消えていく）

부르다（呼ぶ）　→ **불리다**（呼ばれる）

　　이름이 불리다（名前が呼ばれる）

열다（開く）　　→ **열리다**（開かれる，開催される）

　　올림픽이 열리다（オリンピックが開かれる）

팔다（売る）　　→ **팔리다**（売れる）

　　좋은 값으로 팔리다（いい値段で売れる）

풀다（解く）　　→ **풀리다**（ほどける）

　　매듭이 풀리다（結び目がほどける）

④ 기がついて受身形となるもの ······················

감다（巻く）　→ 감기다（巻かれる）

　붕대에 칭칭 감기다（包帯にぐるぐる巻かれる）

끊다（切る）　→ 끊기다（切られる）

　소식이 끊기다（便りが途絶える）

담다（盛る）　→ 담기다（盛られる）

　과일이 그릇에 가득 담기다（果物が器にいっぱい盛られる）

안다（抱く）　→ 안기다（抱かれる）

　아기가 엄마에게 안기다（子どもが母親に抱かれる）

쫓다（追う）　→ 쫓기다（追われる）

　경찰에 쫓기다（警察に追われる）

빼앗다（奪う）　→ 빼앗기다（奪われる）

　돈을 빼앗기다（金を奪われる）

MEMO

> 　이, 히, 리, 기는 自動詞を他動詞にしたり，他動詞を自動詞にしたり，ある
> いは形容詞を動詞にしたりする役割もする。
> 끓다（沸く）　→ 끓이다（沸かす）
> 닫다（閉める）→ 닫히다（閉まる）
> 넓다（広い）　→ 넓히다（広げる）

③ –아지다/–어지다の形をつくる

　動詞の連用形（–아/–어）＋ –지다の形をつくることで，受身の意を表す（た
だし，この形をつくることができるのは，特定の動詞に限られる）。

잇다（つなぐ，続ける）→ 이어지다（つながる，続く）

　아래로 이어지다（下に続く）

주다（与える）→ 주어지다（与えられる）

　기회가 주어지다（機会が与えられる）

가리다（隠す，覆う）→ 가려지다（隠れる，覆われる）

　베일에 가려지다（ベールに覆われる）

만들다（作る）→ 만들어지다（作られる）

　점토로 만들어져 있다（粘土で作られている）

세우다 (建てる) → 세워지다 (建てられる)

동상이 세워지다 (銅像が建つ)

4 −을/−를 받다, −받다の形をつくる

받다は，「受ける」「受け入れる」という意味を表し，いい意味にも悪い意味にも使われる。漢字語と複合する場合が多い。

- ·간섭을 받다 (干渉される)　　·고백을 받다 (告白される)
- ·비난을 받다 (非難される)　　·야유를 받다 (揶揄される)
- ·진찰을 받다 (診察を受ける)　·칭찬을 받다 (ほめられる)
- ·혐의를 받다 (嫌疑をかけられる，疑われる)

받다は，一部の名詞などに直接ついて「～をこうむる，～される」の意を表す。

- ·열받다 (頭にくる)　　　　·죄받다 (罰を受ける)
- ·각광받다 (脚光を浴びる)　·구박받다 (いじめられる，虐待される)
- ·도움받다 (助けを受ける)　·버림받다 (捨てられる)
- ·부탁받다 (お願いされる)　·오해받다 (誤解を受ける，誤解される)
- ·초대받다 (招待される，呼ばれる)

5 否定的な受身を表す接尾辞をつける

당하다, 맞다など，否定的な受身（被害を受ける，迷惑をこうむる）の意を表す接尾辞等をつける。

① −당하다

강요하다 → 강요당하다

자백을 강요당하다 (自白を強いられる)

거부하다 → 거부당하다

입장을 거부당하다 (入場を拒否される)

구속하다 → 구속당하다

경찰에 구속당하다 (警察に拘束される)

박탈하다 → 박탈당하다

권리를 박탈당하다 (権利を奪われる)

배신하다 → 배신당하다

동료에게 배신당하다 (同僚に裏切られる)

부상하다 → 부상당하다

사고로 부상당하다 (事故でけがをする)

살해하다 → 살해당하다

괴한에게 살해당하다 (怪しい男に殺される)

MEMO 당하다の受身形になり得る漢字語の例

갈취당하다 (脅し取られる)	감시당하다 (監視される)
거절당하다 (断られる)	금지당하다 (禁止される)
납치당하다 (拉致される)	도난당하다 (盗まれる)
무시당하다 (無視される)	비교당하다 (比べられる)
습격당하다 (襲われる)	이혼당하다 (離婚される)
폭행당하다 (暴行される)	해고당하다 (くびになる)

＊당하다のついた全ての単語が辞書に載っているわけではない。
＊また，漢字語以外にも해킹당하다 (ハッキングされる) などの単語も受身形になる。
＊사용되다のように通常は되다がつくような単語であっても，被害などのニュアンスが伴う場合には사용당하다のように言うことも可能である。

② -(을/를)맞다

・바람을 맞다 (すっぽかされる)

・비를 맞다 (雨に降られる)

・선생님한테 야단 (을) 맞다 (先生に叱られる) 〈惹端—〉

・칼을 맞다 (ナイフで刺される)

・퇴짜를 맞다 (ひじ鉄を食らう) 〈退—〉

③ -(을/를)먹다

・욕을 먹다 (悪口を言われる) 〈辱—〉

・충격을 먹다 (ショックを受ける) 〈衝撃—〉

・핀잔 (을) 먹다 (しかられる，叱責を受ける)

6 −하다を−되다に変える

受身動詞の中では，되다が最もニュートラルである。하다がついて能動態となっているものの多くは，하다を되다に置き換えることによって受身動詞になる。

시행하다（施行する）→ **시행되다**（施行される）〈施行—〉

내일부터 새로운 의료 정책이 시행되다（明日から新しい医療政策が施行される）

확인하다（確認する）→ **확인되다**（確認される）〈確認—〉

사망한 사람들 가운데 열 명은 아직도 신원조차 확인되지 않고 있다（死亡した人々のうち十人はまだ身元も確認されていない）

MEMO

되다が日本語の「〜する」に対応する場合も少なくないので，翻訳時には（韓→日，日→韓ともに）気をつけること。　⇒第6章「誤訳「あるある」」参照

7 まとめ

漢字語＋하다動詞は，사용하나（使用する）→사용시키다（使用させる）→사용되다（使用される）というように，하다を되다に置き換えると受身になり，시키다に置き換えると使役になる。

ただし，このように3つの形がそろうのは，하다がついて他動詞になる場合であり，하다がついて自動詞になるものは，되다に置き換わってもやはり自動詞である。このような되다のつく自動詞の多く（例えば발전되다［発展する］，상승되다［上昇する］などの自動詞）は，하다形を用いない。

（×）발전하다　　（×）상승하다

また，통하다（通じる）のように1字の漢字語に하다がついた動詞は，되다，시키다をつけ替えることができない。

（×）통되다　　（×）통시키다

一方，피살（殺されること）のように初めから受身の意味の語には，하다がつけられない。これらをまとめると次の表のようになる。

漢字語	하다	시키다	되다	받다	당하다
통〈通〉	○	─	─		
사용〈使用〉	○	○	○	─	
발달〈發達〉	○	○	○	─	
의심〈疑心〉	○	○	○	○	─
수술〈手術〉	○	○	─	○	─
침략〈侵略〉	○	○		○	○
피살〈被殺〉	─	○	○		─

→ 좀 쉬어갑시다 ちょっと一息 ①

「しかる」と「しかられる」

　韓国語には「きょうだいげんか」にぴったりの単語がありません。兄弟，姉妹など「きょうだいの間」を意味する동기간〈同氣間〉という単語はありますが，동기간 싸움とは言いません。さて，きょうだいげんかをしてしかられるのは，ふつう，年上の方です。しかし負けん気の強い弟ならば，お姉さんを泣かしてしまうこともあるでしょう。

　「しかる」と「しかられる」のような，能動表現と受動表現の韓国語での使い分けは，日本語話者にはちょっと難しい問題です。

・우리 아이가 전혀 말을 듣지 않아 좀 야단쳤어.
　（うちの子が全然言うことを聞かないからちょっとしかったの）
・요즘은 옛날같이가 않아 무조건 꾸짖으면 안 돼요.
　（いまは昔のように頭ごなしにしかったらだめよ）

　このように大人が子どもをしかるのは야단치다，꾸짖다といいます。両者同じニュアンスですが，야단치다のほうが漢字語なのでやや強い感じがします。

· 부모가 아이를 야단치다 (親が子どもをしかる)
· 사장이 책임자를 야단치다 (社長が責任者をしかる)

· 부모가 큰 소리로 자식을 꾸짖다 (親が大声で子どもをしかる)
· 선생님이 학생의 잘못을 꾸짖다 (先生が学生の過ちをしかる)

　逆に子どもが大人にしかられるのは，야단맞다, 꾸중을 듣다です。
· 나는 늦개 집에 돌아왔다고 부모님께 야단맞았다.
　（私は帰宅が遅いと親にしかられた）
· 어렸을 때 형제끼리 싸움을 해서 엄마한테 자주 꾸중을 들었어.
　（子どものころ，兄弟げんかをしてよくお母さんにしかられたよ）

　そのほかの表現として혼내다, 혼나다があります。혼내다は「しか
る」，혼나다は，「しかられる」と言う意味です。一緒に覚えておき
ましょう。

· 감독은 선수를 가차 없이 혼냈어요.
　（監督は容赦なく選手をしかりました）
· 수업 중에 수다를 떨어서 선생님께 혼났어요.
　（授業中おしゃべりをして先生にしかられました）☯

第5章　韓国語の動詞と形容詞の区別のしかた

　日本語の用言は，動詞，形容詞，形容動詞に分かれるが，韓国語の用言は動詞と形容詞の２つに分かれる。そのために日本語では形容動詞に分類される「静かだ（조용하다）」「健康だ（건강하다）」といった –하다で終わるものは，韓国語では形容詞の範疇に入る。

　韓国語では –하다形容詞と –하다動詞との区別が付きにくく，中上級者でもつい活用をまちがえてしまいがちである。ここではその区別の仕方について簡単に整理しておく。

1 動詞と形容詞の区別法　その1

　日本語の動詞は，ほぼ韓国語の動詞と一致する。ただ「だ」で終わる単語で，日本語で形容動詞とされているものは，韓国語では性質や状態を示す形容詞の仲間に入っている。つまり，日本語で「だ」で終わり，「もの」や「人」を後ろにつけたときに「な」になるものは，ほとんど形容詞と考えていい。

・静かだ → 조용하다

　　○조용한 사람（静かな人［形容詞］）　　×조용하는 사람

・健康だ → 건강하다

　　○건강한 사람（健康な人［形容詞］）　　×건강하는 사람

・幸せだ → 행복하다

　　○행복한 사람（幸せな人［形容詞］）　　×행복하는 사람

MEMO

動詞では，現在連体形では語尾に –는が来るが，形容詞では –ㄴ/은が来る。この活用をまちがえる人が多いので注意が必要だ。

〔動詞〕

・오는 사람（来る人）　　　　　　　・먹는 것（食べるもの）

・생각하는 사람（考える人）　　　　・노래하는 사람（歌を歌う人）

29

〔形容詞〕

・좋은 사람 (いい人) ・슬픈 이야기 (悲しい話)

・가난한 사람 (貧しい人) ・구수한 냄새 (香ばしいにおい)

2 動詞と形容詞の区別法 その2

　　動詞と形容詞は，活用に次のような違いがみられる。

(1)한다体（ぞんざい体）の平叙終止形をみると，動詞では，現在形の語尾
　　に ㄴ다/는다がくるが，形容詞では다がくる。

〔動詞〕

・소녀가 웃는다 (少女が笑う) ・그가 간다 (彼が行く)

・빌딩이 완성한다 (ビルが完成する) ・병원에 입원한다 (病院に入院する)

〔形容詞〕

・그녀는 예쁘다 (彼女は美しい) ・언니가 부럽다 (お姉さんが羨ましい)

・돈이 넉넉하다 (金は十分にある) ・그녀는 행복하다 (彼女は幸せだ)

(2) 詠嘆形をみる。動詞では，語尾に는구나がくるが，形容詞では구나がくる。
　　とくに하다がつく動詞と形容詞には注意。

〔動詞〕

・오는구나 (来るんだなあ) ・먹는구나 (食べるんだなあ)

・결심하는구나 (決心するんだなあ) ・운전하는구나 (運転するんだなあ)

〔形容詞〕

・좋구나 (いいなあ) ・슬프구나 (悲しいなあ)

・궁금하구나 (気がかりだなあ) ・날씬하구나 (すらっとしているなあ)

3 動詞と形容詞の区別法 その3

　모자라다のように否定的な意味を持つ動詞は，命令形や勧誘形を作るのには制約を受けるが，たいていの動詞は命令形と勧誘形を取ることができる。しかし形容詞はそのような形を作ることができない。웃어라！，웃자！は可能だが，예뻐라！，예쁘자！という形は取れない。

MEMO

예뻐라！のように，形容詞に아라/어라が付いたものは命令形ではなく感嘆形となる。「〜だなぁ」「〜だねぇ」「〜ね」「〜だわね」のように，おもに独り言のニュアンスとなる。相手を皮肉る時にも使われるので，時と場合を考えて使うこと。

- 예뻐라（かわいいなぁ）
- 쉬워라（易しいなぁ）
- 가여워라（かわいそうねぇ）
- 무서워라（こわいねぇ）
- 착해라（優しいねぇ）
- 귀여워라（かわいいねぇ）
- 어려워라（難しいなぁ）
- 불쌍해라（かわいそうねぇ）
- 슬퍼라（悲しいわねぇ）
- 끔찍해라（ぞっとするわねぇ）

4 日本語と韓国語で品詞が違うもの

　日本語で動詞であるものが韓国語で形容詞など他の品詞になる場合や，日本語で形容詞であるものが韓国語では動詞になる場合がある。

いる・ある（動詞）	— 있다（存在詞）
いらっしゃる（動詞）	— 계시다（動詞）
疲れる（動詞）	— 피곤하다（形容詞）
違う・異なる（動詞）	— 다르다（形容詞）
腹が空く（動詞）	— 배고프다（腹が空いている・形容詞）
違う（動詞）	— 아니다（指定詞）
茂る（動詞）	— 무성하다（形容詞）
困る（動詞）	— 곤란하다（形容詞）
オーバーだ（形容詞）	— 오버하다（動詞）

　韓国語においては動詞と形容詞の境界が明確ではない。たとえば，크다は「大きい」という形容詞としても用いられ，「大きくなる（成長する）」という動詞としても用いられる。形容詞として用いられるときは形容詞型の活用

をし，動詞として用いられるときは動詞型の活用をするので注意が必要である。

（形容詞型）
・간이 큰 사람：度胸のある人
・키가 크지 않은 사람：背が高くない人

（動詞型）
・한창 크는 분야：盛んに成長する分野
・더 이상 크지 못하는 분야：これ以上成長できない分野

状態がそのままなら形容詞：빨갛다（赤い）
状態が変われば動詞：빨개지다（赤くなる）

5 形容詞を動詞に変える語尾　–아지다／–어지다

　形容詞の語幹に –아지다／–어지다が付くと，前の単語の意味がそのように変化していくという動詞になる。하다形容詞の場合には－해지다になる。

낫다　→ 나아지다
　관계가 나아지다（関係がよくなる）

낮다　→ 낮아지다
　출산율이 낮아지다（出産率が低くなる）

높다　→ 높아지다
　시험에 합격할 가능성이 높아지다（試験に合格する可能性が高まる）

많다　→ 많아지다
　포도의 수확량이 작년보다 많아지다（ぶどうの収穫量が去年より多くなる）

밝다　→ 밝아지다
　집안 분위기가 밝아지다（家の中の雰囲気が明るくなる）

작다　→ 작아지다
　바지가 작아지다（ズボンが小さくなる）

짧다 → 짧아지다

　배터리의 수명이 짧아지다 （バッテリーの寿命が短くなる）

심하다 → 심해지다

　해양 오염이 해마다 심해지다 （海洋汚染が年ごとにひどくなる）

약하다 → 약해지다

　나이 들어서 하반신이 약해지다 （年とともに足腰が弱くなる）

미지근하다 → 미지근해지다

　보온병의 물이 미지근해지다 （ポットのお湯がぬるくなる）

활발하다 → 활발해지다

　화산 활동이 활발해지다 （火山活動が活発になる）

6 特殊な例

　韓国語の形容詞が動詞的に用いられる場合がある。

- 행복하다 （幸せだ） → 행복하세요. （お幸せに）
- 건강하다 （健康だ） → 건강하세요. （健康でいらしてください）
- 아프다 （痛い） → 아프지 마세요. （病気にかからないでください）
- 굳세다 （強い） → 굳세어라 금순아. （負けるな、クムスン）
- 떳떳하다 （潔い） → 자신에게 떳떳해라. （自分に恥じないようにせよ）
- 조용하다 （静かだ） → 조용해라. （静かにしろ）

MEMO

以下は形容詞ではなく動詞なので注意が必要。

　크다 （大きい） － 쑥쑥 컸다. （すくすくと育った）

　늦다 （遅い） － 답장이 늦었다. （返事が遅れた）

　밝다 （明るい） － 날이 밝았다. （夜が明けた）

7 形容詞を動詞に変える語尾 −아하다 / −어하다

아하다/어하다は，心や感覚と関連がある形容詞の語幹に付いて，動詞に変える役割をする。

- 밉다 → 미워하다 (憎む，嫌う)
- 고맙다 → 고마워하다 (ありがたがる)
- 괴롭다 → 괴로워하다 (苦しむ，悩む)
- 귀엽다 → 귀여워하다 (かわいがる)
- 기쁘다 → 기뻐하다 (うれしがる)
- 두렵다 → 두려워하다 (怖がる，恐れる，怯える)
- 반갑다 → 반가워하다 (懐かしむ，うれしがる，喜ぶ)
- 부럽다 → 부러워하다 (羨む，羨ましがる)
- 서럽다 → 서러워하다 (悲しむ)
- 아깝다 → 아까워하다 (惜しむ，惜しがる，もったいぶる)
- 아쉽다 → 아쉬워하다 (惜しむ)
- 어렵다 → 어려워하다 (気兼ねする)
- 즐겁다 → 즐거워하나 (楽しむ，喜ぶ)
- 지겹다 → 지겨워하다 (飽き飽きする，うんざりする)
- 부끄럽다 → 부끄러워하다 (恥じらう，恥ずかしがる)
- 안스럽다 → 안스러워하다 (申し訳なく思う)
- 안타깝다 → 안타까워하다 (気の毒がる，残念に思う)

第6章 誤訳「あるある」

　　ここでは，日本語話者・韓国語話者ともに，よくやってしまいがちな誤訳について要点をまとめた。みなさんも「あるある！（공감 공감）」と気がつく点が多いと思う。

1 「漢字語＋する」と「漢字語＋하다/되다」の関係は?

　　日本語の「漢字語＋する」動詞のうち，動作主が何かを直接行う時は，韓国語でも日本語と同じように「漢字語＋하다」の形を使う。卑近な例では

　　　食事する — 식사하다　　運転する — 운전하다　　握手する — 악수하다
　　　欠席する — 결석하다　　約束する — 약속하다　　決心する — 결심하다
など数多くの動詞が該当する。

　　しかし，日本語の「漢字語＋する」動詞が，韓国語では「漢字語＋하다」の形を取らないものも数多くある。次の例を見てみよう。

・スキーで転んで腕を骨折した。
　　(A) 스키를 타다가 넘어져서 팔을 골절했다. ⇒ 間違い
　　(B) 스키를 타다가 넘어져서 팔을 골절됐다.
　　(A) は，意図的に自分の骨を折ったようなニュアンスで，韓国語としてはおかしい。文法的には팔이 골절됐다と言うのが正しい（ただしふつうの会話では팔이 부러졌다と言う）。

・ワクチンを2回接種したのにコロナに感染した。
　　(A) 백신을 두 번 접종했는데도 코로나에 감염했다. ⇒ 間違い
　　(B) 백신을 두 번 접종했는데도 코로나에 감염됐다.
　　これも (A) は「感染した」を，そのまま감염했다と訳した間違いである。正しくは감염됐다（감염되었다）と言わなければならない。自分が感染したくてしたのではなく「勝手に感染してしまった」という意味である。

＊新型コロナは신종 코로나または코로나19というのが正式な言い方だが，코로나と略していうことの方が多い。

・たこ足配線から漏電して火事になった。

 (A) 문어발식 배선에서 누전해서 불이 났다. ⇒ 間違い

 (B) 문어발식 배선에서 누전돼서 불이 났다.

「たこ足配線」が，自ら漏電することはないので누전해서は間違いである。ここも (B) の누전돼서(누전되어서)が正しい表記である。–하다か –되다か迷ったら，「自分の意志で行う」ものなのか，「自然にそうなってしまう」ものなのかを考えるといい。–되다には自分では制御できない何らかの状態になるというニュアンスがある。

・目にごみが入って充血した。

 (A) 눈에 먼지가 들어가서 충혈했다. ⇒ 間違い

 (B) 눈에 먼지가 들어가서 충혈됐다.

この例も「目が充血した」のは，自分でそうさせたのではなく，いつのまにか「充血してしまった」という意味なので충혈됐다が正しい。

・近年，中国経済はめざましく発展した。

 (A) 근년 중국 경제는 놀랍게 발전했다. ⇒ 間違い

 (B) 근년 중국 경제는 놀랍게 발전됐다.

・寒さで水道管が破裂した。

 (A) 추위로 수도관이 동파했다. ⇒ 間違い

 (B) 추위로 수도관이 동파됐다.

・停電によるコンピュータの障害で，銀行の窓口業務が一時的に麻痺した。

 (A) 정전에 의한 전산 장애로 은행의 창구 업무가 일시적으로 마비했다. ⇒ 間違い

 (B) 정전에 의한 전산 장애로 은행의 창구 업무가 일시적으로 마비됐다.

・容疑者の話には矛盾する点が多く，信じることができなかった。

 (A) 용의자의 말에는 모순하는 점이 많아 믿을 수 없었다. ⇒ 間違い

 (B) 용의자의 말에는 모순되는 점이 많아 믿을 수 없었다.

MEMO

このように日本語の「漢字語＋する」を「漢字語＋하다」の形に安易に直訳する誤りは，日本語話者である中・上級者に多くみられる。

② 漢字語＋되다を「される」と訳す誤訳が多い

　また逆に韓国人日本語学習者の場合は，되다が受動性を持つというというイメージに引きずられて，日本語に翻訳する場合「漢字語＋される」と訳す誤訳が多い。次の例を見てほしい。

・졸업식의 행사가 무사히 진행됐다.

　卒業式のイベントが無事に<u>進行された</u>。 ⇒ 進行した，進められた

・홍수로 강가의 마을이 고립됐다.

　洪水で川沿いの集落が<u>孤立された</u>。 ⇒ 孤立した

・이 표시가 있는 가게에서는 신용카드가 통용된다.

　このマークの店ではクレジットカードが<u>通用される</u>。 ⇒ 通用する

・청사의 개축 계획이 찬성 다수로 결정됐다.

　庁舎の建て替え計画が賛成多数で<u>決定された</u>。 ⇒ 決定した，決まった

・연일의 회의로 피로가 누적됐다.

　連日の会議で疲労が<u>累積された</u>。 ⇒ 蓄積した，たまった

・인터넷이 시골 마을에까지 보급됐다.

　インターネットが，いなかの村にまで<u>普及された</u>。 ⇒ 普及した，行き渡った

MEMO

　このように韓国語の「漢字語＋되다」を「漢字語＋される」の形に直訳する誤りは，韓国語話者に多くみられる。韓国の一流新聞社の日本語サイトを見ても，「漢字語＋される」の形の，日本語としてぎこちない訳が散見される。

3 「漢字語＋되다」を「漢字語＋される」に 翻訳しても日本語としておかしくない場合

韓国語の「漢字語＋되다」を「漢字語＋される」の形に訳しても日本語としておかしくない場合が大部分で，この場合は「自動詞」である。

・군사력을 강화했다.（軍事力を強化した）〔他〕
・방위력이 강화됐다.（防衛力が強化された）〔自〕

・A제약 회사가 한국과 공동으로 신약을 개발했다.（A製薬会社が韓国と共同で新薬を開発した）〔他〕
・바닷가의 토지가 관광지로 개발됐다.（海辺の土地が観光地として開発された）〔自〕

・철도회사는 손님의 편의를 도모해서 운행 횟수를 개선했다.（鉄道会社は乗客の利便を図り，運行回数を改善した）〔他〕
・사장님께 지적을 받은 후 직원들의 업무 태도가 많이 개선되었다.（社長に指摘を受けた後，職員たちの業務態度がかなり改善された）〔自〕

4 翻訳に気をつける −시키다

시키다는 청소를 시키다, 안주를 시키다, 일을 시키다のように「頼む」「させる」という本動詞として使われる場合のほか，안심시키다（安心させる），실망시키다（失望させる）のように接尾辞の시키다として使われる場合がある。この接尾辞の시키다が動作性名詞（하다がついて動詞になる名詞）につくと，「〜（するように）させる」という使役の意味になる。

・퇴학하다 ⇒ 퇴학시키다（退学させる）
・발전하다 ⇒ 발전시키다（発展させる）
・양보하다 ⇒ 양보시키다（譲歩させる）

しかし最近，"남편은 아이들을 설득시켰다."というように，この−시키다を使役の意味を持たせずに乱用する傾向が多くみられる。これだと"남편이 아이들을 설득하게 했다."という意味に取られかねない（正しくは"남편은 아이들을 설득했다."と言わなければならない）。

　このように –하다を使わなければならないところに –시키다を使ってしまう場合が少なからずある。구속시키다, 석방시키다, 주입시키다, 정당화시키다, 촉진시키다, 유발시키다などは，本来시키다の代わりに하다を使わなければならない例である。

　ちなみに취직시키다, 구경시키다, 망신시키다, 탄생시키다, 실망시키다……などは正しい使い方である。

　なお，漢字語系の시키다動詞は，翻訳するときに漢字音を思い浮かべて直訳しないことに留意する必要がある。たとえば，"두 아들을 국립 대학에 입학시켰다."を「……国立大学に入学させた」と訳すよりは「国立大学に入れた」の方が自然な日本語である。

・건조시키다：비에 젖은 옷을 ～ （雨に濡れた服を乾かす）
・관련시키다：지난번 사건과 ～ （前回の事件と関連付ける）
・내장시키다：카드에 IC칩을 ～ （カードにIC チップを組み込む）
・대기시키다：택시를 입구에서 ～ （タクシーを入り口で待たせる）
・성립시키다：큰 상담을 ～ （大きな商談をまとめる）
・숙박시키다：친구를 집에 ～ （友達を家に泊める）

日常生活に
欠かせない動詞

　ここでは,ふだん日常生活で使われるほとんどの日本語の動詞を「あいうえお」順にまとめてみました。各単語はそれに続く連語表現を記し,単語を単独で覚えるのではなく,関連付けて記憶できるように工夫をしました。また,受身形,使役形などの派生語もできるだけ収録しました。順番に覚えるのではなく,気になった単語から勉強していくのも一つの方法です。

あ

あいする（愛する）──────────

　〔親が子を〕　　　　　　（부모가 자식을）사랑하다

　〔自然を〕　　　　　　　（자연을）사랑하다

あいのりする（相乗り─）──────────

　〔タクシーに〕　　　　　（택시에）합승하다*

　　*2022年2月から，長く禁止されていたタクシーの相乗りが解禁になった。アプリを使用し，同じ方向に行く同性の客同士をマッチングさせて同乗させる。

あいつぐ（相次ぐ）──────────

　〔新型コロナ感染が〕　　（신종 코로나 감염이）잇따르다

あう（会う）──────────

　〔3時に人と〕　　　　　（세 시에 사람을）만나다

　〔出勤途中で偶然友達に〕（출근길에 우연히 친구를）만나다

　　*만나다には「遭遇する」「出会う」「巡り会う」という意味もある。目的があり，約束して会う場合には만나다を使う。目的もなく，軽く頻繁に「顔を合わせる」のは보다。会話では보다をよく使う。

あう（合う）──────────

　〔答えが〕　　　　　　　（답이）맞다

　〔口に〕　　　　　　　　（입에）맞다

　〔意見が〕　　　　　　　（의견이）맞다, 일치되다*

　〔ネクタイが上着に〕　　（넥타이가 윗옷에）어울리다

　　*어울리다は「互いに調和する」こと。

あう（遭う）──────────

　〔事故に〕　　　　　　　（사고를）당하다*

　〔夕立に〕　　　　　　　（소나기를）만나다, 맞다

　〔災難に〕　　　　　　　（재난을）겪다, 당하다*

あえぐ（喘ぐ）──────────

　〔息が切れて〕　　　　　（숨이 차서）헐떡이다

　〔生活苦に〕　　　　　　（생활고에）허덕이다, 시달리다

　〔経済が不景気に〕　　　（경제가 불경기에）허덕이다

あえる（和える）──────────

　〔山菜を〕　　　　　　　（나물을）버무리다, 무치다

あがる

MEMO 버무리다と무치다の使い分け

- **버무리다**:軽く混ぜ合わせる。(김치를 버무리다 / 나물을 고추장에 버무리다)
- **무치다**:力を入れて混ぜ合わせる。(오이를 무치다 / 도라지를 무치다 / 고사리를 무치다 / 잡채를 무치다 / 나물을 무치다)

あおぐ（扇ぐ）
［うちわを］　　　　　　　　(부채를) 부치다

あおぐ（仰ぐ）
［天を］　　　　　　　　　　(하늘을) 우러러보다

あおざめる（青ざめる）
［恐怖で顔が］　　　　　　　(공포로 얼굴이) 새파래진다, 창백해지다*

あおむけになる（仰向けになる）
［ベッドの上に］　　　　　　(침대 위에) 바로 눕다

あおる
［競争心を］　　　　　　　　(경쟁심을) 부추기다, 선동하다*
［水を 1 杯］　　　　　　　　(물 한 잔을) 들이켜다

あかす（明かす）
［夜を］　　　　　　　　　　(밤을) 새우다
［秘密を］　　　　　　　　　(비밀을) 밝히다
［手品の種を］　　　　　　　(마술의 트릭을) 밝히다

あがめる（崇める）
［師として］　　　　　　　　(스승으로서) 공경하다*

あからめる（赤らめる）
［恥ずかしさに顔を］　　　　(부끄러워서 얼굴을) 붉히다

あがる（上がる）
［階段を］　　　　　　　　　(계단을) 오르다, 올라가다
［歓声が］　　　　　　　　　(환성이) 오르다
［円（¥）が］　　　　　　　(엔이) 오르다
［成績が］　　　　　　　　　(성적이) 오르다
［料理の腕が］　　　　　　　(요리 솜씨가) 늘다
［温度が］　　　　　　　　　(온도가) 높아지다, 올라가다, 오르다
［雨が］　　　　　　　　　　(비가) 그치다

43

［小学校に］	(초등학교에) 들어가다
［経費が安く］	(경비가 싸게) 들다
［風呂から］	(목욕탕에서) 나오다

＊試験，面接などで緊張した時の「あがる」は긴장되다。

あきらめる（諦める）

［進学を］	(진학을) 단념하다＊, 포기하다＊
［運がなかったと思って］	(운이 없었다고 생각하고) 체념하다＊

あきる（飽きる）

［甘い物に］	(단것에) 질리다, 물리다, 싫증 나다＊

＊しいて区別をすれば，질리다は「閉口する」「うんざりする」，물리다は「飽き飽きする」，싫증 나다は「嫌気がさす」。

あきれる（呆れる）

［法外な値段に］	(터무니없는 가격에) 놀라다
［最近の若者の態度に］	(요즘 젊은이의 태도에) 질리다
［あまりの厚かましさに］	(너무 뻔뻔스러움에) 질려 버리다

あく（開く）

［扉が］	(문이) 열리다
［穴が］	(구멍이) 나다, 뚫리다

あく（空く）

［席が］	(자리가) 비다

あくびをする

［退屈で］	(심심해서) 하품하다

＊あくびが出る：하품이 나다 / あくびをこらえる：하품을 참다 / あくびをかみ殺す / 하품을 죽이다

あぐらをかく

= 책상다리를 하고 앉다

あける（開ける）

［窓を］	(창문을) 열다
［瓶のふたを］	(병 뚜껑을) 열다
［18ページを］	(18쪽을) 펴다
［荷物を］	(짐을) 풀다
［蛇口を］	(수도꼭지를) 틀다

第2部

あける（空ける）

［家を］	（집을）비우다
［盃を］	（잔을）비우다

あける（明ける）

［夜が］	（날이）밝다
［梅雨が］	（장마가）끝나다, 걷다
［年が］	（해가）바뀌다, （새해가）밝다

あげる（上げる）

［値段を］	（가격을）올리다
［ボリュームを］	（볼륨을）올리다
［ブラインドを］	（블라인드를）올리다
［歓声を］	（환성을）올리다
［うめき声を］	（신음 소리를）내다
［悲鳴を］	（비명을）지르다
［客を家に］	（손님을 집에）들이다

＊들이다는「中に入れる」。ていねいな言い方は모셔 들이다。

［息子を大学に］	（아들을 대학교에）입학시키다＊
［プレゼントを］	（선물을）주다

＊「与える」の意味での「あげる」は주다。韓国語では주다と드리다の使い分けは厳格である。身内であっても年上には드리다を使う。

あげる（挙げる）

［手を］	（손을）들다
［例を］	（예를）들다
［結婚式を］	（결혼식을）올리다

あげる（揚げる）

［てんぷらを］	（튀김을）튀기다
［花火を］	（불꽃을）쏘아올리다
［アドバルーンを］	（애드벌룬을）띄우다
［凧を］	（연을）띄우다, 날리다
［マストに帆を］	（돛대에 돛을）달다, 올리다
［船から荷を］	（배에서 짐을）부리다
［ボートを湖岸に］	（보트를 호숫가로）끌어올리다

あけわたす（明け渡す）──────────────
　　［店を他人に］　　　　　　（가게를 남에게）내주다

あこがれる（憧れる）──────────────
　　［パリへの留学に］　　　　（파리 유학을）동경하다*

あざむく（欺く）──────────────
　　［家族を］　　　　　　　　（가족을）속이다

あさる（漁る）
　　［ゴミ箱を］　　　　　　　（쓰레기통을）뒤지다

あじわう（味わう）──────────────
　　［ケーキを］　　　　　　　（케이크를）맛보다
　　［名画を］　　　　　　　　（명화를）감상하다*

あずかる（預かる）──────────────
　　［書類を］　　　　　　　　（서류를）맡다
　　［貴重品を］　　　　　　　（귀중품을）맡다
　　［人の命を］　　　　　　　（사람의 생명을）맡다
　➥ **預ける**
　　［保育園に子どもを］　　　（어린이집에 아이를）맡기다
　　［金を銀行に］　　　　　　（돈을 은행에）맡기다

あせる（焦る）──────────────
　　［結婚を］　　　　　　　　（결혼을）서두르다 , 초조해 하다

あそぶ（遊ぶ）──────────────
　　［公園で］　　　　　　　　（공원에서）놀다

あたえる（与える）──────────────
　　［こづかいを］　　　　　　（용돈을）주다

あたたまる（温まる・暖まる）──────────────
　　［風呂の湯が］　　　　　　（목욕물이）따뜻해지다
　　［心が］　　　　　　　　　（마음이）훈훈해지다*
　➥ **温める・暖める**──────────────
　　［部屋を］　　　　　　　　（방을）따뜻하게 하다, 덥히다
　　［体を］　　　　　　　　　（몸을）녹이다
　　［みそ汁を］　　　　　　　（된장국을）데우다
　　［卵を］　　　　　　　　　（알을）품다

第2部

あたる (当たる)

［ボールが］	(공이) 맞다
［波が岩に］	(파도가 바위에) 부딪치다
［天気予報が］	(일기예보가) 맞다
［日に］	(햇볕을) 쬐다
［日が］	(햇볕이) 들다
［生ガキに］	(생굴을 먹고) 탈이 나다*
［宝くじに］	(복권에) 당첨되다*
［ばちが］	(벌을) 받다

➥ 当てる

［耳に］	(귀에) 대다
［ふとんを日に］	(이불을 햇볕에) 쬐다
［車を電柱に］	(차를 전봇대에) 부딪치다
［一等賞を］	(일등상에) 당첨되다*
［答えを］	(답을) 알아맞히다
［矢を］	(화살을) 명중시키다*, 맞히다

あつかう (扱う)

| ［輸入品を］ | (수입품을) 다루다, 취급하다* |

あつまる (集まる)

| ［人が］ | (사람이) 모이다 |

➥ 集める

| ［金を］ | (돈을) 모으다, (돈을) 거두다 |
| ［記念切手を］ | (기념 우표를) 모으다 |

MEMO 거두다와 모으다의 使い分け

- **거두다**：① (散らかっているもの・洗濯物などを) 取り入れる，取り込む。
  ② (収穫・成果・勝利などを) 収める，得る。③ (金・物などを) 取り立てる，
  徴収する (物品や金品を出させる場合にはある程度強制力が作用している)。
- **모으다**：① (一か所に) 寄せ集める。② (人気・精神などを) 集中させる。
  ③ (会員・寄付などを) 募集する。④ (骨董品・切手などを) 収集する。

あてる (充てる)

| ［食費に］ | (식비에) 충당하다* |

あとずさりする（後ずさり—）————————————
　［恐怖に］　　　　　　　　　（공포에) 뒷걸음질 치다

あなどる（侮る）————————————
　［相手を］　　　　　　　　　（상대방을) 깔보다

あばく（暴く）————————————
　［秘密を］　　　　　　　　　（비밀을) 폭로하다*

あばれる（暴れる）————————————
　［馬が］　　　　　　　　　　（말이) 날뛰다

あびる（浴びる）————————————
　［水を］　　　　　　　　　　（물을) 끼얹다
　　＊끼얹다：おもに水を浴びる
　［ほこりを］　　　　　　　　（먼지를) 뒤집어쓰다
　　＊뒤집어쓰다：水, ほこり, ふとんをかぶる。帽子を（後ろ前に）かぶる／（裏返しにかぶる）
　［シャワーを］　　　　　　　（샤워를) 하다
　［非難を］　　　　　　　　　（비난을) 받다
　➥ **浴びせる**
　［冷水を］　　　　　　　　　（찬물을) 끼얹다
　［砲弾を］　　　　　　　　　（포탄을) 퍼붓다

あふれる————————————
　［水が］　　　　　　　　　　（물이) 넘치다
　［涙が］　　　　　　　　　　（눈물이) 괴다

あぶる（炙る）————————————
　［炭火で］　　　　　　　　　（숯불에) 굽다
　［スルメを］　　　　　　　　（오징어를) 굽다

あぶれる————————————
　［倒産して仕事に］　　　　　（회사가 도산해서) 일자리를 얻지 못하다

あまえる（甘える）————————————
　［親に］　　　　　　　　　　（부모에게) 어리광 부리다
　［恋人に］　　　　　　　　　（애인에게) 응석 부리다, 아양을 떨다

MEMO 接尾語부리다

부리다는〔行動・性質など를〕あらわにする意を示す接尾語.
- **고집을 * ~**：意地を張る
- **늑장을　~**：もたもたする，ぐずぐずする
- **딴청을　~**：とぼける
- **성질을 * ~**：かんしゃくを起こす
- **욕심을 * ~**：欲を張る
- **기승을 * ~**：猛威を振るう
- **말썽을　~**：もめ事を起こす
- **애교를 * ~**：愛嬌をふりまく
- **추태를 * ~**：醜態を演じる

あます（余す）
〔料理を〕　　　　　　　　　（요리를）남기다

あまやかす（甘やかす）
〔子どもを〕　　　　　　　　（자식을）애지중지하다*
　　＊애지중지하다：とても愛して大切にする

あまる（余る）
〔飯が〕　　　　　　　　　　（밥이）남다

あむ（編む）
〔セーターを〕　　　　　　　（스웨터를）짜다, 뜨다
▶ 編み出す
〔新しいデザインを〕　　　　（새로운 디자인을）고안하다*, 짜내다

あやしむ（怪しむ）
〔2人の仲を〕　　　　　　　（두 사람의 사이를）의심하다*
➥ 怪しまれる
〔変な行動をして警官に〕　　（이상한 행동을 해서 경찰관에게）의심받다*

あやす
〔赤ん坊を〕　　　　　　　　（아기를）달래다

あやつる（操る）
〔人形を〕　　　　　　　　　（인형을）놀리다, 조종하다*
〔数か国語を〕　　　　　　　（몇 개국어를）구사하다*

あやぶむ（危ぶむ）
〔前途を〕　　　　　　　　　（앞날을）걱정하다
〔交渉の成立を〕　　　　　　（교섭이 성립될지）걱정하다
〔母の安否を〕　　　　　　　（어머니의 안부를）걱정하다, 염려하다*

➡ **危ぶまれる**
　［この成績では卒業が］　（이 성적으로는 졸업이) 걱정되다, 위태롭다* 形
　［オリンピックの開催が］　（올림픽 개최 여부가) 위태롭다* 形

あやまる（誤る）————————
　［機械の操作を］　（기계의 조작을) 잘못하다

あやまる（謝る）————————
　［心から］　（진심으로) 사과하다*

あゆむ（歩む）————————
　［共に］　（함께) 걷다

あらう（洗う）————————
　［手を］　（손을) 씻다
　［髪を］　（머리를) 감다
　［服を］　（옷을) 빨다
　［器を］　（그릇을) 닦다, 씻다

▶ **洗い直す**
　［計画を全面的に］　（계획을 전면적으로) 재검토하다*

▶ **洗い流す**
　［足の泥を］　（발에 묻은 진흙을) 씻어내다

▶ **洗い出す**
　［容疑者の身元を］　（용의자의 신원을) 캐내다
　　＊最近では（용의자의 신상을) 털다ともいう。

あらす（荒らす）————————
　［手を］　（손이) 트다
　［クマが畑を］　（곰이 밭을) 망치다
　［ドロボウが部屋を］　（도둑이 방을) 어지럽히다

あらそう（争う）————————
　［一, 二を］　（일,이를) 다투다
　［金メダルを］　（금메달을) 겨루다

第2部

あらためる（改める）

〔古い考えを〕	(낡은 생각을) 고치다
〔選挙制度を〕	(선거 제도를) 변경하다*
〔男女差別を〕	(남녀 차별을) 개선하다*
〔お釣りを〕	(거스름돈을) 확인하다*

➥ **改まる**

〔年が〕	(해가) 바뀌다
〔生活態度が〕	(생활 태도가) 개선되다*
〔＝格式ばる〕	＝격식을 차리다

あらわす（表す）

〔不快感を顔に〕	(불쾌감을 얼굴에) 드러내다
〔感謝の気持ちを贈物で〕	(감사의 마음을 선물로) 전하다*
〔占有率をグラフに〕	(점유율을 그래프로) 표시하다*

あらわす（現す）

〔姿を〕	(모습을) 나타내다
〔事件が全容を〕	(사건이 전모를) 드러내다, 나타내다
〔なぞの人物が正体を〕	(수수께끼의 인물이 정체를) 나타내다
〔秘めた決意を外に〕	(마음 속으로 다진 결의를 밖으로) 표출하다*

あらわす（著す）

| 〔本を〕 | (책을) 쓰다, 저술하다* |

あらわれる（現れる・表れる）

| 〔成果が〕 | (성과가) 나타나다 |
| 〔本性が〕 | (본성이) 드러나다 |

あるく（歩く）

| 〔海辺を〕 | (바닷가를) 걷다 |

51

あれる （荒れる）

［肌が］ (피부가) 거칠어지다, 트다

*トだ：刺激・寒さで肌がひび割れる，あかぎれになる。

［天候が］ (날씨가) 거칠어지다

あわせる （合わせる）

［二組を］ (두 조를) 합치다

［拍子を］ (박자를) 맞추다

［手を］ (손을) 모으다

あわだつ （泡立つ）

［コーラが］ (콜라가) 거품을 일으키다

➥ 泡立てる

［石けんを］ (비누에) 거품을 내다

あわてる （慌てる）

［結婚を］ (결혼을) 서두르다

あんずる （案ずる）

［両親の身を］ (부모가) 걱정되다

［一計を］ (계책을) 궁리하다*

第2部

クジラのけんかでエビがとばっちり

　みなさんは初級の授業で"고래 싸움에 새우 등 터진다."ということわざを勉強したことと思います。いまさら訳す必要もないと思いますが，「クジラのけんかでエビの背中がやぶれる」，つまり強者の争いに巻き込まれて，弱者がとばっちりを受けるという言い回しです。

　さて，ここで問題です。싸움を다툼に変えてもこの表現は可能でしょうか。

　다투다は意見や利害関係が合わないような場合に，お互いに言い争ってごたごたするという意味で，あくまでも言葉で問い詰めることを言います。ですから話ができない動物たちは，싸움はしても다툼はできないのです。다툼は言葉が主な手段なのです。

　また다투다は比較的日常的な対立，個人間の一対一の対立でよく使われます。これに対して싸우다は，言葉より力や武器が主要な手段となり，国と国，味方と敵軍のように集団と集団の間のより大きな争いになります。そこには制圧を目的とした激烈な対立があります。クジラが言葉だけで争うならばエビがケガをすることはないでしょう。

　다툼が主にささいなことでの意見の対立によって起こるのに対して，싸움には政治的立場をめぐって対立する場合も入ります。また貧困，飢え，苦痛，死などのような抽象的な対象に立ち向かって克服しようと努力したり試練に耐えたりする意味も含まれています。

　「自分自身と戦った」「寒さと飢えにあらがって戦った」などという場合には"자기 자신과 싸웠다." "추위와 굶주림에 맞서 싸웠다."のように싸우다を使うのが適当でしょう。☯

53

い

いう (言う)─────────────────────────

　　〔事実を〕　　　　　　　　　　(사실을) 말하다

　　〔意見を〕　　　　　　　　　　(의견을) 나누다

▶ **言い合う**

　　〔ささいなことで父と〕　　　　(사소한 일로 아버지와) 말다툼하다

▶ **言い当てる**

　　〔正しく〕　　　　　　　　　　(정확히) 알아맞히다

▶ **言い争う**

　　〔友達と何だかんだと〕　　　　(친구와 티격태격) 말다툼하다

▶ **言い表す**

　　〔感謝の気持ちを言葉で〕　　　(감사의 마음을) 말로 나타내다, 표현하다*

▶ **言い返す**

　　〔皮肉な言葉で〕　　　　　　　(빈정거리는 말로) 대꾸하다

▶ **言いがかりをつける**

　　〔注文した飯が硬いと〕　　　　(주문한 밥이 되다고) 트집을 잡다

▶ **言い換える**

　　〔専門用語をやさしく〕　　　　(전문용어를 쉬운 말로) 바꿔 말하다

▶ **言い聞かせる**

　　〔よくわかるように〕　　　　　(잘 알아듣도록) 타이르다

▶ **言い切る**

　　〔必ず合格すると〕　　　　　　(반드시 합격하겠다고) 단언하다*

▶ **言いくるめる**

　　〔父親を〕　　　　　　　　　　(아버지를) 구슬리다, 말로 꾀다, 속이다

▶ **言い渋る**

　　〔学校を休んだ理由を〕　　　　(학교를 쉰 이유에 대해) 말하기를 머뭇거리다

▶ **言い過ぎる**

　　〔興奮して〕　　　　　　　　　(흥분해서) 말이 지나치다, 심하게 말하다

▶ **言いそびれる**

　　〔忙しくてついお礼を〕　　　　(바빠서 미처 감사의) 말할 기회를 놓치다

▶ **言い出す**
　　［自分から］　　　　　　　（자기부터） 먼저 말하다, 먼저 말을 꺼내다

▶ **言い立てる**
　　［身の潔白を］　　　　　　（자신의 결백을） 주장하다*

▶ **言い付ける**
　　［母が私に用を］　　　　　（어머니가 나에게 심부름을） 시키다
　➥ **言い付けられる**
　　［医者に絶対安静を］　　　（의사가 절대 안정해야） 한다고 하다

▶ **言い直す**
　　［失言して］　　　　　　　（말실수를 해서） 다시 말하다, 고쳐 말하다

▶ **言いなりになる**
　　［奥さんの］　　　　　　　（부인이） 시키는 대로 하다

▶ **言い逃れる**
　　［なんとかその場を］　　　（겨우 그 자리에서） 발뺌하다

▶ **言い張る**
　　［知らないと］　　　　　　（모른다고） 우기다, 버티다

▶ **言い含める**
　　［事情を］　　　　　　　　（사정을） 일러주다

▶ **言いふらす**
　　［町中に］　　　　　　　　（온 동네에） 말을 퍼뜨리다

▶ **言い負かす**
　　［相手を論理的に］　　　　（상대를 논리적인 말로） 이기다, 꺾다

▶ **言い渡す**
　　［禁錮３年を］　　　　　　（금고 3년을） 선고하다*
　➥ **言い渡される**
　　［死刑を］　　　　　　　　（사형을） 선고받다*

いかす（生かす）
　　［能力を］　　　　　　　　（능력을） 살리다

いがみあう（いがみ合う）
　　［兄弟同士で］　　　　　　（형제가 서로） 으르렁거리다

いかれる
　　［＝頭がどうかなる］　　　＝정신이 돌다

［彼女に］	(여자 친구에게) 넋을 잃다
［車が］	(차가) 못 쓰게 되다, 고장나다*, 망가지다

いきぎれする（息切れする）────────

［階段を上ると］	(계단을 오르면) 숨이 차다

いきぬきする（息抜きする）────────

［ちょっと］	(잠시) 쉬다

いきごむ（意気込む）────────

［全国優勝しようと］	(전국 우승하려고) 분발하다*

いきどおる（憤る）────────

［不正行為に］	(부정행위에) 분개하다*

いきりたつ（いきり立つ）────────

［大統領の悪政に］	(대통령의 악정에) 격분하다*

いきる（生きる）────────

［百歳まで］	(백 살까지) 살다

MEMO

＊살다에는「生活する」「暮らす」という意味もある。‘~에 살다’は「~に住む」，‘~에서 살다’は「~で暮らす」というニュアンスを表わす。また，「住んでいる，暮らしている」は‘살다’でも‘살고 있다’でも表現可能である。

＊“살아 있다”には「生きている」「生存している」というニュアンスがある（내가 살아 있는 한［私が生きている限り］）。

＊契約などの効力が「生きている」場合にも“살아 있다”が使われる（그 계약은 내년까지 살아 있다.［その契約は来年まで効力がある］）。

＊死にかかった状態や困窮した状態から脱出して「助かった」「もう大丈夫だ」というときは，“살았다”と過去形で使われる（感嘆詞的に“이제는 살았다!”のようにも使われる）。

▶ **生き埋めになる**

［地震で］	(지진으로) 생매장되다*

▶ **生き返る**

［奇跡的に］	(기적적으로) 되살아나다
［しおれた花が］	(시든 꽃이) 다시 살아나다

▶ **生き長らえる**

［水だけで1週間］	(물만으로 일 주일을) 살아남다

第2部

▶ **生き抜く**

[激動の時代を] (격동의 시대를) 살아오다

▶ **生き残る**

[飛行機事故で] (비행기 사고에서) 살아남다

▶ **生き延びる**

[劣悪な環境に耐えて] (열악한 환경을 견뎌) 살아남다

▶ **生き別れる**

[戦争で両親と] (전쟁으로 부모와) 생이별하다*

▶ **生け捕りにする**

[熊を] (곰을) 생포하다*, 사로잡다

  *산 채로 잡다라고도 한다. → ＊산 채로 잡다라고도 한다.

＊산 채로 잡다라고도 한다.

＊산 채로 잡다고도 한다.

いく （行く）

[学校へ] (학교에) 가다

MEMO 「〜に行く」 の表し方

① 登山，買い物，散歩，出張など，場所ではなく目的や動作を表す名詞には -에 가다ではなく -을/를 가다がつく。

👉 등산을 가다 (登山に行く) / 쇼핑을 가다 (買い物に行く) / 산책을 가다 (散歩に行く) / 소풍을 가다 (遠足に行く) / 성묘를 가다 (墓参りに行く) / 출장늘 가다 (出張する)

② -(으)러 가다で表す。

👉 낚시하러 가다 (釣りに行く) / 수영하러 가다 (泳ぎに行く) / 쇼핑하러 가다 (買い物に行く) / 식사하러 가다 (食事に行く)

＊日本語を直訳して쇼핑에 가다とか여행에 가다とは言わない。

▶ **行き交う**

[車が通りを] (차가 거리를) 오가다*

▶ **行き来する**

[毎日] (매일) 오가다

▶ **行き過ぎる**

[電車が駅を] (전철이 역을) 지나가다

[警察の取り締まりが] (경찰의 단속이) 지나치다, 도를 넘다*

▶ **行き違う**

[駅で友達と] (역에서 친구하고) 엇갈리다

いく (いきとどく)

▶ 行き届く
　　[掃除が]　　　　　　　(청소가) 잘 되어 있다
　　[サービスが]　　　　(서비스가) 빈틈없다

▶ 行き詰まる
　　[完全に]　　　　　　(완전히 벽에) 부딪치다

▶ 行き渡る
　　[物資が難民に]　　(물자가 난민에게) 골고루 돌아가다

いける (行ける)
　　[酒が相当]　　　　(술을 꽤) 마시다
　　[この料理は]　　　(이 요리는) 먹을 만하다

いける (生ける)
　　[花を花瓶に]　　　(꽃을 꽃병에) 꽂다

いこう (憩う)
　　[木陰で]　　　　　(나무 그늘에서) 쉬다

いさめる (諫める)
　　[友人を]　　　　　(친구에게) 충고하다*

いじける
　　[友達にばかにされ]　(친구들한테 바보 취급을 당해) 주눅이 들다

いじめる
　　[年下の子を]　　　(자기보다 어린 아이를) 괴롭히다

　　＊「いじめられる」は，괴롭힘을 당하다, 학대당하다˚。

いじる
　　[コンピュータを]　(컴퓨터를) 만지다
　　[指で髪の毛を]　　(손가락으로 머리카락을) 만지다

▶ いじくる
　　[鼻をしきりに]　　(코를 자꾸) 만지작거리다
　　[あごひげを]　　　(턱수염을) 만지작거리다

いそぐ (急ぐ)
　　[出発を]　　　　　(출발을) 서두르다

▶ 急がせる
　　[遅れないように]　(늦지 않도록) 서두르게 하다

いたがる（痛がる）───────────────
　［注射を］　　　　　　　（주사를）아파하다

いだく（抱く）───────────────
　［希望を］　　　　　　　（희망을）안다, 품다
　＊품다は「悪意を抱く」などマイナスのイメージにも使われる。

いただく（頂く）───────────────
　［手紙を］　　　　　　　（편지를）받다
　＊「もらう」の謙譲語。

いたむ（傷む）───────────────
　［食べ物が］　　　　　　（음식이）상하다*, 썩다

いたむ（悼む）───────────────
　［友達の死を］　　　　　（친구의 죽음을）슬퍼하다, 애도하다*

いためる（痛める）───────────────
　［ひじを］　　　　　　　（팔꿈치를）다치다

いためる（炒める）───────────────
　［野菜を］　　　　　　　（야채를）볶다

いたる（至る）───────────────
　［北極点に］　　　　　　（북극점에）이르다

いっする（逸する）───────────────
　［機会を］　　　　　　　（때를）놓치다

いつくしむ（慈しむ）───────────────
　［花を］　　　　　　　　（꽃을）애지중지하다*

いつわる（偽る）───────────────
　［年齢を］　　　　　　　（나이를）속이다

いてつく（凍てつく）───────────────
　［湖が］　　　　　　　　（호수가）얼어붙다

いとなむ（営む）───────────────
　［事業を］　　　　　　　（사업을）영위하다*

いどむ（挑む）───────────────
　［新記録に］　　　　　　（신기록에）도전하다*

いとめる（射止める）───────────────
　［宝くじに当たり大金を］（복권에 당첨되어 거액의 돈을）거머쥐다

いのこる（居残る）
［オフィスに］　　　　　　（사무실에）남다

いのる（祈る）
［成功を］　　　　　　（성공을）빌다, 기도하다*, 기원하다*

いばる（威張る）
［名士だといって］　　　　　　（명사랍시고）으스대다
*会話では으시대다と発音されることが多い。

いびる
［嫁を］　　　　　　（며느리를）구박하다*

いぶかる（訝る）
［息子の行動を］　　　　　　（아들의 행동을）의심하다*

いぶす（燻す）
［蚊取り線香を］　　　　　　（모기향을）피우다

いましめる（戒める）
［過ちを］　　　　　　（잘못을）타이르다, 훈계하다*

いやがる（嫌がる）
［豆を］　　　　　　（콩을）싫어하다

いやしめる（卑しめる）
［相手を］　　　　　　（상대방을）깔보다

いやす（癒やす）
［傷を］　　　　　　（상처를）치료하다*
［のどの渇きを］　　　　　　（갈증을）가시게 하다
［心を］　　　　　　（마음을）다스리다

いらだつ（苛立つ）
［学生たちに］　　　　　　（학생들에게）신경이 곤두서다

いる（居る）
［ここに］　　　　　　（여기에）있다

いる（射る）
［矢を］　　　　　　（활을）쏘다

いる（鋳る）
［刀を］　　　　　　（칼을）주조하다*

いる (炒る・煎る) ─────────────

　［ごまを］　　　　　　　　(깨를) 볶다

　［卵を］　　　　　　　　　(깨란을) 볶다

いれる (入れる) ─────────────

　［かばんに］　　　　　　　(가방에) 넣다

　［息子を大学に］　　　　　(아들을 대학에) 보내다, 입학시키다*

▶ **入り交じる**

　［敵味方が］　　　　　　　(아군과 적군이) 뒤섞이다

▶ **入り乱れる**

　［両チームが］　　　　　　(양쪽 팀이) 뒤엉키다

▶ **入れ替える**

　［夏物と冬物を］　　　　　(여름옷과 겨울옷을) 바꿔 넣다

▶ **入れ代わる**

　［席を］　　　　　　　　　(자리를) 바뀌다

いろあせる (色あせる) ─────────────

　［シャツが］　　　　　　　(셔츠가) 바래다

いろどる (彩る) ─────────────

　［夜空を］　　　　　　　　(밤하늘을) 채색하다*

いわう (祝う) ─────────────

　［誕生日を］　　　　　　　(생일을) 축하하다*

あ

うえる（植える）

〔山に木を〕　　　　　　　（산에 나무를）심다
〔田んぼに苗を〕　　　　　（논에 모를）심다

   *「稲の苗」は모，「稲以外の苗」は모종。

   *심다：土中に（植物の根を）埋める

   *뿌리다：平面に（種を）まく

▶ 植え付ける

〔イチゴの苗を〕　　　　　（딸기의 모종을）심다
〔心に不信感を〕　　　　　（마음에 불신감을）심다

うえる（飢える）

〔内戦で〕　　　　　　　　（내란으로）굶다，굶주리다
〔愛情に〕　　　　　　　　（사랑에）주리다

▶ 飢え死にする

〔飢饉で〕　　　　　　　　（기근으로）굶어 죽다

うかがう（伺う）

〔ひとこと先生に〕　　　　（한 말씀 선생님께）여쭈다

MEMO　여쭈다와 여쭙다

「尋ねる」を意味する‘묻다’の謙譲語が‘여쭈다’で，これよりさらにへりくだった表現が‘여쭙다’。‘여쭈다’は規則活用だが‘여쭙다’はㅂ変則活用である。「訪問する」を意味する‘찾아가다’の謙譲語は‘찾아뵙다’。

うかがう（窺う）

〔すきを〕　　　　　　　　（빈틈을）엿보다
〔機会を〕　　　　　　　　（기회를）노리다，엿보다
〔顔色を〕　　　　　　　　（표정을）살피다，（눈치를）보다
〔人の気配を〕　　　　　　（인기척을）살피다

うく（浮く）

〔水の上に〕　　　　　　　（물 위로）뜨다

➥ 浮かす

〔腰を〕　　　　　　　　　（엉거주춤）일어서다
〔3万ウォン〕　　　　　　（3만원）절약하다*

▶ **浮かび上がる**
　［海面に］　　　　　　　　　　（바다 위로) 떠오르다
　［新事実が］　　　　　　　　　（새로운 사실이) 드러나다

▶ **浮かぶ**
　［虹が空に］　　　　　　　　　（무지개가 하늘로) 떠오르다
　［面影が］　　　　　　　　　　（모습이) 떠오르다

　➡ **浮かべる**
　［ほほえみを］　　　　　　　　（미소를) 떠올리다
　［湖に船を］　　　　　　　　　（호수 위에 배를) 띄우다

▶ **浮かれる**
　［うれしさに］　　　　　　　　（기쁨에) 들뜨다

▶ **浮きあがる**
　［会社の中で］　　　　　　　　（회사 안에서) 고립되다*

▶ **浮き彫りにする**
　［企業間の癒着を］　　　　　　（기업간의 유착을) 부각시키다*

うけおう（請け負う）─────────
　［仕事を］　　　　　　　　　　（일을) 떠맡다

うけたまわる（承る）─────────
　［用件を］　　　　　　　　　　（용건을) 받다
　［意向を］　　　　　　　　　　（의향을) 듣다

うける（受ける）─────────
　［報告を］　　　　　　　　　　（보고를) 받다
　［歓迎を］　　　　　　　　　　（환영을) 받다
　［手厚い看護を］　　　　　　　（극진한 간호를) 받다
　［刺激を］　　　　　　　　　　（자극을) 받다
　［許可を］　　　　　　　　　　（허가를) 받다
　［招待を］　　　　　　　　　　（초대를) 받다
　［電話を］　　　　　　　　　　（전화를) 받다
　［挑戦を］　　　　　　　　　　（도전을) 받다
　［注文を］　　　　　　　　　　（주문을) 받다
　［試験を］　　　　　　　　　　（시험을) 보다, 치르다
　［診察を］　　　　　　　　　　（진찰을) 받다

うける（うかる）

［手術を］	(수술을) 받다
［大きな被害を］	(큰 피해를) 입다
［誤解を］	(오해를) 받다
［制約を］	(제약을) 받다
［罰を］	(벌을) 받다
［若者に］	(젊은이에게) 호평을 받다*, 인기를 얻다

➥ **受かる**

［試験に］	(시험에) 합격하다*, 붙다

▶ **受け入れる**

［提案を］	(제안을) 받아들이다

▶ **受け答えする**

［質問に］	(질문에) 응답하다*

▶ **受け継ぐ**

［家業を］	(가업을) 이어받다

▶ **受け付ける**

［申し込みを］	(신청을) 접수하다*

＊［飲食物などの］嫌いなものを「受け付けない」は，받아들이지 않다.

▶ **受け止める**

［ボールを手で］	(공을 손으로) 받다
［物事を冷静に］	(사물을 냉정하게) 받아들이다

▶ **受け取る**

［手紙を］	(편지를) 받다
［額面どおりに］	(액면 그대로) 받아들이다
［相手の言葉を悪く］	(상대방 말을 나쁘게) 해석하다*

▶ **受け流す**

［記者たちの質問を］	(기자들의 질문을) 받아넘기다

▶ **受け持つ**

［重要な仕事を］	(중요한 일을) 맡다, 담당하다*

うごかす（動かす）————————————————

［車を］	(차를) 움직이다
［別の場所に］	(다른 장소로) 옮기다
［大金を］	(큰 돈을) 움직이다

| [機械を] | （기계를）움직이다 |
| [心を] | （마음을）움직이다 |

うごく（動く）

| [影が] | （그림자가）움직이다 |

うごめく

| [小さな虫が] | （작은 벌레가）꿈틀거리다 |

うしなう（失う）

[全財産を]	（전재산을）잃다
[希望を]	（희망을）잃다
[信用を]	（신용을）잃다
[意識を]	（의식을）잃다
[父を]	（아버지를）잃다

うずくまる（蹲る）

| [寒さに] | （추운 날씨에）웅크리다 |

うずまく（渦巻く）

| [濁流が] | （탁류가）소용돌이치다 |

うすまる（薄まる）

| [味が] | （맛이）싱거워지다, 묽어지다 |

➥ **薄める**

| [ウイスキーを水で] | （위스키를 물로）타다, 묽게 하다 |

▶ **薄らぐ**

| [憎しみが] | （미움이）사라지다, 덜해지다 |
| [胃の痛みが] | （위의 통증이）가시다 |

▶ **薄れる**

| [昔の記憶が] | （옛날 기억이）희미해지다* |
| [人々の関心が] | （사람들의 관심이）사라지다, 식어지다 |

うずまる（埋まる）

| [テントが雪に] | （텐트가 눈에）묻히다 |
| [スタンドが観衆で] | （스탠드가 관중으로）꽉 차다 |

➥ **埋める**

| [コートのえりに顔を] | （코트 옷깃에 얼굴을）묻다 |
| [観客が場内を] | （관객들이 장내를）꽉 메우다 |

うずまる（うずもれる）

↪ 埋もれる
[土に] （땅에）묻히다

うせる（失せる）───────────
[やる気が] （할 마음이）없어져 버리다

うそぶく（嘯く）───────────
[成功すると] （성공할 것이라고）큰소리치다

うたう（歌う）───────────
[歌を] （노래를）부르다, 노래하다

うたがう（疑う）───────────
[自分の目を] （내 눈을）의심하다*

うつ（打つ）───────────
[頭を] （머리를）박다
[ホームランを] （홈런을）치다, 때리다, 날리다
[キーボードを] （자판을）치다
[柱時計が3時を] （벽시계가 세 시를）치다
[碁を] （바둑을）두다
[順番に番号を] （순서대로 번호를）찍다
[机の角で頭を] （책상 모서리에 머리를）부딪치다
[医者が注射を] （의사가）주사를 놓다

*주사을 맞았다는, 医者に「注射を打ってもらった」という意味。

▶ 打ち明ける
[秘密を] （비밀을）털어놓다

▶ 打ち上げる
[花火を] （불꽃을）쏘아 올리다
[ロケットを] （로켓을）쏘아 올리다, 발사하다*
[フライを] （플라이를）치다

↪ 打ち上げられる
[水死体が] （익사체가）밀려 올라오다
[人工衛星が] （인공 위성이）발사되다*

▶ 打ち合わせる
[出張の予定を] （출장 예정을）협의하다*

66

▶ **打ち勝つ**

［誘惑に］ (유혹을) 이겨내다

▶ **打ち切る**

［交渉を］ (교섭을) 중지하다*

［供給を］ (공급을) 끊다, 중지하다*, 중단하다*

➥ **打ち切られる**

［番組が］ (프로그램이) 중지되다*, 중단되다*

▶ **打ち砕く**

［ガラスを］ (유리를) 부수다

➥ **打ち砕かれる**

［希望が］ (희망이) 부숴지다

▶ **打ち消す**

［疑惑を］ (의혹을) 부정하다*

▶ **打ち込む**

［くいを］ (말뚝을) 박다

［仕事に］ (일에) 몰두하다, 전념하다*

［データを］ (데이터를) 입력하다*

▶ **打ち出す**

［新しい方針を］ (새로운 방침을) 내세우다

［文書をプリンタで］ (문서를) 프린트하다

▶ **打ち付ける**

［雨が激しく窓に］ (비가 심하게 창문을) 때리다

［釘を板に］ (못을 판에) 박다

▶ **打ち解ける**

［ほかの人と］ (다른 사람하고) 터놓고 지내다

▶ **打ち取る**

［三者凡退に］ (삼자 범퇴로) 잡다

▶ **打ちのめす**

［アッパーカットで］ (어퍼컷으로) 때려잡다, 가격하다*

➥ **打ちのめされる**

［会社の倒産で］ (회사의 도산으로) 타격을 받다

▶ 打ちひしがれる
　　［悲しみに］　　　　　　　（슬픔에) 풀이 죽어 있다

▶ 打ち負かす
　　［相手を］　　　　　　　　（상대를) 패배시키다*
　　➥ 打ち負かされる
　　［議論で彼女に］　　　　　（논의에서 그녀에게) 지고 말다

▶ 打ちまくる
　　［安打を］　　　　　　　　（계속해서 안타를) 치다

▶ 打ち破る
　　［因習を］　　　　　　　　（인습을) 타파하다*
　　［敵を］　　　　　　　　　（적을) 쳐부수다

▶ 打ち寄せる
　　［波が岸辺に］　　　　　　（파도가 물가로) 밀려오다

▶ 打って変わる
　　［これまでとは］　　　　　（이제까지와는) 싹 달라지다

うつ（討つ）────────────
　　［敵を］　　　　　　　　　（적을) 무찌르다
　　［かたきを］　　　　　　　（원수를) 갚다

うつ（撃つ）────────────
　　［銃を］　　　　　　　　　（총을) 쏘다
　　➥ 撃たれる
　　［敵に肩を］　　　　　　　（적에게 어깨를) 맞다

▶ 撃ち落とす
　　［敵機を］　　　　　　　　（적기를) 격추하다*
　　［野鳥を］　　　　　　　　（들새를) 쏘아 떨어뜨리다

▶ 撃ち殺す
　　［熊を銃で］　　　　　　　（곰을 총으로) 쏘아 죽이다

▶ 撃ちまくる
　　［銃を］　　　　　　　　　（총을) 마구 쏘아대다

▶ 撃て！
　　　　　　　　　　　　　　　＝쏘라！

　　＊軍隊，スポーツなどでは‘쏴!’。

第2部

うつす (移す)
[席を]	(자리를) 옮기다
[住まいを]	(거주지를) 옮기다
[風邪を]	(감기를) 옮기다
[行動に]	(행동으로) 옮기다

➥ 移される
[病気を]	(병이) 옮다

▶ 移り変わる
[世の中が]	(세상이) 변천하다*

▶ 移る
[前の席に]	(앞자리로) 옮기다
[東京本社に]	(도쿄 본사로) 옮기다
[新居に]	(새집으로) 이사가다*
[話題が]	(화제가) 바뀌다
[関心が]	(관심이) 변하다
[時代が]	(시대가) 바뀌다
[次の議題に]	(다음 의제로) 넘어가다
[色が]	(색이) 물들다
[匂いが]	(냄새가) 스며들다
[病気が]	(병이) 옮다
[あくびが]	(하품이) 옮다

うつす (写す)
[写真を]	(사진을) 찍다
[友達のノートを]	(친구의 노트를) 베끼다

うつす (映す)
[映画を]	(영화를) 촬영하다*
[鏡に顔を]	(거울에 얼굴을) 비추다

➥ 映される
[スクリーンに]	(스크린에) 비춰지다

うつる (写る)
[写真に]	(사진에) 찍히다
[モニターに]	(모니터에) 찍히다

あ

［防犯カメラに］	(CCTV에) 찍히다

うつる（映る）————————————

［水面に］	(수면에) 비치다
［窓に］	(창문에) 비치다

うったえる（訴える）————————————

［警察に］	(경찰에) 고발하다*
［世論に］	(여론에) 호소하다*
［理性に］	(이성에) 호소하다*
［腕力に］	(완력을) 쓰다
［武力に］	(무력을) 쓰다
［法的手段に］	(법적 수단을) 쓰다
［平和を］	(평화를) 호소하다*
［騒音公害を］	(소음 공해를) 호소하다*

➥ **訴えられる**

［債務不履行で］	(채무불이행으로) 고발되다*
［収賄罪で］	(뇌물수수죄로) 고발되다*

うつぶせになる————————————

［ベッドに］	(침대에) 엎드리다

うつむく————————————

［黙って］	(아무 말도 없이) 머리를 숙이다

うつらうつらする————————————

［いすに座ったまま］	(의자에 앉은 채로) 꾸벅꾸벅 졸다

うとうとする————————————

［本を読みながら］	(책을 읽으면서) 꾸벅꾸벅 졸다

うとんじる（疎んじる）————————————

［長男を］	(장남을) 멀리하다

➥ **疎んじられる**

［同僚から］	(동료들로부터) 소외당하다*

うながす（促す）————————————

［再考を］	(재고를) 촉구하다*
［注意を］	(주의를) 환기시키다*
［植物の生長を］	(식물의 생장을) 촉진하다*

↪ **促される**
[急いで返答するよう]　　　　（서둘러 대답하도록）재촉받다

うなされる────────────────────────
[悪夢に]　　　　　　　　　　（악몽에）가위 눌리다

うなずく（頷く）──────────────────
[承知して]　　　　　　　　　（승낙하며）고개를 끄덕이다
[彼の言うことに]　　　　　　（그 사람이 하는 말에）수긍이 가다

うなだれる────────────────────────
[がっくりと]　　　　　　　　（푹）고개를 떨구다

うなる（唸る）──────────────────
[ライオンが]　　　　　　　　（사자가）으르렁거리다
[機械が]　　　　　　　　　　（기계가）윙윙거리다
[風が]　　　　　　　　　　　（바람이）윙윙거리다

うぬぼれる（自惚れる）──────────────
[英語ができると]　　　　　　（영어를 할 수 있다고）우쭐하다

うねる────────────────────────
[海が・波が]　　　　　　　　（바다가・파도가）물결치다
[道が・川が]　　　　　　　　（길이・강이）굽이돌다

うのみにする（鵜呑みに―）──────────
[彼の話を]　　　　　　　　　（그의 이야기를）그대로 받아들이다

うばう（奪う）──────────────────
[人から金を]　　　　　　　　（사람에게서 돈을）빼앗다
[財布から金を]　　　　　　　（지갑에서 돈을）훔치다
[命を]　　　　　　　　　　　（생명을）빼앗다
[心を]　　　　　　　　　　　（마음을）빼앗다

↪ **奪われる**
[心を]　　　　　　　　　　　（마음을）빼앗기다
[目を]　　　　　　　　　　　（시선을）빼앗기다

▶ **奪い合う**
[激しくボールを]　　　　　　（격렬하게 공을）서로 빼앗다

▶ **奪い返す**
[ボールを]　　　　　　　　　（공을）다시 빼앗다

あ

うばう （うばいとる）

[政権を]　　　　　　　　　（정권을） 탈환하다*
▶ 奪い取る
[強盗が金を]　　　　　　　（강도가 돈을） 탈취하다*
[ボールを]　　　　　　　　（공을） 억지로 빼앗다

うまる （埋まる）─────────────────
[土に]　　　　　　　　　　（땅에） 묻히다, 파묻히다
[花見客で]　　　　　　　　（벚꽃놀이 하는 사람들로） 가득 차다
➡ 埋める
[土に]　　　　　　　　　　（땅에） 묻다
▶ 埋め合わせる
[赤字を借金で]　　　　　　（적자를 빚으로） 메우다, 보완하다*, 보충하다*
▶ 埋め立てる
[海岸を]　　　　　　　　　（해안을） 메우다, 매립하다*
▶ 埋もれる
[雪崩で家が雪に]　　　　　（눈사태로 집이 눈에） 파묻히다
[古代都市が火山灰に]　　　（고대 도시가 화산재에） 파묻히다

うまれる （生まれる）─────────────────
[大阪で]　　　　　　　　　（오사카에서） 태어나다
[赤ちゃんが]　　　　　　　（아기가） 태어나다
[ベンチャー企業が]　　　　（벤처 기업이） 생기다
[新記録が]　　　　　　　　（신기록이） 생기다
➡ 生む・産む
[男の子を]　　　　　　　　（사내 아이를） 낳다
[卵を]　　　　　　　　　　（알을） 낳다
▶ 生み出す・産み出す
[様々な問題を]　　　　　　（여러 가지 문제를） 낳다

うむ （膿む）─────────────────
[傷が]　　　　　　　　　　（상처가） 곪다

うめく─────────────────
[激しい痛みに]　　　　　　（심한 통증에） 신음하다*, 끙끙거리다

うやまう （敬う）─────────────────
[老人を]　　　　　　　　　（노인을） 존경하다*, 공경하다*

72

うらぎる（裏切る）────────────

　〔友人の信頼を〕　　　（친구의 믿음을) 저버리다

　〔我々の期待を〕　　　（우리의 기대에) 어긋나다

　➥ **裏切られる**

　〔部下に〕　　　　　　（부하에게) 배반당하다*, 배신당하다*

うらづける（裏付ける）────────────

　〔理論を〕　　　　　　（이론을) 입증하다*

　〔犯罪の事実を〕　　　（범죄 사실을) 입증하다*

　➥ **裏付けられる**

　〔証拠から無実が〕　　（증거로 무죄가) 입증되다*

うらなう（占う）────────────

　〔運勢を〕　　　　　　（운세를) 점치다*

うらむ（恨む）────────────

　〔人を〕　　　　　　　（남을) 원망하다*

うらやむ（羨む）────────────

　〔人を〕　　　　　　　（남을) 부러워하다

うる（売る）────────────

　〔物を〕　　　　　　　（물건을) 팔다

　〔ばらで〕　　　　　　（낱개로) 팔다

　〔名前を〕　　　　　　（이름을) 떨치다

　〔油を〕　　　　　　　＝게으름을 피우다, 농땡이를 부리다

　➥ **売れる**

　〔品物が〕　　　　　　（물건이) 팔리다

　〔顔が〕　　　　　　　（얼굴이) 팔리다, 널리 알려지다

　▶ **売り切れる**

　〔切符が〕　　　　　　（표가) 매진이 되다

　▶ **売り捌く**

　〔格安の値段で〕　　　（아주 싼 값으로) 팔아 치우다

　▶ **売り出す**

　〔新商品を〕　　　　　（신상품을) 발매하다*

　〔名前を〕　　　　　　（이름을) 떨치다

73

▶ 売り付ける

[偽物のダイヤを] (가짜 다이아몬드를) 억지로 팔아 넘기다

▶ 売れ残る

[チケットが] (티켓이) 팔다 남다

うるおう（潤う）

[財政が] (재정이) 윤택해지다*

➡ 潤す

[のどを] (목을) 축이다

▶ 潤む

[目が] (눈물이) 글썽글썽하다

うれえる（憂える）

[息子の将来を] (아들의 장래를) 걱정하다, 우려하다*, 근심하다

うれる（熟れる）

[リンゴが] (사과가) 익다

うろたえる

[事実を知って] (사실을 알고) 당황하다*

うろつく

[繁華街を] (번화가를) 서성거리다

うわごとをいう

＝헛소리를 하다

うわさをする

[母親たちが集まって何か] (어머니들이 모여 뭔가를) 숙덕거리다

▶ うわさを立てる

[町中に] (동네방네) 소문내다*

▶ うわさになる

[名門大に合格したと] (명문대에 합격했다고) 소문나다*

うわずる

[声が] (목소리가) 높아지다

うわつく

[気持ちが] (마음이) 들뜨다

第2部

うわのせする（上乗せする）
［消費税を］ （소비세를）추가하다*

うわまわる（上回る）
［予想を］ （예상을）웃돌다

うわむく（上向く）
［景気が］ （경기가）좋아지다

うんざりする
［先生の小言に］ （선생님의 잔소리에）진절머리가 나다

［単調な遊びに］ （단조로운 놀이에）진력이 나다*

　＊진력이 나다：嫌気がさす

［毎日雨ばかりで］ （매일 비만 와서）지겹다 形

　＊지겹다：退屈だ，飽き飽きする

［貧乏暮らしに］ （가난한 살림에）지치다

　＊지치다：疲れる，くたびれる

［毎日同じ食事で］ （매일 똑같은 음식에）질리다

　＊질리다：飽き飽きする，嫌になる，嫌気が差す

え

えがく (描く)

〔絵を〕	(그림을) 그리다
〔円を〕	(원을) 그리다
〔心に〕	(마음에) 그리다

➥ 描かれる

〔生き生きと〕	(생생하게) 그려지다

えぐる

〔刃物で傷口を〕	(칼로 상처를) 파내다
〔りんごの腐った部分を〕	(사과가 썩은 부분을) 도려내다
〔問題の核心を〕	(문제의 핵심을) 찌르다

➥ えぐられる

〔胸を〕	(가슴을) 도려내다

えこひいきする

〔学生を〕	(학생을) 편애하다*, 역성들다, 두둔하다*, 편 들다*

えじきになる

〔熊の〕	(곰의) 먹이가 되다
〔悪徳商法の〕	(악덕 상술의) 희생물이 되다*

えらぶ (選ぶ)

〔好きな本を〕	(마음에 드는 책을) 고르다, 선택하다*
〔大統領候補を〕	(대선 후보를) 선출하다*
〔死を〕	(죽음을) 택하다*

➥ 選ばれる

〔代表に〕	(대표로) 뽑히다, 선출되다*

▶ 選び出す

〔最適の人物を〕	(최적의 인물을) 골라내다, 뽑아내다

▶ 選り好みする

〔食べ物を〕	(음식을) 가리다

▶ 選り分ける

〔赤いものと黒いものを〕	(빨간 것과 검은 것을) 선별하다*

える（得る）

［支持を］ （지지를）얻다

→ 좀 쉬어갑시다 ちょっと一息 ③

混同しやすい言葉　여쭈다と여쭙다

"모르는 게 있으면 선생님께 여쭤 봐라! （わからないことがあったら先生に聞きなさい）"というときに여쭈어 봐라が正しいのでしょうか。それとも여쭈워 봐라が正しいのでしょうか。

"말씀 좀 여쭤 보겠습니다. （ちょっとお伺いします）"というときも同じです。여쭈어 보겠습니다か여쭈워 보겠습니다か，どちらが正しいのでしょうか。

여쭈다と여쭙다はどちらも使用が認められている複数 표준어（複数標準語）」で，여쭈다は〔여쭙니다 | 여쭈어요(여쭤요) | 여쭈었어요(여쭜어요) | 여쭈고 | 여쭈면〕と活用します。また여쭙다は〔여쭙습니다 | 여쭈워요(여쭤요) | 여쭈웠어요(여쭸어요) | 여쭈고 | 여쭈면〕と活用します。

ですから여쭈어 봐らも여쭈워 봐らも正しい表記です。また여쭈어 보겠습니다も여쭈워 보겠습니다も正しいのです。

この여쭈다と여쭙다はどちらも「目上の人に尋ねる・聞く」という意味の謙譲語ですので"선생님께서 아이에게 궁금한 점을 여쭈어 보셨어요."という言い方は間違いです。"〜 물어보셨어요."と言わなければなりません。

そのほかにも混同しやすい表現に뵈다と뵙다があります。뵈다も뵙다も年上の人に使う言葉ですが，뵙다のほうが控えめな表現で，뵈다よりも謙譲の意志が強く表れています。뵈다は活用するときに〔뵙니다 | 봬요 | 뵀어요 | 뵈고 | 뵈면 | 뵈는 / 뵌 / 뵐〕のように뵈– のあとに母音と子音の語尾の両方が続くのに対して뵙– のあとには〔뵙습니다 | 뵙고 | 뵙는〕と子音の語尾しか続きません。☯

お

おいる（老いる）────────────────────

=늙다, 나이를 먹다

おう（追う）────────────────────

［ウサギを］　　　　　　　（토끼를）쫓다

［逃走中の犯人を］　　　　（도망 중인 범인을）쫓다

［目で］　　　　　　　　　（눈으로）쫓다

［便利さを］　　　　　　　（편리함을）좇다

［流行を］　　　　　　　　（유행을）좇다, 따르다

> **MEMO** 形が似ている쫓다と좇다
>
> ・**쫓다**：人や動物を追う。
> ・**좇다**：目標や理想，幸福などを追う。

➡ **追われる**

［時間に］　　　　　　　　（시간에）쫓기다

［仕事に］　　　　　　　　（일에）쫓기다

［子育てに］　　　　　　　（육아에）쫓기다

［社長の地位を］　　　　　（사장 자리에서）쫓겨나다

［国を］　　　　　　　　　（나라에서）추방당하다*

▶ **追い返す**

［押し売りを］　　　　　　（강매를）물리치다

▶ **追いかける**

［夢を］　　　　　　　　　（꿈을）좇다

［どろぼうを］　　　　　　（도둑을）뒤쫓다

▶ **追い越す**

［前の車を］　　　　　　　（앞차를）앞지르다, 추월하다*

▶ **追いこむ**

［牛を小屋に］　　　　　　（소를 외양간으로）몰아넣다

▶ **追いすがる**

［母親に］　　　　　　　　（어머니에게）매달리다

▶ 追い出す
  ［家から］   (집에서) 쫓아내다
  ➥ 追い出される
  ［アパートを］   (아파트에서) 쫓겨나다
▶ 追いたてる
  ［羊の群れを］   (양의 무리를) 몰아내다
  ➥ 追いたてられる
  ［時間に］   (시간에) 쫓기다
▶ 追いつく
  ［先発隊に］   (선발대를) 따라잡다
  ➥ 追いつかれる
  ［背丈が弟に］   (키가 남동생에게) 따라잡히다
▶ 追い詰める
  ［犯罪者を］   (범죄자를) 몰아넣다
  ➥ 追い詰められる
  ［窮地に］   (궁지에) 몰리다
  ［時間に］   (시간에) 쫓기다

おう（負う）————————————————————
  ［傷を］   (상처를) 입다
  ［責任を］   (책임을) 지다
  ［背中に］   (등에) 업다

おうじる（応じる）————————————————
  ［提案に］   (제안에) 응하다*
  ［注文に］   (주문의) 응하다*

おえる（終える）————————————————
  ［宿題を］   (숙제를) 끝내다, 마치다
  ［仕事を時間内に］   (일을 시간 내에) 끝내다, 마치다
  ［仕事を途中で］   (일을) 중간에서 끝내다

MEMO 마치다と끝내다

・**마치다**：やっていたことを完全に終える。途中で切り上げる場合には使えない。
・**끝내다**：ある時点でやっていたことを終える（完全に終わっていなくてもよい）。
＊「読み終える」「書き終える」「食べ終える」と言う場合は다をつけて，다 읽다，
다 쓰다，다 먹다のようにいう。

おおあたりする （大当たり—）

［事業で］	（사업으로） 대성공을 이루다
［宝くじで］	（복권에서） 대박이 터지다, 대박이 나다, 대박을 맞다
［映画が］	（영화가） 크게 히트하다, 대박이 나다

＊대박이 나다〈大박—〉：興業などが大ヒットする，大当たりする。

おおう （覆う）

| ［ビニールで］ | （비닐로） 덮다, 가리다 |

MEMO 덮다と가리다

・**덮다**：上からかぶせる。
・**가리다**：隠すように覆う。

▶ 覆い隠す

| ［両手で顔を］ | （두 손으로 얼굴을） 가리다, 감싸다 |
| ［事実を］ | （사실을） 감추다, 은폐하다* |

おおさわぎする （大騒ぎ—）

| ［世間が］ | （세상이） 떠들썩하다 |
| ［ファンが］ | （팬이） 떠들썩하다 |

▶ 大騒ぎになる

| ［コロナ患者が出たと］ | （코로나 환자가 나왔다고） 난리가 나다, 소동이 일어나다 |

おおわらいする （大笑い—）

| ［テレビを見ながら］ | （텔레비전을 보면서） 큰 소리로 웃다 |

おかす （侵す）

［国境を］	（국경을） 침범하다*
［日本の領海を］	（일본의 영해를） 침범하다*
［人権を］	（인권을） 침해하다*

おかす（犯す）

［法を］	（법을）어기다
［ミスを］	（실수를）저지르다
［罪を］	（죄를）저지르다, 범하다*
［殺人を］	（살인을）범하다*
［聖域を］	（성역을）범하다*

MEMO 어기다·저지르다·범하다の使い分け

- **어기다**：規則・約束・時間・命令などを破ったり，違反したりした場合。
- **저지르다**：過ち・ミスなどを犯したり，問題を起こしたりした場合。
- **범하다**：法や規則などを破ったり，失敗やミスなどを犯したりした場合。
  また人権を侵害した場合や，立入禁止の場所や警戒区域などに立ち入った場合などにも使われる。

おかす（冒す）

［危険を］	（위험을）무릅쓰다

➨ **冒される**

［がんに］	（암에）걸리다

おがむ（拝む）

［天を］	（하늘에）빌다
［寺に行って］	（절에 가서）빌다

▶ **拝み倒す**

［父親を］	（아버지에게）사정사정하다*

おぎなう（補う）

［損失を］	（손실을）메우다, 보충하다*
［赤字を］	（적자를）메우다, 보충하다*
［欠員を］	（결원을）보충하다*
［経験不足を］	（경험 부족을）보충하다*
［収入を］	（수입을）보태다

➨ **補われる**

［欠員が］	（결원이）보충되다*

おきる（起きる）

［朝早く］	（아침 일찍）일어나다

▶ 起きあがる

〔ベッドから〕　(침대에서) 일어나다

おく（置く）

〔物を〕　(물건을) 놓다, 두다
〔支社をソウルに〕　(지사를 서울에) 두다
〔玄関に守衛を〕　(문에 수위를) 두다

MEMO

・**놓다**：臨時に置く，設置する。
・**두다**：しまっておくというイメージがあり，念頭に置く，時間を置く，距離を置くなど抽象的なことでよく使う。また機関などを設置するという意味にも使われる。

➡ 置かれる

〔軍部の支配下に〕　(군부의 지배하에) 놓이다
〔難しい立場に〕　(어려운 입장에) 놓이다

おくる（送る）

〔宅配便で〕　(택배로) 보내다, 부치다
〔駅まで彼女を〕　(역까지 여자친구를) 바래다 주다
〔家まで車で〕　(집까지) 데려다 주다
〔客を玄関まで〕　(손님을 현관까지) 배웅하다
〔会議に代表を〕　(회의에 대표를) 보내다
〔息子を軍隊に〕　(아들을 군대에) 보내다
〔忙しい毎日を〕　(매일 바쁘게) 보내다, 지내다
〔幸せな人生を〕　(행복한 인생을) 보내다

MEMO　보내다と부치다の違い

・**보내다**：日本語の「送る」と同じく，物を送る，人を送る，メールを送る，視線を送る，生活を送るなど幅広い意味で使われる。
・**부치다**：一般的に手紙をポストに投函したり，荷物や小包を郵便や宅配便を利用して送る場合，また「送金する」にも使われる。

おくる（贈る）

〔時計を〕　(시계를) 선물하다*
〔学位を〕　(학위를) 수여하다*

　　　［勝者にトロフィーを］　　　（승자에게 트로피를) 수여하다*
➥ 贈られる
　　　［名誉市民の称号が］　　　（명예시민의 칭호가) 주어지다
　　　［金賞が］　　　（금상이) 수여되다*

おくれる（遅れる）

　　　［約束に］　　　（약속에) 늦다
　　　［電車が 10 分］　　　（전철이 10분) 늦다
　　　［給料の支払いが］　　　（급료 지불이) 늦어지다, 지연되다*
　　　［時計が］　　　（시계가) 늦다
➥ 遅らせる
　　　［出発を 1 時間］　　　（출발을 한 시간) 늦추다

おくれる（後れる）

　　　［流行に］　　　（유행에) 뒤떨어지다, 뒤지다
　　　［先頭グループより］　　　（선두 그룹보다) 뒤떨어지다
　　　［トップより 3 メートル］　（선두보다 3미터) 뒤지다
　　　＊뒤지다는 「引けを取る」「及ばない」。

おこす（起こす）

　　　［寝ている子を］　　　（자는 아이를) 깨우다
　　　［いすから体を］　　　（의자에서 몸을) 일으키다
　　　［ひともんちゃく］　　　（말썽을) 일으키다
　　　［静電気を］　　　（정전기를) 일으키다
　　　［腹痛を］　　　（배탈을) 일으키다
　　　［革命を］　　　（혁명을) 일으키다
　　　［新しい事業を］　　　（새로운 사업을) 일으키다
　　　［訴訟を］　　　（소송을) 일으키다
　　　［こむら返りを］　　　（다리에 쥐가) 나다, 일어나다
　　　［火を］　　　（불을) 피우다
　　　＊일으키다에는 「興す」という意味もある。
➥ 起こさせる
　　　［やる気を］　　　（의욕을) 생기게 하다, 돋우다

おこたる（怠る）

　　　［職務を］　　　（직무를) 게을리하다

おこなう

［努力を］	(노력을) 게을리하다
［注意を］	(주의를) 소홀히 하다*
［警戒を］	(경계를) 소홀히 하다*

おこなう（行う）

［試合を］	(경기를) 하다
［実験を］	(실험을) 하다
［試験を］	(시험을) 치르다
［世論調査を］	(여론 조사를) 실시하다*

➥ **行われる**

［工事が］	(공사가) 실시되다*
［入社式が］	(입사식이) 거행되다*

おこる（起こる）

［地震が］	(지진이) 일어나다
［事故が］	(사고가) 일어나다
［悲劇が］	(비극이) 일어나다
［厄介な問題が］	(성가신 일이) 일어나다

おこる（興る）

［新しい産業が］	(새로운 산업이) 일어나다

おこる（怒る）

［友達に］	(친구에게) 화내다*, 화가 나다*

おごる（奢る）

［食事を / 酒を］	(술을 / 식사를) 사다, 쏘다

*ふつうは오늘은 내가 살게요. (今日は私がおごりますよ) のように사다が使われるが，友達同士の親しい会話では쏘다が使われる (니 생일이니 오늘은 내가 쏠게：君の誕生日だから今日は僕がおごるよ。*쏘다は本来「撃つ」の意味)。

*한턱 내다は，何かいいことがあったり給料が入ったりして，皆に気前よくおごる感じなので，ふつうの食事には，ほぼ使わない。日常的にただ食事代を出すくらいの時は，사다や내다を使う。

➥ **おごらせる**

［後輩に］	(후배가) 내게 하다, 사게 하다

▶ **おごってもらう**

［先輩に］	(선배가) 사 주다, (선배한테) 얻어먹다
［後輩に］	(후배에게) 얻어먹다

おごる（驕る）

[与党が長期政権に]　（여당이 장기정권에）거만하게 굴다*, 교만을
부리다*

おさえる（押える・抑える）

[文鎮で紙を]　（문진으로 종이를）누르다

[感情を]　（감정을）억누르다, 참다

[衝動を]　（충동을）억누르다, 참다

[たかぶった気持ちを]　（흥분된 마음을）억누르다, 참다

＊억누르다는「（感情・行動などを）抑える」。

おさめる（治める）

[国を]　（나라를）통치하다*, 다스리다

[植民地として]　（식민지로서）통치하다*

[大統領として]　（대통령으로서）다스리다

[1枚の紙に]　（종이 한 장에）들어가다

↪ 治まる

[頭痛が]　（두통이）가라앉다

[動悸が]　（심장의 두근거림이）가라앉다

おさめる（収める）

[もめ事を]　（분규를）수습하다*

[騒ぎを]　（소란을）가라앉히다

[暴動を]　（폭동을）가라앉히다

[たんすに寝具を]　（옷장에 침구를）넣다

[本を本箱に]　（책을 책장에）넣다

[権力を手中に]　（권력을 수중에）넣다

[勝利を]　（승리를）거두다

[成功を]　（성공을）거두다

[優秀な成績を]　（우수한 성적을）거두다

[カメラに景色を]　（카메라에 경치를）담다

↪ 収まる

[騒ぎが]　（소란이）조용해지다, 진정되다*

[風雨が]　（비바람이）잠잠해지다*

[紛争が]　（분쟁이）수습되다*

おさめる

　　　［ごたごたが］　　　　　　（분규가）해결되다*

おさめる（納める）────────

　　　［税金を］　　　　　　　（세금을）내다, 납부하다*

　　　［授業料を］　　　　　（등록금을）내다, 납부하다*

　　　［会費を］　　　　　　（회비를）내다, 납부하다*

　　　［自分の胸に］　　　（자기 가슴 속에）담아 두다

➡ **納まる**

　　　［社長のいすに］　　　（사장 자리에）들어앉다

　　　［税金が国庫に］　　（세금이 국고에）납입되다*

➡ **納められる**

　　　［絵が美術館に］　　（그림이 미술관에）소장되다*

おさめる（修める）────────

　　　［東洋史を］　　　　　（동양사를）전공하다*

おしえる（教える）────────

　　　［日本語を］　　　　　（일본어를）가르치다

　　　［電話番号を］　　　（전화번호를）가르치다

➡ **教わる**

　　　［先生から数学を］　（선생님에게 수학을）배우다

　　　［兄から野球を］　　（형한테 야구를）배우다

おじぎをする（お辞儀を—）────────

　　　［先生に］　　（선생님께）절을 하다, 머리 숙여 인사하다*

おしむ（惜しむ）────────

　　　［金を］　　　　　　　　（돈을）아끼다

おしめをする────────

　　　　　　　　　　　＝기저귀를 차다

おしゃべりする────────

　　　［食事の後に］　　　（식사 후에）수다를 떨다

おしゃれをする────────

　　　　　　　　　　　＝멋을 부리다

おす（押す）────────

　　　［回転ドアを］　　　（회전문을）밀다

　　　［後ろから］　　　　（뒤에서）밀다

［ベルを］	（벨을）누르다
［シャッターを］	（셔터를）누르다
［判を］	（도장을）찍다
［タイムカードを］	（타임카드를）찍다

➥ **押される**

［スタンプが］	（도장이）찍히다

MEMO いろいろな「押す」

- **밀다**：ドアや人のように，押された対象が移動する場合。
- **누르다**：ベルのように，押された対象が移動しない場合。
- **찍다**：（はんこなどを）押す。

▶ **押し合う**

［駅のホームで］	（역의 플랫폼에서）서로 밀치다

▶ **押し上げる**

［坂の上まで］	（고갯길 위까지）밀어올리다

▶ **押し当てる**

［傷口にハンカチを］	（상처에 손수건을）꾹 누르다

▶ **押し入る**

［他人の家に］	（남의 집에）침입하다*

▶ **押し掛ける**

［群衆が市役所に］	（군중이 시청에）몰려들다
［友人が夕食に］	（친구들이 저녁 식사 때）들이닥치다

▶ **押し切る**

［数の力で反対を］	（수적인 힘으로 반대를）꺾고 나가다
［野党の反対を］	（야당의 반대를）무릅쓰다

▶ **押し込む**

［乗客を満員バスに］	（승객을 만원 버스에）빌어 넣다

▶ **押し殺す**

［笑いを］	（웃음을）꾹 참다

▶ **押し出す**

［土俵の外へ］	（씨름판 밖으로）밀어내다
［消費税減税を前面に］	（부가세 감세를 전면에）내세우다

おす（おしつける）

▶ 押しつける
　〔自分の意見を他人に〕　　　（자기 의견을 남에게）강요하다*
　〔仕事を人に〕　　　　　　　（일을 남에게）떠맡기다
　〔責任を人に〕　　　　　　　（책임을 남에게）넘겨씌우다

▶ 押し潰す
　〔大きな岩が家を〕　　　　　（큰 바위가 집을）눌러 으깨다

▶ 押し通す
　〔自分の主張を〕　　　　　　（자신의 주장을）밀고 나가다

▶ 押し流される
　〔津波に〕　　　　　　　　　（쓰나미에）떠밀리다

▶ 押しのける
　〔同僚を〕　　　　　　　　　（동료들을）밀어내다

▶ 押しやる
　〔いすをわきに〕　　　　　　（의자를 옆으로）밀어내다

▶ 押し寄せる
　〔店に客が〕　　　　　　　　（가게에 손님이）몰려들다
　〔球場に野球ファンが〕　　　（구장에 야구팬들이）몰려들다
　〔時代の波が〕　　　　　　　（시대의 조류가）밀어닥치다, 밀려오다

▶ 押し分ける
　〔人込みを〕　　　　　　　　（인파를）헤치다

おす（推す）────────────────────
　〔強力に〕　　　　　　　　　（강력하게）밀다, 추진하다*
　　＊強力に推すこと（いちおし）を，略語で강추〈強推〉という。逆に「すすめない」ときに
　　は비추〈非推〉という。
　〔議長に〕　　　　　　　　　（의장으로）추천하다*

➡ 推される
　〔班長に〕　　　　　　　　　（반장으로）추천되다*

おすそわけする（お裾分け—）────────────────
　〔近所に〕　　　　　　　　　（이웃에게）나누어 주다

おせじをいう（お世辞を言う）────────────────
　　　　　　　　　　　　　　　＝입발림하다, 겉치레 인사를 하다
　＊辞書には간살을 부리다という表現が載っているが，最近ではあまり使われない。

おせっかいをやく（お節介を—）

〔つまらないことに〕 (쓸데없는 일에) 참견을 하다*

おぜんだてをする（お膳立を—）

〔株主総会の〕 (주주 총회를) 채비하다, 준비하다*

＊もともとの意味は (밥)상을 차리다。

おそう（襲う）

〔敵陣を〕 (적진을) 습격하다*, 덮치다

〔熊が人を〕 (곰이 사람을) 습격하다*, 덮치다

〔強盗が銀行を〕 (강도가 은행을) 덮치다

〔台風が九州を〕 (태풍이 규슈를) 덮치다

〔悲劇が一家を〕 (비극이 일가를) 덮치다

➡**襲われる**

〔見知らぬ男に〕 (모르는 남자에게) 습격당하다*

〔恐怖に〕 (공포에) 사로잡히다

〔不安に〕 (불안에) 사로잡히다

おそれる（恐れる）

〔失敗を〕 (실패를) 두려워하다

〔死を〕 (죽음을) 두려워하다

〔最悪の事態を〕 (최악의 사태를) 우려하다*

おだてる

〔客を〕 (손님을) 치켜세우다

おちあう（落ち合う）

〔友達と新宿で〕 (친구와 신주쿠에서) 만나다

おちいる（陥る）

〔困難に〕 (곤란에) 빠지다

〔わなに〕 (함정에) 빠지다

〔危篤に〕 (위독에) 빠지다

〔ジレンマに〕 (딜레마에) 빠지다

おちこぼれる（落ちこぼれる）

〔社会から〕 (사회에서) 낙오되다*

おちこむ（落ち込む）

〔売り上げが〕 (매상이) 떨어지다

［彼にふられて］	(남자친구에게 차이고) 맥이 빠지다

おちつく（落ち着く）———————————

［心が］	(마음이) 가라앉다
［新しい職場に］	(새 직장에) 익숙해지다

➡ **落ち着かせる**

［心を］	(마음을) 진정시키다*

➡ **落ち着ける**

［気持ちを］	(기분을) 가라앉히다
［腰を］	＝정착하다*

おちる（落ちる）———————————

［落ち葉が］	(낙엽이) 떨어지다
［階段から］	(계단에서) 떨어지다
［入試に］	(입학시험에) 떨어지다
［成績が］	(성적이) 떨어지다
［人気が］	(인기가) 떨어지다
［売り上げが］	(매상이) 떨어지다
［スピードが］	(속도가) 떨어지다
［奈落の底に］	(지옥의 밑바닥에) 떨어지다
［日が］	(해가) 지다
［池に］	(연못에) 빠지다
［穴に］	(구멍에) 빠지다
［染みが］	(얼룩이) 빠지다, 지다
［色が］	(색이) 바래다
［あかが］	(때가) 지다

MEMO 빠지다·바래다·지다のちがい

- **빠지다**：汚れなどが落ちるか，色が抜ける。
- **바래다**：色があせる，さめる，退色する。
- **지다**：あか・しみなどが落ちる，取れる，消える。

おどかす（脅かす）———————————

［弟を］	(동생을) 으르다, 깜짝 놀라게 하다

*으르다は，「恐ろしい言葉や行動で相手を恐れさせる」こと。

おどける
［ピエロの格好をして］ (피에로 복장을 하고) 익살을 떨다, 재롱을 피우다

おとしいれる（陥れる）
［絶望に］ (절망에) 빠뜨리다

おとす（落とす）
［コップを］ (컵을) 떨어뜨리다
［財布を］ (지갑을) 잃어버리다
［シャツの汚れを］ (셔츠의 때를) 없애다, 지우다, 빼다
［足の泥を］ (발에 묻은 흙을) 털어내다
［品質を］ (품질을) 떨어뜨리다
［信用を］ (신용을) 잃어버리다
［体重を］ (체중을) 빼다
［あかを］ (때를) 밀다
［気を］ ＝낙심하다*, 실망하다*
［数学の単位を］ (수학 학점을) 못 따다
［学生を］ (학생을) 낙제시키다*
［名前を名簿から］ (이름을 명단에서) 빠뜨리다
［経費で］ (경비로) 처리하다*

おどす（脅す）
［店長を銃で］ (점장을 총으로) 위협하다*
［殺すぞといって］ (죽일 거라고) 협박하다*

おとずれる（訪れる）
［友人を］ (친구를) 찾다, 찾아가다

おとる（劣る）
［実力が］ (실력이) 뒤떨어지다, 뒤지다, 뒤처지다, 처지다
　＊だれにも劣らない：누구에게도 뒤떨어지지 않다
　＊～に劣らず（～に勝るとも劣らない）：～ 못지않게

おどる（踊る）
［踊りを］ (춤을) 추다
➥ 踊らされる
［宣伝文句に］ (선전문에) 속아 넘어가다
［悪い仲間に］ (나쁜 친구들에게) 놀아나다

おどる

おどる（躍る）
[心が]　　　　　　　　　（마음이）설레다
[胸が]　　　　　　　　　（가슴이）뛰다
▶ 躍り上がる
[うれしくて]　　　　　　（기뻐서）펄쩍 뛰다

おとろえる（衰える）
[体力が]　　　　　　　　（몸이）쇠약해지다*
[視力が]　　　　　　　　（시력이）약해지다*
[台風の勢力が]　　　　　（태풍의 세력이）약해지다*
[人気が]　　　　　　　　（인기가）떨어지다
[記憶力が]　　　　　　　（기억력이）떨어지다

おどろく（驚く）
[友達の突然の死に]　　　（친구의 갑작스러운 죽음에）놀라다
➥ 驚かす
[びっくり箱で友達を]　　（깜짝상자로 친구를）놀라게 하다
➥ 驚かされる
[突然の結婚の知らせに]　（갑작스러운 결혼 소식에）놀라다

おびえる（怯える）
[雷の音に]　　　　　　　（천둥 소리를）무서워하다
[地震の不安に]　　　　　（지진의 불안에）떨다

おびきだす（おびき出す）
[偽の電話で]　　　　　　（가짜 전화로）유인하다*, 끌어내다
[おとりを使って敵を]　　（함정을 이용하여 적을）유인하다*, 불러들이다
▶ おびき寄せる
[イノシシをわなに]　　　（멧돼지를 덫으로）유인하다*
[虫を灯りで]　　　　　　（벌레를 등불로）유인하다, 끌어들이다

おびやかす（脅かす）
[生命と財産を]　　　　　（생명과 재산을）위협하다*
[世界平和を]　　　　　　（세계 평화를）위협하다*

おびる（帯びる）
[赤味を]　　　　　　　　（붉은 빛을）띠다
[酒気を]　　　　　　　　（술기를, 취기를, 술기운을）띠다

| ［現実味を］ | （현실이）될 것 같다 |

おぶう（＝おんぶする）────────────────

| ［子どもを］ | （아이를）업다 |

おぶさる────────────────

| ［母親の背中に］ | （어머니의 등에）업히다 |

おべっかをつかう（おべっかを使う）────────────────

| ［先生に］ | （선생님에게）아첨하다* |

おぼえる（覚える）────────────────

［九九を］	（구구단을）외우다, 암기하다*
［パソコンの使い方を］	（컴퓨터의 사용 방법을）배우다
［たばこを］	（담배를）배우다
［酒を］	（술을）알게 되다
［空腹感を］	（공복감을）느끼다

おぼれる（溺れる）────────────────

| ［水に］ | （물에）빠지다 |
| ［酒に］ | （술에）빠지다 |

おめにかかる（お目にかかる）────────────────

| ［社長に］ | （선생님을）만나뵙다 |

＊「お目にかける」は 보여 드리다.

おもう（思う）────────────────

［故郷を］	（고향을）생각하다
［良く／悪く］	（좋게／나쁘게）생각하다, 여기다
［不審に］	（이상하게）여기다

MEMO

- **想像する**：생각하다, 상상하다*
- **予期する**：생각하다, 예측하다*
- **判断する**：판단하다*
- **みなす**：생각하다, 보다, 간주하다*
- **感じる**：생각하다, 느끼다
- **認識する**：생각하다, 인식하다*
- **決定する**：결정하다*

▶ 思い上がる

| ［自分の実力も知らずに］ | （자기 실력도 모르고）우쭐하다, 으쓱거리다 |

▶ 思い当たる

| ［原因について］ | （원인에 대해서）짐작이 가다* |

おもう（おもいうかぶ）

＊짚이다는 주로 짚이는 바, 짚이는 데, 짚이는 일 (어느 것이나 「思い当たるふし」) 라는 형태로 사용된다.

▶ 思い浮かぶ
　［いい考えが］　　　　　　　　（좋은 생각이）떠오르다
　➡ 思い浮かべる
　［父の顔を］　　　　　　　　　（아버지의 얼굴을）떠올리다
▶ 思い描く
　［将来の夢を］　　　　　　　　（장래의 꿈을）마음에 그리다
▶ 思い返す
　［学生時代を］　　　　　　　　（학생 시절을）돌이켜 보다
▶ 思い切る
　［歌手になる夢を］　　　　　　（가수가 되는 꿈을）포기하다*, 단념하다*
▶ 思い込む
　［デマを本当だと］　　　　　　（헛소문을 정말이라고）믿다
　［この人と結婚しようと］　　　（이 사람과 결혼하려고）마음 먹다, 결심하다*
▶ 思い知らせる
　［力の違いを］　　　　　　　　（힘의 차이를）깨닫게 하다
　➡ 思い知らされる
　［自分の弱さを］　　　　　　　（자신의 나약함을）깨닫다
▶ 思い出す
　［名前を］　　　　　　　　　　（이름이）생각나다, 기억나다*
　➡ 思い出される
　［昔のことが］　　　　　　　　（옛날의 일이）생각나다
▶ 思いつく
　［いい考えを］　　　　　　　　（좋은 생각이）떠오르다
▶ 思い詰める
　［死のうとまでに］　　　　　　（죽자고까지）골똘히 생각하다
▶ 思い止まる
　［辞任を］　　　　　　　　　　（사임을）단념하다*, 재고하다*
▶ 思い直す
　［上告を］　　　　　　　　　　（상고를）고쳐 생각하다, 다시 생각하다
▶ 思い悩む
　［将来のことを］　　　　　　　（장래에 대해）고민하다*, 번민하다*

第2部

94

▶ 思いやる

[病気の友達を]　　　　　　（병든 친구에게) 마음을 쓰다

　➡ 思いやられる

[将来が]　　　　　　　　　（앞날이) 염려되다*

▶ 思い煩う

[年老いた父のことを]　　　（나이 먹은 아버지를) 고민하다*, 근심하다

おもむく（赴く）

[任地へ]　　　　　　　　　（임지에) 가다, 떠나다, 향하다*

およぐ（泳ぐ）

[プールで]　　　　　　　　（풀장에서) 수영하다*, 헤엄치다

[毎日 2 時間]　　　　　　　（매일 두 시간) 수영하다*

[川で]　　　　　　　　　　（강에서) 헤엄치다

MEMO　수영하다と헤엄치다のちがい

・**수영하다**：競技としての水泳，プールで練習する水泳の場合。犬，猫，猿などの動物には用いない。

・**헤엄치다**：遊びの要素の強い場合。練習とは関係なく本能的に備わっている泳ぐ能力を指し，人だけでなく動物に対しても広く用いられる。

およぶ（及ぶ）

[影響が人体にまで]　　　　（영향이 인체까지) 미치다

[話題が国際問題に]　　　　（화제가 국제문제에) 이르다

[交渉が 5 時間に]　　　　　（교섭이 5시간이나) 이르다

およぼす（及ぼす）

[影響を]　　　　　　　　　（영향을) 미치다, 끼치다

[被害を]　　　　　　　　　（피해를) 미치다, 끼치다

MEMO　끼치다と미치다

*끼치다と미치다は，どちらも「及ぶ・及ぼす」という意味があるが，互いに言い換えられる場合と，そうでない場合がある。

미치다：空間的な距離や水準が，ある範囲に達する，至る，届く場合。

・**물이 위험 수위에 미치다**（水が危険水位に及ぶ）

・**수요량이 한계에 미치다**（需要量が限界に及ぶ）

・**아이의 손이 미치다**（子どもの手が届く）

95

おりる

끼치다 : 他人に，心配，損害，害，不便など，良くないことが及ぶ場合。
・環境問題に悪影響を 끼치다 (環境問題に悪影響を及ぼす)
・物価上昇に大きな影響を 끼치다 (物価上昇に大きな影響を達する)
・다른 사람에게 폐를 끼치다 (他人に迷惑を及ぼす)
＊後世によい影響を及ぼす (후세에 좋은 영향을 끼치다)，恩恵を与える (은혜를 끼치다)
のように，肯定的な意味でも使われる。

おりる（下りる・降りる）

［車を］	(차를) 내리다
［階段を］	(계단을) 내려가다, 내려오다, 내리다
［山を］	(산에서) 내려오다
［ドローンが空き地に］	(드론이 빈터에) 내리다
［幕が］	(막이) 내리다
［電車から］	(전철에서) 내리다
［タクシーを］	(택시를) 내리다
［次の駅で］	(다음 역에서) 내리다
［年金が］	(연금이) 나오다
［ビザが］	(비자가) 나오다
［許可が］	(허가가) 나오다
［市長職を］	(시장 자리에서) 물러나다

＊물러나다는, 「退く」という意味。

| ［勝負を］ | (승부를) 포기하다* |

おる（織る）

| ［絨毯を］ | (융단을) 짜다 |

おる（折る）

［木の枝を］	(나뭇가지를) 꺾다
［足の指を］	(발가락을) 부러뜨리다
［折り紙で鶴を］	(색종이로 학을) 접다
［指を］	(손을) 꼽다
［ひざを］	(무릎을) 꿇다
［話の腰を］	(이야기를) 가로막다
［筆を］	(붓을) 꺾다

96

［資金集めに骨を］　　　　（자금수집에) 애를 쓰다

➥ **折れる**─────────────

［足が・脚が］　　　　　（다리가) 부러지다

┌─ **MEMO** いろいろな「折れる」╲

・**折る**：木の枝など，ポキッと折るか曲げて壊す。心理的な場合にも使える。
・**ふり折る**：折って壊す。完全に使えなくなる。鉛筆の芯や骨など。
・**折む**：紙などを曲げて重ねる。
・**折**：指を折って数える：손을 꼽아 세다
＊「スキーで転んで足を折った」は，ふつうスキーを 타다 넘어져서 다리가 부러졌다（~足が折れた）という。

おろす（卸す）─────────────

［商品を］　　　　　（상품을) 도매로 팔다*

　　＊도매：卸し。

おろす（下ろす・降ろす）─────────

［幕を］　　　　　（막을) 내리다
［シャッターを］　　　　（셔터를) 내리다
［金を］　　　　　（돈을) 찾다
［キャッシュカードで］　　（신용 카드로) 찾다
［大根を］　　　　　（무를 강판에) 갈다
［魚を3枚に］　　　（생선을 뼈와 양쪽 살로) 가르다

➥ **降ろされる**

［課長職を］　　　　（과장직에서) 물러나다
［仕事から］　　　　（일에서) 밀려나다
［主役から］　　　　（주역에서) 물러나다

おろそかにする（疎かに─）──────

［家庭を］　　　　　（가정을) 소홀히 하다*

おわる（終わる）─────────────

［仕事が］　　　　　（일이) 끝나다
［夏休みが］　　　　（여름 방학이) 끝나다
［戦争が］　　　　　（전쟁이) 끝나다
［失敗に］　　　　　（실패로) 끝나다
［引き分けに］　　　　（무승부로) 끝나다

か

かいする（介する）

[人を]　　　　　　　　（사람을）통하다*

＊意に介さない：개의치 않다

がいする（害する）

[感情を]　　　　　　　（감정을）상하다*

[健康を]　　　　　　　（건강을）해치다*

かいつまむ

[内容を]　　　　　　　（내용을）간추리다, 요약하다*

＊多く「かいつまんで」の形で。

かいならす（飼い馴らす）

[イグアナを]　　　　　（이구아나를）길들이다

かいものをする（買い物を—）

[友達とデパートで]　　（친구와 백화점에서）쇼핑하다

かう（買う）

[物を]　　　　　　　　（물건을）사다

▶買い漁る

[美術雑誌を]　　　　　（미술 잡지를）사 모으다

▶買い置きする

[非常食を]　　　　　　（비상식을）사 놓다, 사 두다

▶買いかぶる

[能力を]　　　　　　　（능력을）과대평가하다*

▶買い出しに行く

[食料の]　　　　　　　（먹을 것을）사러 가다

▶買い取る

[株を]　　　　　　　　（주식을）사들이다

▶買い物をする

[友達とデパートで]　　（친구와 백화점에서）쇼핑하다

かう（飼う）

[犬を]　　　　　　　　（개를）기르다, 키우다

MEMO 기르다, 키우다

＊両者とも「育てる，養う」という意味がある。
- **기르다**：기르다는 길다의派生語で，「ペットを飼う」ことはもちろん，「髪や
  爪，ひげを伸ばす」時にも使う。
- **키우다**：크다の使役形で，「どんどん大きく成長させる」ニュアンスがある。
  よって動植物はもちろん，背丈や筋肉，また夢などの見えないものを大
  きくさせる時にも使われる。

かえす（返す）
　［本を］　　　　　　　　　（책을）돌려주다, 반납하다*
　［傘を］　　　　　　　　　（우산을）돌려주다
　［借金を］　　　　　　　　（빚을）갚다
　［恩をあだで］　　　　　　（은혜를 원수로）갚다

かえす（帰す）
　［生徒たちを家へ］　　　　（학생들을）집으로 돌려보내다
　［両親のもとへ］　　　　　（부모의 품으로）돌려보내다
　［手ぶらで］　　　　　　　（빈손으로）돌려보내다

かえす（孵す）
　［卵を］　　　　　　　　　（알을）부화시키다*
　➥ 孵る
　［オタマジャクシが］　　　（올챙이가）부화하다*

かえりざく（返り咲く）
　［政界に］　　　　　　　　（정계로）복귀하다*

かえりみる（省みる）
　［過去の失敗を］　　　　　（과거의 잘못을）반성하다*

かえりみる（顧みる）
　［過去の歴史を］　　　　　（과거의 역사를）돌이켜 보다
　［家庭を］　　　　　　　　（가정을）돌보다

かえる（帰る）
　［10 時までに］　　　　　（열 시까지）돌아가다, 돌아오다
　［韓国から］　　　　　　　（한국에서）돌아가다, 돌아오다
　［家に］　　　　　　　　　（집으로）돌아가다, 가다

かえる

［タクシーで］	(택시로) 돌아가다

かえる（代える・替える・換える）━━━━━━━━━━━━━

［ドルをウォンに］	(달러를 원화로) 바꾸다
［ガスを石油に］	(가스를 석유로) 바꾸다
［おむつを］	(기저귀를) 갈다
［包帯を］	(붕대를) 갈다
［水槽の水を］	(어항 물을) 갈다
［新しいものに］	(새 것으로) 갈다
［席を］	(자리를) 옮기다, 바꾸다

MEMO 바꾸다, 갈다

- **바꾸다**：相互に交換する場合。
- **갈다**：古い物・不要品を新しい物と取り替える場合。

かえる（変える）━━━━━━━━━━━━━━━━━━━━

［考えを］	(생각을) 바꾸다
［体の向きを］	(몸의 방향을) 바꾸다
［顔色を］	(안색을) 바꾸다
［態度を］	(태도를) 바꾸다

かえる（返る）━━━━━━━━━━━━━━━━━━━━━

［昔に］	(옛날로) 돌아가다
［我に］	(제정신이) 돌아오다

▶ **返ってくる**

［なくした財布が］	(잃어버렸던 지갑이) 되돌아오다

かおる（香る・薫る）━━━━━━━━━━━━━━━━━

［梅の花が］	(매화 향기가) 나다, 풍기다

かかえる（抱える）━━━━━━━━━━━━━━━━━━

［重い荷物を］	(무거운 짐을) 안다, 들다
［深刻な問題を］	(심각한 문제를) 안다
［本を］	(책을) 끼다
［病人を］	(환자를) 돌보다

▶ **抱え込む**

［仕事を］	(일을) 떠맡다

かかげる （掲げる）————————————

　［旗を］　　　　　　　　　　　（깃발을） 달다

　［帆を］　　　　　　　　　　　（돛을） 달다

　［看板を］　　　　　　　　　　（간판을） 내걸다

　［スローガンを］　　　　　　　（슬로건을） 내걸다

かがめる————————————————

　［腰を］　　　　　　　　　　　（허리를） 구부리다

かがやく （輝く）————————————

　［街にネオンが］　　　　　　　（거리에 네온이） 빛나다

かかる————————————————

　［壁に肖像画が］　　　　　　　（벽에 초상화가） 걸리다

　［優勝が］　　　　　　　　　　（우승이） 걸리다

　［風邪に］　　　　　　　　　　（감기에） 걸리다

　［医者に］　　　　　　　　　　（의사에게） 진찰받다

　［時間が］　　　　　　　　　　（시간이） 걸리다

　［橋が］　　　　　　　　　　　（다리가） 걸치다, 놓이다

　［獲物が］　　　　　　　　　　（사냥감이） 걸리다, 걸려들다

　［水が服に］　　　　　　　　　（물이） 튀다

　［鍵が］　　　　　　　　　　　（자물쇠가） 잠기다

かぎる （限る）—————————————

　［学生に］　　　　　　　　　　（학생에） 한하다*, 한정하다*

かく （書く）—————————————

　［字を］　　　　　　　　　　　（글을） 쓰다

　［論文を］　　　　　　　　　　（논문을） 쓰다

▶ **書きあげる**

　［一晩で原稿を］　　　　　　　（하룻밤에 원고를） 다 쓰다

▶ **書き表す**

　［見た印象を文章に］　　　　　（본 인상을 글로） 쓰다, 나타내다

▶ **書き写す**

　［参考書をそのまま］　　　　　（참고서를 그대로） 베끼다

　［黒板の文章をノートに］　　　（칠판의 문장을 노트에） 베껴 쓰다

かく（かきかえる）

▶ **書き換える**
  ［名義を息子に］   （명의를 아들로) 변경하다*, 개서하다*
  ［運転免許を］   （운전면허증을) 갱신하다*
    ＊ビザ，パスポート，免許証などを「書き換える」ことは갱신하다。
  ［世界記録を］   （세계 기록을) 경신하다*
    ＊記録などを「塗り換える」ことは경신하다。

▶ **書き込む**
  ［必要事項を］   （필요 사항을) 써넣다, 적어넣다
  ［名簿に名前を］   （명단에 이름을) 써넣다, 기입하다*

▶ **書き記す**
  ［報告書に一部始終を］ （보고서에 자초지종을) 적다, 기록하다*

▶ **書き留める**
  ［電話番号を］   （전화번호를) 적어 두다

▶ **書き直す**
  ［契約書を］   （계약서를) 고쳐 쓰다, 다시 쓰다

▶ **書き残す**
  ［遺言状を］   （유언장을) 써서 남기다

かく（描く）
  ［絵を］   （그림을) 그리다

かく（掻く）
  ［かゆいところを］   （가려운 데를) 긁다
  ［頭を］   （머리를) 긁다
  ［雪を］   （눈을) 치다

▶ **掻き集める**
  ［枯れ葉を］   （가랑잎을) 긁어모으다, 그러모으다

▶ **掻き乱す**
  ［心を］   （마음을) 어지럽히다

▶ **掻きむしる**
  ［髪の毛を］   （머리카락을) 쥐어뜯다

▶ **掻き分ける**
  ［人込みを］   （인파를) 헤치다

かく

[汗を] (땀을) 흘리다

[いびきを] (코를) 골다

[べそを] (울상을) 짓다, (울상이) 되다

*울상：泣き顔，泣きべそ。

[恥を] (창피를) 당하다*

*창피를 당하다：恥をかく，恥をさらす。창피は「恥」「恥ずかしさ」「面目を失うこと」。

[あぐらを] (책상다리를 하고) 앉다, (책상다리를) 틀다

*책상다리：あぐらをかくこと，あぐら。가부좌というのは，仏教で両足をそれぞれ両側の太ももの上にのせて座る姿勢。

かく (欠く)

[氷を] (얼음을) 깨뜨리다

かぐ (嗅ぐ)

[においを] (냄새를) 맡다

かくす (隠す)

[宝物を] (보물을) 감추다

[金を] (돈을) 감추다, 숨기다

[自分の失敗を] (자신의 실패를) 숨기다

[しみを化粧で] (기미를 화장으로) 숨기다

*身体以外の物を隠す場合は숨기다，감추다の両方を用いるが，人間の身体や抽象的な物を隠す場合は숨기다を用いる。

かくまう

[犯人を] (범인을) 숨기다

かくれる (隠れる)

[階段の陰に] (계단 뒤에) 숨다

[月が深い雲に] (달이 짙은 구름에) 가려지다

かける

[入り口に看板を] (입구에 간판을) 걸다

[電話を] (전화를) 걸다

[通行人に声を] (통행인에게 말을) 걸다

[鍋を火に] (냄비를 불에) 올려 놓다

[橋を] (다리를) 놓다

[毛布を] (담요를) 덮다

かける

［エプロンを］	（앞치마를）걸치다
［はしごを］	（사다리를）걸치다
［眼鏡を］	（안경을）쓰다, 끼다
［水を］	（물을）뿌리다
［ソースを］	（소스를）치다

MEMO 치다와 뿌리다

＊どちらも「（液・粉などを）かける」「振りかける」という意味だが，뿌리다は치다より範囲が広い。

・길에 물을 뿌리다（道に水を撒く）
・샐러드에 드레싱을 뿌리다（サラダにドレッシングをかける）
・고기에다 후추를 뿌리다（肉にコショウを振りかける）
・밭에 씨를 뿌리다（畑に種をまく）
・삶은 달걀에 소금을 치다（ゆで卵に塩を振りかける）
・기계에 기름을 치다（機械に油を注す）

［小麦粉を篩に］	（밀가루를）치다
［金庫の鍵を］	（금고를）잠그다
［シャツのボタンを］	（셔츠 단추를）채우다, 끼다
［ご飯にお茶を］	（차를 밥에）붓다
［荷物にロープを］	（짐에 로프를）감다
［車のエンジンを］	（차의 시동을）걸다
［ブレーキを］	（브레이크를）밟다
［CDを］	（CD를）틀다
［ラジオを］	（라디오를）켜다
［目覚まし時計を］	（알람을）맞추다
［車に金を］	（차에 돈을）쓰다, 들이다
［時間を］	（시간을）들이다
［3に5を］	（삼에 오를）곱하다
＊掛け算する。	
［保険を］	（보험에）들다
［税金を］	（세금을）부과하다＊
［懸賞金を］	（현상금을）걸다
［年寄りをぺてんに］	（노인을）속이다

104

〔案件を会議に〕	(안건을 회의에) 부치다, 회부하다*
〔秤に〕	(저울에) 달다
〔競売に〕	(경매에) 붙이다
〔号令を〕	(구령을) 붙이다
〔拍車を〕	(박차를) 가하다*
〔圧力を〕	(압력을) 가하다*
〔情けを〕	(동정을) 베풀다
〔腕に磨きを〕	(솜씨를 더) 연마하다*

かける (賭ける)

〔金を〕	(돈을) 걸다

かける (欠ける)

〔皿が〕	(접시가) 이지러지다
〔月が〕	(달이) 이지러지다
〔決断力に〕	(결단력이) 결여되다*, 없다
〔合理性に〕	(합리성이) 결여되다*

かける (駆ける)

〔運動場を〕	(운동장을) 뛰다

▶ 駆け上がる

〔階段を一気に〕	(계단을 단숨에) 뛰어 올라가다

▶ 駆け落ちする

〔恋人と〕	(애인과) 사랑의 도피를 하다*

▶ 駆け込む

〔近くの店に〕	(가까운 가게에) 뛰어들다

▶ 駆け下りる

〔山道を〕	(산길을) 뛰어 내려가다

*뛰어내리다는 (높은 곳에서) 飛び下りる。

▶ 駆けつける

〔慌てて〕	(서둘러) 달려가다, 달려오다

かげる (陰る)

〔冬になると早く日が〕	(겨울이 되면 해가 빨리) 지다

かこつける

〔病気に〕	(병을) 구실로 삼다*

かこむ（囲む）

［敵を］	（적을）둘러싸다, 에워싸다

➡ 囲う

［垣根で］	（울타리로）둘러싸다
［牛を檻に］	（소를 우리에）가두다

➡ 囲まれる

［三方を山に］	（삼면이 산으로）둘러싸이다

かさなる（重なる）

［本が］	（책이）쌓이다
［2枚の紙が］	（종이가 두 장）겹치다
［日曜と祝日が］	（일요일과 경축일이）겹치다
［親戚の結婚式が］	（친척 결혼식이）겹치다
［悪いことが］	（나쁜 일이）겹치다, 거듭되다
［おめでたが］	（경사스러운 일이）겹치다, 거듭되다

かさねる（重ねる）

［座布団を］	（방석을）포개다
［手に手を］	（손 위에 손을）포개다
［犯罪を］	（범죄를）거듭하다

▶ 重ね着する

［セーターを］	（스웨터를）겹쳐 입다, 껴입다

かさばる

［荷物が］	（짐의）부피가 커지다

かさむ

［費用が］	（비용이）늘다, 많아지다
［借金が］	（빚이）불어나다

かざる（飾る）

［部屋を］	（방을）꾸미다
［会場を花で］	（회장을 꽃으로）장식하다*
［新聞の一面を］	（신문 일면을）장식하다*
［有終の美を］	（유종의 미를）장식하다*, 거두다

➡ 飾られる

［ショーウインドーに］	（쇼윈도에）진열되다*

かじかむ――――――――――――――――――――――

［寒くて指が］　　　　　　　（추워서 손가락이) 얼다, 안 움직이다

＊ (추워서 손가락이) 곱다, 시리다에서도 可 (ただし곱다, 시리다는形容詞)。

かす (貸す)――――――――――――――――――――――

［金を］　　　　　　　　　　（돈을) 빌려주다

［部屋を］　　　　　　　　　（방을) 빌려주다, 전세 내다*

＊전세：チョンセ (不動産の所有者に一定の金額を預けて、その不動産を一定期間借りて使うこと)。이층을 전세로 놓다 (2階をチョンセにする)、전세 들다 (チョンセで家や部屋を借りる)。

▶ **貸し出す**

［本を］　　　　　　　　　　（책을) 대출하다*, 빌려주다

▶ **貸し付ける**

［金を］　　　　　　　　　　（돈을) 대부하다*

▶ **貸し切る**

［バスを］　　　　　　　　　（버스를) 대절하다*

▶ **貸し渋る**

［銀行が融資を］　　　　　　（은행이 대출을) 꺼리다

かしげる――――――――――――――――――――――

［首を］　　　　　　　　　　（고개를) 갸웃하다

かじる (齧る)――――――――――――――――――――

［ネズミが木を］　　　　　　（쥐가 나무를) 갉아먹다

＊갉아먹다는昆虫や動物に使う。

［ロシア語を少し］　　　　　（러시아어를) 조금 알다

［ハンバーガーを］　　　　　（햄버거를) 베어 먹다

［親の脛を］　　　　　　　　（부모에게) 얹혀살다

▶ **かじりつく**

［りんごに］　　　　　　　　（사과를) 베어 물다

［一日中机に］　　　　　　　（하루 종일 책상에) 달라붙다

［社長のいすに］　　　　　　（사장 의자에) 눌러앉다

かすむ (霞む)――――――――――――――――――――

［涙で目が］　　　　　　　　（눈물로 눈이) 흐려지다

［目の前が］　　　　　　　　（눈앞이) 희미해지다*

［霧で視界が］　　　　　　　（안개로 시야가) 흐려지다, 뿌옇게 보이다

か

かすめる

    ［脇役の名演技で主役が］　（조역의 명연기로 주역이) 가려지다

かすめる（掠める）────────────

    ［店の売上金を］　（가게의 매상금을) 훔치다

    ［先生の目を］　（선생님의 눈을) 속이다

    ［弾丸がほおを］　（탄환이 뺨을) 스치다

    ［よくない考えが頭を］　（안 좋은 생각이 머리를) 스치다

かせぐ（稼ぐ）────────────────

    ［生活費を］　（생활비를) 벌다

    ［視聴率を］　（시청율을) 올리다

    ［数学で点数を］　（수학으로 점수를) 올리다

かぞえる（数える）──────────────

    ［指を折って］　（손가락을 꼽으며) 세다

    ［出席者の数を］　（출석자 수를) 세다

かたぐるまをする（肩車を─）──────────

    ［父親が息子に］　（아버지가 어린 아들을) 목말을 태우다

かたすかしをくう（肩透かしを食う）──────

    ［挑戦者が会場に現れず］　（도전자가 회장에 나타나지 않아) 허탕을 치다

かたちづくる（形作る）────────────

    ［雰囲気を］　（분위기를) 형성하다*

➥ **形作られる**

    ［共通の意識が］　（공감대가) 형성되다*

かたづく（片づく）──────────────

    ［長年の懸案が］　（오랜 기간의 현안이) 해결되다*

    ［宿題が］　（숙제가) 끝나다

➥ **片づける**

    ［部屋を］　（방을) 치우다

    ［テーブルを］　（테이블을) 치우다

    ［机の上を］　（책상 위를) 정리하다*

    ［ごたごたを］　（문제를) 해결하다*

    ［仕事を］　（일을) 끝내다

かたどる──────────────────

    ［動物の形を］　（동물 모양을) 본뜨다

かたまる (固まる) ────────────────────

　　［糊が］　　　　　　　　　（풀이) 굳다

　　［ゼリーが］　　　　　　　（젤리가) 굳다

　　［部屋の隅に］　　　　　　（방 구석에) 모이다

　　［駅前に商店が］　　　　　（역 앞에 상점이) 모이다

　　［考えが］　　　　　　　　（생각이) 확고하다*

　　［証拠が］　　　　　　　　（증거가) 확고해지다*

➡ **固める**

　　［セメントで］　　　　　　（시멘트로) 다지다

　　［アスファルトを］　　　　（아스팔트를) 다지다

　　［決意を］　　　　　　　　（결의를) 다지다

　　［地位を］　　　　　　　　（지위를) 다지다, 굳히다

　　［結束を］　　　　　　　　（결속을) 다지다

　　［身を］　　　　　　　　　＝결혼하다*

かたむく (傾く) ────────────────────

　　［額が片方に］　　　　　　（액자가 한쪽으로) 기울다

　　［心が］　　　　　　　　　（마음이) 기울다

　　［日が西に］　　　　　　　（해가 서쪽으로) 지다

　　［運勢が］　　　　　　　　（운세가) 기울다

　　［商売が］　　　　　　　　（장사가) 기울어 가다

➡ **傾ける**

　　［上体を前に］　　　　　　（상체를 앞으로) 기울이다

　　［仕事に全力を］　　　　　（일에 전력을) 기울이다

　　［音楽に耳を］　　　　　　（음악에 귀를) 기울이다

　　［心血を］　　　　　　　　（심혈을) 기울이다

　　［杯を］　　　　　　　　　（술잔을) 기울이다

かたよる (偏る) ────────────────────

　　［栄養が］　　　　　　　　（영양이) 기울다

　　［見方が］　　　　　　　　（견해가) 기울다, 치우치다

　　［判定が］　　　　　　　　（판정이) 불공평하다*, 치우치다

かたる (語る) ────────────────────

　　［自分の体験を］　　　　　（자신의 체험을) 말하다, 이야기하다

かたる（かたりあう）

▶ 語り合う
　［夜を徹して］　　　　　　（밤 새워）이야기를 나누다

かつ（勝つ）──────────
　［試合に］　　　　　　（경기에서）이기다
　［選挙に］　　　　　　（선거에서）이기다
　［大差で］　　　　　　（큰 차로）이기다
　［訴訟に］　　　　　　（소송에）이기다
　［賭けに］　　　　　　（내기에）이기다
　［困難に］　　　　　　（곤란을）이기다, 이겨 내다
　［誘惑に］　　　　　　（유혹을）이기다

▶ 勝ち越す
　［8勝7敗で］　　　　　　（8승 7패로）이기다

▶ 勝ち取る
　［優勝を］　　　　　　（우승을）차지하다, 쟁취하다*, 거두다

▶ 勝ち抜く
　［3回戦まで］　　　　　　（3회전까지）내리 이기다*

▶ 勝ち残る
　［決勝まで］　　　　　　（결승까지）내리 이기다

がっかりする──────────
　［試験の結果に］　　　　　　（시험 결과에）실망하다*

がっくりする──────────
　［不合格の通知に］　　　　　　（불합격의 통지에）상심하다*

かつぐ（担ぐ）──────────
　［リュックを］　　　　　　（배낭을）메다
　［荷物を］　　　　　　（짐을）메다, 지다
　［縁起を］　　　　　　（길흉을）따지다
　［犯罪の片棒を］　　　　　　（범죄에）가담하다*
　［真面目な顔をして人を］　　（진지한 표정을 하고 사람을）속이다
　［山田氏を会長に］　　　　　　（야마다 씨를 회장으로）추대하다*

MEMO 메다, 지다
・메다：肩を使って担ぐ，背負う。
・지다：背負子などの道具を利用して担ぐ。

110

かっとばす（かっ飛ばす）

〔ホームランを〕 (홈런을) 날리다

かっぱらう

〔ハンドバッグを〕 (핸드백을) 날치기하다

➡**かっぱらわれる**

〔財布を〕 (지갑을) 날치기당하다*

＊날치기당하다：ひったくりにあう。

かなう（叶う）

〔希望が〕 (소망이) 이루어지다

かなう（適う）

〔理に〕 (이치에) 들어맞다

かなしむ（悲しむ）

〔友達の死を〕 (친구의 죽음을) 슬퍼하다

かなでる（奏でる）

〔伽耶琴（カヤグム）を〕 (가야금을) 연주하다*, 뜯다, 타다

かねる（兼ねる）

〔監督がコーチも〕 (감독이 코치도) 겸하다*

かばう（庇う）

〔友達を〕 (친구를) 감싸다

＊書き言葉的な表現としては두둔하다*がある。

〔左手の傷を〕 (왼손의 상처를) 감싸다

かびる（黴る）

〔パンが〕 (빵에) 곰팡이가 피다

かぶりつく

〔りんごに〕 (사과를) 깨물다

かぶる（被る）

〔帽子を〕 (모자를) 쓰다

〔ふとんを〕 (이불을) 덥다

〔ほこりを〕 (먼지를) 뒤집어쓰다

〔水を〕 (물을) 뒤집어쓰다

〔仲間の罪を〕 (친구의 죄를) 뒤집어쓰다

〔猫を〕 ＝내숭떨다

か

かぶる（かぶせる）

➥ **かぶせる**

［赤ん坊に帽子を］　　　　（아기에게 모자를) 씌우다

［荷台にシートを］　　　　（짐칸에 시트를) 씌우다

［映像にナレーションを］　（영상에 내레이션을) 입히다

［他人に責任を］　　　　　（다른 사람에게 책임을) 뒤집어씌우다

かぶれる────────────────

［漆に］　　　　　　（옻을) 타다

＊옻이 오르다ともいう。

［薬品に］　　　　　（약물 때문에) 염증이 생기다

＊話し言葉では俗に약물 때문에 피부가 뒤집어지다という。

［ロックに］　　　　（록에) 빠지다

＊話し言葉では俗に락에 꽂히다という。ロックは록と表記すべきだが，락と表記し，そう発音する人が多い。

かまえる（構える）────────────────

［家を］　　　　　　（집을) 짓다

［世帯を］　　　　　（살림을) 차리다

［カメラを］　　　　（카메라를) 잡다

［銃を］　　　　　　（총 쏠 자세를) 취하다

［のんきに］　　　　（태평한 태도를) 취하다

がまんする（我慢する）────────────────

［笑いを］　　　　　（웃음을) 참다

［便を］　　　　　　（똥을) 참다

［酒を飲むのを］　　（술을 마시는 것을) 참다

［空腹を］　　　　　（배고픔을) 견디다

＊참다と견디다の違い：p.123〔ちょっと一息〕参照。

かむ（噛む）────────────────

［唇を］　　　　　　（입술을) 물다, 깨물다

［ガムを］　　　　　（껌을) 씹다

＊물다は「がぶっと噛む」「噛みつく」。씹다は，食べ物を口に入れて「歯で細かく噛む」「歯で細かく砕く」。

➥ **噛まれる**

［犬に］　　　　　　（개에게) 물리다

＊「蚊に刺される」「虫に刺される」は，모기에게 물리다，벌레에게 물리다という。

▶ 噛み合う
　［歯車が］　　　　　　　　　（톱니바퀴가）맞물리다

▶ 噛み合わない
　［入れ歯が］　　　　　　　　（의치가）맞물리지 않다
　［話が］　　　　　　　　　　（이야기가）일치하지 않다*

▶ 噛み切る
　［肉を］　　　　　　　　　　（고기를）물어뜯다

▶ 噛み砕く
　［キャンディーを］　　　　　（사탕을）씹어 으깨다
　　＊噛み砕いて説明する：알기 쉽게 설명하다

▶ 噛み殺す
　［猫がネズミを］　　　　　　（고양이가 쥐를）물어 죽이다
　［あくびを］　　　　　　　　（하품을）꾹 참다

▶ 噛みしめる
　［唇を］　　　　　　　　　　（입술을）악물다
　［勝利の喜びを］　　　　　　（승리의 기쁨을）맛보다

▶ 噛みつく
　［犬が足に］　　　　　　　　（개가）다리를 물다
　［上司に］　　　　　　　　　（상사에게）대들다

かむ
　［鼻を］　　　　　　　　　　（코를）풀다

かもす（醸す）
　［酒を］　　　　　　　　　　（술을）빚다
　［物議を］　　　　　　　　　（물의를）빚다

▶ 醸し出す
　［雰囲気を］　　　　　　　　（분위기를）자아내다

かよう（通う）
　［病院に］　　　　　　　　　（병원에）다니다

からかう
　［子どもを］　　　　　　　　（아이를）놀리다

からまる（絡まる）
　［つたが］　　　　　　　　　（담쟁이덩굴이）감기다, 얽히다

113

からむ

［ロープが］ (노끈이) 얽히다

からむ（絡む）
［利害関係が］ (이해관계가) 얽히다
［酔って友達に］ (술을 먹고) 남에게 시비걸다, 치근덕거리다
［痰が］ (가래가) 끓다

かりる（借りる）
［金を］ (돈을) 빌리다
［レンタカーを］ (렌터카를) 빌리다
［友達に飯代を］ (친구에게 밥값을) 꾸다

> **MEMO** 빌리다, 꾸다
> ・**빌리다**：具体的な物を借りる，助けや力など抽象的なものを借りる。
> ・**꾸다**：金や穀物など，使うとなくなるものを借りる。

かる（狩る）
［クマを］ (곰을) 사냥하다

かる（刈る）
［芝生を］ (잔디를) 깎다, 베다
［稲を］ (벼를) 베다
［髪を］ (머리를) 자르다, 깎다

> **MEMO** 베다, 자르다, 깎다
> ・**베다**：刃物，鎌など鋭利な物で切る。
> ・**자르다**：はさみやナイフで切る。
> ・**깎다**：削る，表面を薄くそぎとる，(果物の皮を) むく，(髪・毛・草などを) そる，刈る。

かれる（枯れる）
［花が］ (꽃이) 시들다
［排気ガスで松が］ (배기가스로 소나무가) 죽다
➥ 枯らす
［植物を］ (식물을) 죽이다

かれる（嗄れる）
［声が］ (목소리가) 쉬다

114

かわく (乾く)
　［洗濯物が］　　　　　　　(빨래가) 마르다
➥ **乾かす**
　［洗濯物を］　　　　　　　(빨래를) 말리다

かわく (渇く)
　［のどが］　　　　　　　　(목이) 마르다

かわす (交わす)
　［意見を］　　　　　　　　(의견을) 주고받다

かわす
　［責任を］　　　　　　　　(책임을) 피하다*
　［追及の矛先を］　　　　　(추궁(비난)의 방향을) 피하다*

かわる (代わる)
　［彼に］　　　　　　　　　(그를) 대신하다*

かわる (変わる)
　［景色が］　　　　　　　　(경치가) 변하다*, 바뀌다

かんがえる (考える)
　［人生について］　　　　　(인생에 대해서) 생각하다*
　　*「考える」の意味で고민하다がよく使われる。한 번 더 고민해 볼 필요가 있다. (もう一度考えてみる必要がある)。

かんぐる (勘ぐる)
　［人を］　　　　　　　　　(사람을) 의심하다*

かんじる (感じる)
　［寒さを］　　　　　　　　(추위를) 느끼다
　［秋の気配を］　　　　　　(가을의 기운을) 느끼다
　［責任を］　　　　　　　　(책임을) 느끼다
　［裏切りを］　　　　　　　(위험을) 느끼다

かんちがいする (勘違い—)
　［待ち合わせ場所を］　　　(약속 장소를) 착각하다*

き

きえる（消える）

［明かりが］	（불이）꺼지다
［テレビが］	（TV（티브이）가）꺼지다
［跡形もなく］	（자취도 없이）사라지다
［視界から］	（시야로부터）사라지다
［痛みが］	（통증이）사라지다, 가시다
［においが］	（냄새가）없어지다
［黒板の字が］	（칠판의 글자가）지워지다

> **MEMO** 꺼지다, 사라지다, 지워지다
>
> ・**꺼지다**：電気，灯りが消える。
> ・**사라지다**：なくなる，見えなくなる。
> ・**지워지다**：黒板の字などが消える。

きおくれする（気後れ—）

［大勢の人に囲まれ］	（많은 사람에게 둘러싸여）기가 죽다

きおちする（気落ち—）

［入試に落ちて］	（입시에 떨어져）낙담하다*, 낙심하다*

きかす（利かす）

［胡椒の味を］	（후추 맛을）더 내다
［塩を］	（소금을）조금 더 넣다
［機転を］	（재치 있게）굴다

きく（聞く・聴く）

［音楽を］	（음악을）듣다

➡ **聞かせる**

［昔話を］	（옛이야기를）들려주다
［学生時代の話を］	（학생 시절의 이야기를）들려주다

▶ **聞き入れる**

［要求を］	（요구를）들어주다, 받아들이다

▶ **聞き返す**

［録音テープを］	（녹음 테이프를）다시 듣다

［電話番号を］	(전화번호를) 다시 묻다
▶ **聞きかじる**	
［耳学問で］	(귀동냥으로) 주워듣다
▶ **聞き出す**	
［情報を］	(정보를) 알아내다
［本心を］	(본심을) 캐내다
▶ **聞き取る**	
［英語の発音を］	(영어 발음을) 알아듣다
▶ **聞き流す**	
［うわさを］	(소문을) 흘려 듣다
▶ **聞き漏らす**	
［大切なことを］	(중요한 말을) 잘 알아듣지 못하다
▶ **聞き分ける**	
［ㅇとㄴを］	(ㅇ과 ㄴ을) 구별하다*
［鳥の声を］	(새의 소리를) 분간하다*

か

きく（効く）

［薬が］	(약이) 듣다
➡ **効かせる**	
［冷房を］	(냉방을) 더 세게 틀다

きこえる（聞こえる）

| ［話し声が］ | (이야기 소리가) 들리다 |
| ［波の音が］ | (파도 소리가) 들리다 |

きざむ（刻む）

［ネギを］	(파를) 썰다
［包丁でキャベツを］	(칼로 양배추를) 썰다
［記念碑に名前を］	(기념비에 이름을) 새기다
［思い出を胸に］	(추억을 가슴에) 새기다

MEMO 썰다, 새기다

- 썰다：ナイフや包丁で肉や野菜を細かく切る。
- 새기다：絵や字を刻む，忘れないように心に記憶する。

きしむ

きしむ (軋む)
[玄関の扉が] （현관 문이) 삐걱거리다

きずく (築く)
[堤防を] （제방을) 쌓다
[バリケードを] （바리케이드를) 쌓다
[確固たる地位を] （확고한 지위를) 이룩하다
[巨万の富を] （막대한 부를) 이루다
[幸せな家庭を] （행복한 가정을) 이루다

> **MEMO** 이룩하다, 이루다
> ・**이룩하다**：国家，社会，団体などの次元で何かを成し遂げる。
> ・**이루다**：個人が思い通りの状態や結果を果たす。

きずつく (傷つく)
[心ない言葉に] （매정한 말에) 상처를 입다
▶ **傷つける**
[けんかして相手を] （싸워서 상대를) 상처 입히다
[売り物を] （물건에) 흠을 내다
　＊흠：(体の) 傷，(物の) 疵，(宝石の) 瑕。
➡ **傷つけられる**
[プライドを] （자존심에) 상처받다*

きそう (競う)
[実力を] （실력을) 겨루다
[技を] （재주를) 겨루다
[首位を] （수위를) 다투다
[2人の候補者が] （두 후보가) 다투다

> **MEMO** 겨루다, 다투다
> ・**겨루다**：力を出し合って競い合う。
> ・**다투다**：(意見や利害の対立で) 言い争う。またある目標に向けて競い合う。
>   選挙での舌戦にも用いる。いくら興奮しても，暴力にまでは発展しない。

きたえる (鍛える)
[心身を] （심신을) 단련하다*
[足腰を] （하반신을) 단련하다*

第2部

きづかう（気遣う）
〔友人の病状を〕　（친구의 병세를）걱정하다

きづく（気づく）
〔過ちに〕　（잘못을）깨닫다
〔状況の深刻さに〕　（상황의 심각성을）알아차리다, 알아채다
〔犯人のわなに〕　（범인의 속임수를）알아차리다

きっする（喫する）
〔惨敗を〕　（참패를）당하다*

きにいる（気に入る）
〔新しい車が〕　（새 차가）마음에 들다

きのりしない（気乗りしない）
〔その仕事にはあまり〕　（그 일에는 별로 마음이）내키지 않다

きまずくなる（気まずく—）
〔2人の関係が〕　（두 사람의 관계가）거북해지다

きまる（決まる）
〔旅行の日程が〕　（여행 일정이）결정되다*
➥ **決める**
〔夏休みの行事を〕　（여름 방학의 행사를）정하다*
〔くじで順番を〕　（제비뽑기로 순서를）결정하다*
▶ **決めつける**
〔失敗したと〕　（실패했다고）단정해 버리다*

ぎゃくもどりする（逆戻り—）
〔学生時代に〕　（학생 시절로）되돌아가다
〔来た道を〕　（왔던 길을）되돌아가다

きよめる（清める）
〔身を〕　（몸을）깨끗이 하다

きらう（嫌う）
〔冗談を〕　（농담을）싫어하다

きらす（切らす）
〔バターを〕　（버터를）다 쓰다,（버터가）떨어지다
〔たばこを〕　（담배가）떨어지다
〔息を〕　（숨을）헐떡이다

きる （切る）

[ナイフで指を] (칼에 손가락을) 베다
[髪の毛を] (머리를) 자르다

▶ **切り上げる**
[仕事を] (일을) 끝내다
[小数点以下を] (소수점 이하를) 올림하다
*四捨五入する：반올림하다

▶ **切り売りする**
[土地を] (땅을) 잘라 팔다

▶ **切り落とす**
[木の枝を] (나뭇가지를) 잘라 내다

▶ **切り返す**
[ハンドルを] (핸들을) 반대로 돌리다

▶ **切り替える**
[考えを] (사고 방식을) 바꾸다
[電圧を] (전압을) 바꾸다

▶ **切り刻む**
[ニンニクを] (마늘을) 다지다

▶ **切り裂く**
[布を] (옷감을) 찢다
[魚を] (생선을) 가르다

▶ **切り下げる**
[値段を] (가격을) 인하하다*

▶ **切り捨てる**
[不要な物を] (불필요한 물건을) 잘라 버리다
[弱者を] (약자를) 돌보지 않다, 무시하다*
[一の位を] (일의 자리를) 버리다

▶ **切り倒す**
[木を] (나무를) 베어 넘어뜨리다

▶ **切り出す**
[木材を] (목재를) 베어 내다
[別れ話を] (헤어지자는 이야기를) 꺼내다

第2部

▶ **切り詰める**

　〔生活費を〕　　　　　　　　（생활비를）절약하다*, 감축하다*

▶ **切り取る**

　〔腫瘍を〕　　　　　　　　　（종양을）도려내다

　〔新聞記事を〕　　　　　　　（신문 기사를）오려 내다

MEMO　도려내다, 오려 내다

　· **도려내다**：えぐる，くりぬく，不要な部分だけ取り除く。

　· **오려 내다**：ナイフ，ハサミなどを使って切り抜く。

▶ **切り抜ける**

　〔苦境を〕　　　　　　　　　（곤경을）벗어나다

　〔難局を〕　　　　　　　　　（난국을）벗어나다

▶ **切り離す**

　〔貨車と機関車を〕　　　　　（화물 열차와 기관차를）때다, 분리하다*

　〔政治と経済を〕　　　　　　（정치와 경제를）때다

▶ **切り開く**

　〔畑を〕　　　　　　　　　　（밭을）개간하다*

　〔新分野を〕　　　　　　　　（새분야를）개척하다*

▶ **切り盛りする**

　〔姉が家事を〕　　　　　　　（누나가 집안일을）꾸려 나가다

きる（着る）────────────────

　〔服を〕　　　　　　　　　　（옷을）입다

➥ **着せる**

　〔服を〕　　　　　　　　　　（옷을）입히다

▶ **着替える**

　〔パジャマに〕　　　　　　　（잠옷으로）갈아입다

▶ **着飾る**

　〔韓服を〕　　　　　　　　　（한복을）차려입다

▶ **着こなす**

　〔流行の服を〕　　　　　　　（유행하는 옷을）잘 입다

▶ **着込む**

　〔毛皮のコートを〕　　　　　（모피 코트를）껴입다

か

きれる

きれる（切れる）────────────

［糸が］	（실이）끊어지다
［ギターの弦が］	（기타 현이）끊어지다
［電話が］	（전화가）끊어지다
［電球が］	（전구가）다 되다
［電池が］	（건전지가）나가다
［堤防が］	（제방이）터지다
［息が］	（숨이）차다
［唇が］	（입술이）찢어지다
［有効期限が］	（유효 기한이）끝나다
［定期が］	（정기권이）기한이 지나다
［万年筆のインクが］	（만년필 잉크가）떨어지다
［麻酔が］	（마취가）풀리다
［ナイフが］	（칼이）잘 들다
［頭が］	（머리가）예민하다* 形

＊예민하다：鋭敏だ，鋭い。

きわめる（究める・極める)────────────

［日本舞踊を］	（일본 무용을）터득하다*
［エベレストの山頂を］	（에베레스트의 정상을）정복하다*

「堪える」と「耐える」——怒りは参고, 苦しみは견디고

みなさんは子どものころお母さんにしかられたとき, 何も知らないで横で寝ているイヌに八つ当たりしたことはないですか。しかられるは꾸중을 듣다ですね。八つ当たりは, この場合は화풀이를 하다と訳すといいでしょう。

お母さんからしかられたら, ぐっと「堪え」なければなりません。子どもに八つ当たりされて蹴飛ばされた子犬は, 痛さに「耐え」なければなりません。

참다 (堪える) と견디다 (耐える) —— 似ている単語です。2つを比較してみましょう。

참다：人にだけ使うことができる。笑いや怒りなど, 心の中で起きる感情や, 生理的な欲求など, 短時間の出来事に対して使われ, 我慢ができなくてもさほど深刻な事態は生じない。

견디다：動植物や無生物にも使える。外部から与えられた条件や状況に対して使われ, 比較的長時間にわたって続く。我慢できなければ深刻な事態が起きる。

'참는' 시간은 長くてもせいぜい数十分です。터져 나오는 웃음 (吹き出す笑い), 흘러나오려 하는 눈물 (あふれ出る涙), 마려운 오줌 (出そうになるおしっこ), 하품 (あくび), 방귀 (おなら), 화 (怒り) などはすべて短い時間の間に起きます。방귀などは数十分はおろか数秒も我慢できないでしょう。

これに対して견디다は, 고통을 견디다 (苦痛に耐える), 굶주림을 견디다 (ひもじさに耐える), 시련을 견디다 (試練に耐える) のように長時間にわたって耐える場合に使われます。何日も, あるいは数か月, 数年, 甚だしくは一生続く場合もあります。

毎年襲ってくる台風 (태풍) や, 雨が降らない日照り (가뭄) の状態にたいしても견디다を使います。数年前に, 鎌倉の大きなイチョウの木が, 強風に耐えられずに倒れましたね。こんなときも "큰은행나무가 강풍에 견디지 못하고 쓰러졌어요."と言います。

か

123

く

くいる (悔いる) ─────────────────

［過ちを］ (잘못을) 뉘우치다, 후회하다*

▶ **悔い改める**

［自分の犯した罪を］ (자신이 저지른 죄를) 회개하다*

くう (食う) ─────────────────

［同じ釜の飯を］ (한솥밥을) 먹다

［豚を (つぶして)］ (돼지를) 잡아먹다

［金を］ (돈이) 들다

［時間を］ (시간이) 걸리다

［電気を］ (전기를) 소비하다*

［虫が］ (벌레가) 먹다, 물다

➥ **食われる**

［蚊に］ (모기에) 물리다

▶ **食いしばる**

［歯を］ (이를) 악물다

▶ **食い違う**

［双方の主張が］ (쌍방의 주장이) 엇갈리다

［両者の意見が］ (양자의 의견이) 엇갈리다

［互いの立場が］ (서로의 입장이) 엇갈리다

▶ **食い込む**

［猫の爪が手に］ (고양이의 발톱이 손에) 파고들다

［ひもが指に］ (끈이 손가락을) 죄어들다

▶ **食いつぶす**

［遺産を］ (유산을) 털어먹다

▶ **食い止める**

［被害を最小限に］ (피해를 최소한으로) 막다

［延焼を］ (불길이 번지는 것을) 막다

［敵の侵攻を］ (적의 침공을) 저지하다*

くぎる (区切る) ─────────────────

［線で］ (선으로) 구획을 짓다

［点で］	(점으로) 끊다

くくる （括る）

［ひもで］	(끈으로) 묶다
［かっこで］	(괄호로) 묶다
［首を］	(목을) 매다

▶ **くくりつける**

［木の枝に］	(나뭇가지에) 동여매다

くぐる

［門を］	(대문을) 통과하다*, 빠져나가다

▶ **くぐり抜ける**

［火の中を］	(불 속을) 빠져나가다
［修羅場を］	(아수라장을) 견디다

くさる （腐る）

［食べ物が］	(음식이) 상하다*, 썩다
［床が］	(바닥이) 썩다

⤵ **腐らせる**

［魚を］	(생선을) 썩히다

MEMO 상하다, 썩다

- **상하다**：食べ物が変質する，傷む（고기가 상하다, 과일이 상하다, 밥이 상하다）。
- **썩다**：食物や自然物が細菌によって分解されたりして腐る（고기가 썩다, 음식이 썩다, 나무가 썩다）。虫歯になることも치아가 썩다という。

くじく

［左足を］	(왼발을) 삐다

くじける

［気持ちが］	(마음이) 꺾이다, 찌부러지다

くすぐる

［脇の下を］	(겨드랑이를) 간지럽히다, 간질이다

＊「くすぐる」は간지럼을 태우다ともいう。간지럼(을) 잘 타다といったら「くすぐったがり屋だ」ということ。

［虚栄心を］	(허영심을) 자극하다*

くずす

くずす（崩す）

［丘を］	（언덕을） 무너뜨리다
［アリバイを］	（알리바이를） 무너뜨리다
［膝を］	（무릎을） 펴다, 편히 앉다*
［字を］	（글씨를） 흘려 쓰다
［金を］	（잔돈으로） 바꾸다

＊辞書には（돈을）헐다と出ているが，最近ではあまり使われない。

［バランスを］	（균형을） 잃다
［相好を］	＝환하게 웃으며 기뻐하다

➥ 崩れる

［がけが］	（벼랑이） 무너지다
［塀が］	（담이） 무너지다
［旧体制が］	（구체제가） 무너지다
［天気が］	（날씨가） 나빠지다
［形が］	（모양이） 찌그러지다
［化粧が］	（화장이） 지워지다

ぐずつく

［子どもが］	（아이가） 칭얼거리다
［天気が］	（날씨가） 꾸물거리다

くすねる

［公金を］	（공금을） 훔치다

くすぶる（燻ぶる）

［焼け跡が］	（불탄 자리에） 연기가 오르다
［薪が］	（장작이） 연기만 내다

＊연기：煙。

［問題が］	（문제가） 제자리에서 맴돌다
［一日中家で］	（온 종일 집에） 죽치다

くだく（砕く）

［ガラスを］	（유리를） 부수다, 깨뜨리다

> ### MEMO
> *부수다, 깨뜨리다 ともに, 硬い物を壊して「こなごな・ばらばらにする」。
> *부수다には, いろいろな部分からできているものをばらばらにして「使えない状態にする」という意味がある。
> *깨뜨리다には, 約束や規則などを破る (계약을 깨뜨리다, 맹세를 깨뜨리다, 약속을 깨뜨리다, 질서를 깨뜨리다) という意味もある。

➡ 砕ける
　［岩が］　　　　　　　　(바위가) 부서지다
　［骨が］　　　　　　　　(뼈가) 부서지다
　［波が］　　　　　　　　(파도가) 부서지다

くだす（下す）
　［決定を］　　　　　　　(결정을) 내리다
　［判決を］　　　　　　　(판결을) 내리다
　［結論を］　　　　　　　(결론을) 내리다
　［生ものを食べて腹を］　(날것을 먹고) 설사하다*

くだる（下る）
　［坂道を］　　　　　　　(비탈길을) 내려가다
　［川を］　　　　　　　　(강을) 내려가다
　［判決が］　　　　　　　(판결이) 내리다
　［命令が］　　　　　　　(명령이) 내리다

くちげんかする（口喧嘩—）
　［母親と］　　　　　　　(어머니와) 말다툼하다

くちごたえする（口答え—）
　［親に］　　　　　　　　(부모에게) 말대꾸하다

くちごもる（口籠もる）
　［質問に］　　　　　　　(질문에) 말을 더듬거리다

くちずさむ（口ずさむ）
　［流行歌を］　　　　　　(유행가를) 흥얼거리다
　［詩を］　　　　　　　　(시를) 읊조리다

くちだしする（口出し—）
　［余計な］　　　　　　　(쓸데없이) 말참견하다*

127

くちどめする（口止め―） ───────────

［情報が漏れないように］　（정보가 새지 않도록) 입단속하다*

➥ **口止めされる**

［上司から］　（상사로부터) 함구령이 내려지다

　＊함구령: 口止め，箝口令。

くちなおしする（口直し―） ───────────

［デザートで］　（디저트로) 입가심하다

くちばしる（口走る） ───────────

［うっかり本当のことを］　（깜박하고 사실을) 엉겁결에 말하다

くちやくそくする（口約束―） ───────────

［結婚を］　（결혼을) 언약하다*

くちる（朽ちる） ───────────

［橋が］　（다리가) 썩다

くつがえす（覆す） ───────────

［定説を］　（정설을) 뒤집다, 뒤집어엎다

［判定を］　（판정을) 뒤집다, 뒤집어엎다

［政権を］　（정권을) 전복시키다*

➥ **覆る**

［判定が］　（판정이) 뒤집히다

くばる（配る） ───────────

［通行人にティッシュを］　（지나가는 사람에게 티슈를) 나누어 주다

［被災者に食糧を］　（이재민에게 식량을) 나누어 주다

［カードを 5 枚ずつ］　（카드를 다섯 장씩) 나누어 주다

くべる ───────────

［薪を］　（장작을) 지피다

くぼむ ───────────

［土地が］　（땅이) 움푹 파이다

［目が］　（눈이) 쑥 들어가다

くみかわす（酌み交わす） ───────────

［酒を］　（술잔을) 주고받다

くむ（汲む） ───────────

［水を］　（물을) 뜨다, 푸다

128

［相手の気持ちを］　　　　　（상대의 마음을）헤아리다, 짐작하다*

> **MEMO**
> ・**뜨다**:さじや小さな容器で水や水の中にあるものを少しずつ汲む（국물을 ~:スープをおたまですくう）。
> ・**푸다**:バケツなど大きな容器で多量に汲む（우물에서 물을 ~:井戸の水を汲む）。

▶ **汲み上げる**
　［湧き水を］　　　　　　（샘물을）퍼 올리다

くむ (組む)

　［脚を］　　　　　　　　（다리를）꼬다
　［あぐらを］　　　　　　（책상다리를）하다
　［腕を］　　　　　　　　（팔을）끼다
　［友達と仲良く肩を］　　（친구와 사이좋게）어깨동무하다
　［メンバーを］　　　　　（멤버를）짜다
　［チームを］　　　　　　（짝이）되다, （한 패가）되다

　　　*패 : 徒党, 集団, 組, 仲間。

　［集団を］　　　　　　　（한 집단이）되다
　［手を］　　　　　　　　（손을）잡다
　［予算を］　　　　　　　（예산을）짜다
　［プログラムを］　　　　（프로그램을）짜다
　［旅行の日程を］　　　　（여행 일정을）짜다
　［足場を］　　　　　　　（발판을）짜다

▶ **組み合わせる**
　［赤と白を］　　　　　　（빨간색과 흰색을）짜 맞추다
▶ **組み込む**
　［ICチップをカードに］　（IC 칩을 카드에）내장시키다*
▶ **組み立てる**
　［コンピュータを］　　　（컴퓨터를）조립하다*
▶ **組み伏せる**
　［警官が犯人を］　　　　（경찰관이 범인을）깔아 눕히다, 깔고 누르다

くもる (曇る)

　［空が］　　　　　　　　（하늘이）흐려지다

129

くやしがる（悔しがる）————————
　　［地団駄を踏んで］　　　（발을 동동 구르며）분해하다*

くやむ（悔やむ）————————
　　［自分のミスを］　　　（자기 잘못을）후회하다*, 뉘우치다

くらす（暮らす）————————
　　［まじめに］　　　（착실하게）살다

くらべる（比べる）————————
　　［兄と弟を］　　　（형과 동생을）비교하다*

➡ **比べられる**
　　［友達と］　　　（친구와）비교되다*

くらます————————
　　［姿を］　　　（종적을）감추다

くりあげる（繰り上げる）————————
　　［終電の時間を］　　　（막차 시간을）앞당기다

くりかえす（繰り返す）————————
　　［同じ話を］　　　（같은 이야기를）되풀이하다
　　［核実験を］　　　（핵실험을）거듭하다

➡ **繰り返される**
　　［同じような事件が］　　　（같은 사건이）되풀되다

くりこす（繰り越す）————————
　　［来年に］　　　（내년으로）이월하다*

くりさげる（繰り下げる）————————
　　［日程を］　　　（일정을）늦추다

くりだす（繰り出す）————————
　　［ハロウィンの仮装で町に］　（할로윈의 가장으로 거리에）몰려 나가다

くりひろげる（繰り広げる）————————
　　［熱戦を］　　　（열전을）벌이다

くりぬく————————
　　［木の幹を］　　　（나무 줄기를）도려내다
　　［りんごのしんを］　　　（사과 속을）파내다

くる（来る）————————
　　［韓国から日本へ］　　　（한국에서 일본에）오다

［春が］ (봄이) 오다

くるう（狂う）

［機械の調子が］ (기계 상태가) 이상해지다*

［雨で試合の日程が］ (비 때문에 경기 일정이) 틀어지다

［時計が］ (시계가) 잘 맞지 않다

［ピアノの音程が］ (피아노의 음정이) 이상해지다*

［サッカーに］ (축구에) 빠지다

［競馬に］ (경마에) 미치다, 빠지다

▶ 狂わせる

［順番を］ (순번을) 틀리게 하다

くるしむ（苦しむ）

［長い間病気で］ (오랫동안 병에) 시달리다

［歯が痛くて］ (이가 아파서) 괴로워하다

［ばく大な借金で］ (막대한 빚으로) 고민하다*

［理解に］ (이해하기) 어렵다

➥ 苦しめる

［相手を］ (상대방을) 괴롭히다

くるむ

［赤ん坊を毛布で］ (아기를 담요로) 싸다, 감싸다

くれる（暮れる）

［日が］ (날이) 저물다, (해가) 지다

くれる

［友達が本を］ (친구가 책을) 주다

［父が小遣いを］ (아버지가 용돈을) 주시다

［手紙を］ (편지를) 보내 주다

▶ 送ってくれる

［家まで］ (집까지) 데려다 주다

▶ 貸してくれる

［傘を］ (우산을) 빌려 주다

▶ 見せてくれる

［アルバムを］ (앨범을) 보여 주다

くわえる（加える）

［8に5を］	(8에 5를) 더하다
［3カップの水を］	(물 세 컵을) 넣다
［スープに塩を］	(국에 소금을) 더하다
［名前をリストに］	(이름을 리스트에) 넣다
［打撃を］	(타격을) 가하다*
［新人をメンバーに］	(신인을 멤버에) 넣다
［熱を］	(열을) 가하다*
［危害を］	(위해를) 가하다*

➥ 加わる

［仲間に］	(한패에) 끼다
［ゲームに］	(게임에) 참가하다*
［スピードが］	(속도가) 가해지다*
［負担が］	(부담이) 늘다

くわえる

［指を］	(손가락을) 물다
［たばこを］	(담배를) 물다

くわだてる（企てる）

［反乱を］	(반란을) 기도하다*
［陰謀を］	(음모를) 기도하다*
［新しい事業を］	(새 사업을) 꾀하다

け

けが（を）する

［転んで］	（넘어져서）부상을 입다
［サッカーで足を］	（축구를 하다가）발을 다치다
［友達とけんかして］	（친구와 싸워서）상처를 입다

けがす（汚す）

| ［家名を］ | （가문의 명예를）더럽히다 |

➥ **汚れる**

| ［家門の名誉が］ | （가문의 명예가）더러워지다 |

けしかける

| ［弟を］ | （동생을）부추기다 |
| ［犬を］ | （개를）부추기다 |

けす（消す）

［火を］	（불을）끄다
［部屋の電気を］	（방의 불을）끄다
［冷房を］	（냉방을）끄다
［冷蔵庫のにおいを］	（냉장고 냄새를）없애다
［落書きを］	（낙서를）지우다
［消しゴムで］	（지우개로）지우다
［データを］	（데이터를）지우다
［証拠を］	（증거를）없애다
［姿を］	（모습을）감추다
［邪魔者を］	（방해하는 놈을）죽이다

➥ **消される**

| ［名簿から名前が］ | （명단에서 이름이）지워지다, 삭제되다 * |

MEMO 끄다, 지우다

- **끄다**：火や電気，電化製品の電源，音などを消す。
- **지우다**：書いたり描いたりしたものや痕跡などを，道具を利用して消す。
  考えや記憶などをなくしたり忘れる。

けずる（削る）

| ［鉛筆を］ | （연필을）깎다 |

133

けなす

〔予算を〕	(예산을) 깎다

けなす——————————————————————

〔会社の威信を〕	(회사의 위신을) 깎아 내리다
〔裏で人を〕	(뒷전에서 남을) 헐뜯다

けむる (煙る)——————————————————————

〔煙が〕	(연기가) 자욱하다 形

▶ **煙たがる**

〔たばこの煙を〕	(담배 연기를) 매워하다

➡ **煙たがられる**

〔部長はみんなから〕	(다들 부장을) 어려워하다

げりをする (下痢を—)——————————————————————

〔食べ過ぎて〕	(과식해서) 설사하다*

ける (蹴る)——————————————————————

〔ボールを〕	(공을) 차다

➡ **蹴られる**

〔馬に〕	(말에) 채다

▶ **蹴とばす**

〔ふとんを〕	(이불을) 내차다

げろをはく (げろを吐く)——————————————————————

〔飲み過ぎて〕	(과음해서) 토하다*

*以前は流行語のように오바이트하다を使ったが，最近は토하다をよく使う。

こ

こう (請う)
- ［許しを］ (용서를) 빌다
- ［案内を］ (안내를) 청하다*

こうじる (高じる)
- ［趣味が］ (취미를) 넘다
- ［病気が］ (병이) 심해지다*, 더치다

こうじる (講じる)
- ［方案を］ (방안을) 강구하다*
- ［早急に対策を］ (조급히 대책을) 강구하다*

こえる (肥える)
- ［土地が］ (땅이) 기름지다 形, 비옥하다* 形
  - ＊「舌が肥えている」は입맛이 고급이다, 입이 고급이다.
  - ＊天高く馬肥ゆる秋：천고마비

こえる (越える)
- ［国境を］ (국경을) 넘다
- ［峠を］ (고개를) 넘다
- ［ハードルを］ (장애를) 넘다

こえる (超える)
- ［常識を］ (상식을) 넘다
- ［予想を］ (예상을) 초월하다*
- ［想像を］ (상상을) 초월하다*
- ［制限重量を］ (제한 중량을) 초과하다*, 넘다

こおる (凍る)
- ［肉がこちこちに］ (고기가 꽁꽁) 얼다

➥ 凍らせる
- ［肉を］ (고기를) 얼리다

こがす (焦がす)
- ［魚を］ (생선을) 태우다
- ［服を］ (옷을) 태우다
- ［胸を］ (속을) 태우다,(가슴을) 태우다

こきおろす

こきおろす
〔政府の失策を〕　(정부의 실책을) 깎아내리다

こきつかう（こき使う）
〔朝から晩まで〕　(아침부터 밤까지) 혹사하다*, 부려 먹다
➥**こき使われる**
〔主人に〕　(주인에게) 혹사당하다*

こぎつける
〔工事が完成に〕　(공사가 완성에) 이르다

こぐ（漕ぐ）
〔舟を〕　(배를) 젓다
〔自転車を〕　(자전거의 페달을) 밟다
〔ブランコを〕　(그네를) 뛰다, 구르다

こげる（焦げる）
〔飯が〕　(밥이) 눋다
　＊눋다：食べ物などが黄色く焦げる。
〔魚が真っ黒に〕　(생선이 새까맣게) 타다
　＊타다：物が黒く焦げる。
▶**焦げつく**
〔魚が鍋に〕　(생선이 냄비에) 눌어붙다
〔貸付金が〕　(대부금이) 회수 불능이 되다

こごえる（凍える）
〔手が〕　(손이) 얼다

こころざす（志す）
〔弁護士を〕　(변호사를) 지망하다*, 목표로 삼다
〔学問を〕　(학문에) 뜻을 두다

こころみる（試みる）
〔反撃を〕　(반격을) 시도하다*

こじあける（こじ開ける）
〔金庫を〕　(금고를) 억지로 열다

こしかける（腰掛ける）
〔ベンチに〕　(벤치에) 걸터앉다
　＊걸터앉다：尻の部分だけ載せて座る。

136

こじつける
[話を]   (이야기를) 억지로 갖다 맞추다

こしらえる
[弁当を]   (도시락을) 싸다, 만들다
[洋服を]   (양복을) 맞추다
[話を]   (이야기를) 꾸미다

こじらせる
[病気を]   (병이) 악화되다*, 더치다
[問題を]   (문제를) 더 복잡하게 만들다

こす (越す)
[年を]   (새해를) 맞다
[冬を]   (겨울을) 보내다
[仙台から川崎に]   (센다이에서 가와사키로) 이사 가다*

こす (超す)
[基準を]   (기준을) 넘다
[10万円を]   (십만 엔을) 넘다

こす (漉す)
[スープの具を]   (건더기를) 거르다

こする (擦る)
[やすりで]   (줄로) 문지르다
[目を]   (눈을) 비비다

MEMO 문지르다, 비비다

- **문지르다** : 軽く力を入れずに擦る。「さする」に近い。
- **비비다** : 力を入れて擦る。「もむ」に近い。

こたえる (答える)
[質問に]   (질문에) 대답하다*, 답하다*

こたえる (応える)
[両親の期待に]   (부모님의 기대에) 부응하다*
[国民の期待に]   (국민의 기대에) 부응하다*
[友達の親切に]   (친구의 친절에) 보답하다*

こたえる

MEMO 부응하다, 보답하다

- **부응하다** : 自分に対する期待や要求などに応える。
- **보답하다** : 他人から受けた恩恵や有り難みに対して報いる。

こたえる
[寒さが身に]　　　　　　　(추위가 몸에) 사무치다

こづく
[ひじで]　　　　　　　　(팔뒤꿈치로) 쿡쿡 찌르다

ことなる (異なる)
[長さが]　　　　　　　　(길이가) 다르다

[考えが]　　　　　　　　(생각이) 다르다

[生活様式が]　　　　　　(생활 양식이) 다르다

[事実と]　　　　　　　　(사실과) 다르다

ことわる (断る)
[頼みを]　　　　　　　　(부탁을) 거절하다*

[援助を]　　　　　　　　(원조를) 거절하다*, 거부하다*

[あらかじめ]　　　　　　(미리) 양해를 얻다*, 알려 주다

➥ **断られる**

[融資を]　　　　　　　　(대출을) 거절당하다*

こなす
[仕事を]　　　　　　　　(일을) 해내다

[数か国語を]　　　　　　(몇 개국어를) 구사하다*

[ノルマを]　　　　　　　(할당량을) 다하다

　　*할당량 : 割当量

[胃で食物を]　　　　　　(위에서 음식을) 소화하다*

[Excel を使い—]　　　　(엑셀을) 구사하다*

[一輪車を乗り—]　　　　(일륜차를) 익숙하게 타다

[古典を読み—]　　　　　(고전을) 읽고 이해하다*

➥ **こなれる**

[胃で食物が]　　　　　　(위에서 음식이) 소화되다*

[文章が]　　　　　　　　(문장이) 숙달되다*

第2部

138

こねる (捏ねる)

[そば粉を]　　　　　　　　(메밀 가루를) 반죽하다

[セメントを]　　　　　　　(시멘트를) 반죽하다

＊반죽하다：粉末に水を入れてこねまぜる。

[粘土を]　　　　　　　　　(점토를) 개다

[だだを]　　　　　　　　　(떼를) 쓰다

[理屈を]　　　　　　　　　(억지를) 쓰다

ごねる

[待遇が悪いと]　　　　　　(대우가 안 좋다고) 불평하다*, 투덜대다, 투정
　　　　　　　　　　　　　하다

このむ (好む)

[酒を]　　　　　　　　　　(술을) 좋아하다

[甘い物を]　　　　　　　　(단 것을) 좋아하다

こばむ (拒む)

[要求を]　　　　　　　　　(요구를) 거부하다*, 거절하다*

こびりつく

[ズボンに泥が]　　　　　　(바지에 진흙이) 달라붙다

[ガムが靴底に]　　　　　　(껌이 구두창에) 달라붙다

[ご飯粒が紙に]　　　　　　(밥알이 종이에) 들러붙다

[考えが頭に]　　　　　　　(생각이) 머리에서 떠나지 않다

MEMO 달라붙다, 들러붙다

・**달라붙다**：ぴたっとつく。

・**들러붙다**：べったりとくっつく（달라붙다より強い感じ）。

こびる (媚びる)

[社長に]　　　　　　　　　(사장에게) 아첨하다*, 알랑거리다, 아부를 떨다*

[上司に]　　　　　　　　　(상사에게) 아첨하다*, 알랑거리다, 아부를 떨다*

＊会話では아부를 떨다, 알랑방귀를 뀌다という言い方をよく使う。

こぼす

[ご飯を]　　　　　　　　　(밥을) 흘리다

[醤油を]　　　　　　　　　(간장을) 흘리다

[涙を]　　　　　　　　　　(눈물을) 흘리다

こぼす（こぼれる）

［インクを］	（잉크를) 엎지르다
［ジュースを］	（주스를) 엎지르다

MEMO 흘리다, 엎지르다

- **흘리다**：液体やご飯粒のような小さな物を，自分の不注意でこぼす。
- **엎지르다**：器に入っているものを倒して，中の液体などをこぼす。

➥ こぼれる

［風呂の水が］	（욕조물이) 넘치다
［ミルクが床に］	（우유가 마루에) 쏟아지다
［涙が］	（눈물이) 쏟아지다, 흘러내리다
［顔に笑みが］	（얼굴에 웃음이) 피어나다

MEMO 넘치다, 쏟아지다

- **넘치다**：中にある液体や物質が，いっぱいになって外へ流れ出る。
- **쏟아지다**：中にある液体や物質が，一度に外に溢れ出てくる。

ごまかす

［年寄りを］	（노인들을) 속이다
［他の人の目を］	（다른 사람 눈을) 속이다
［目方を］	（중량을) 속이다
［経歴を］	（경력을) 속이다
［帳簿を］	（장부를) 속이다
［冗談で］	（농담으로) 얼버무리다

MEMO

「ごまかす」「しらばっくれる」「とぼける」という意味で，오리발 내밀다という言い回しがある。내밀다は「突き出す」「差し出す」という意味で，닭 잡아 먹고 오리발 내민다.（ニワトリを盗み食いして，カモの足を差し出す）ということわざが元になったものだ。

ある人がこっそり隣の家のニワトリを盗み食いし，その家の主人に詰め寄られると，自分が食べたのはカモだと言ってカモの足を見せたという話からきている。

「（やったくせに，やってないと）嘘をつくな」という意味で "오리발 내밀지 마！"などと言う。

こまぎれにする（こま切れに—）
［豚肉を］ （돼지고기를）잘게 썰다

こまねく
［手を］ ＝수수방관하다*

こまる（困る）
［断水で］ （단수로）고생하다*

［ワクチン不足で］ （백신이 부족해서）어려움을 겪다

［金に］ （돈에）궁하다* 形

*궁하다：行き詰まっている，困り切っている，窮している。

［雨が降ると］ （비가 오면）난처하다* 形

*난처하다：困っている，窮している。

➥ 困らせる
［母親を］ （어머니를）난처하게 만들다

こみあげる（込み上げる）
［怒りが］ （화가）복받치다

［笑いが］ （웃음이）복받치다

［涙が］ （눈물이）복받치다, 솟아오르다

MEMO 복받치다, 솟아오르다

・**복받치다**：感情や気持ちが，やや勢いよく込み上げてくる。

・**솟아오르다**：感情や気持ちが，強く湧き起こってくる。

こむ（込む・混む）
［行楽地が観光客で］ （행락지가 관광객으로）붐비다

▶ 込み合う・混み合う
［駅の待合室が］ （역 대합실이）붐비다, 혼잡하다* 形

［電車の中が］ （전철 안이）붐비다, 혼잡하다* 形

こめる（込める）
［愛情を］ （애정을）담다

［感情を］ （감정을）넣다, 담다

［力を］ （힘을）넣다

［真心を］ （정성을）들이다

［銃に実弾を］ （총에 실탄을）재다

こもりをする（子守りを―）
= 아이를 돌보다

こもる（籠もる）
［部屋に］	(방에) 틀어박히다
［山に］	(산에) 틀어박히다
［部屋に煙が］	(방에 연기가) 꽉 차다
［心が］	(마음이) 담기다, 깃들다

こやす（肥やす）
［馬を］	(말을) 살찌우다
［私腹を］	(사욕을) 채우다
［土地を］	(땅을) 기름지게 하다
［目を］	(안목을) 높이다

こらえる
［あくびを］	(하품을) 참다
［眠気を］	(졸음을) 참다
［笑いを］	(웃음을) 참다
［涙を］	(눈물을) 참다
［悲しみを］	(슬픔을) 견디다

MEMO 참다, 견디다
- **참다**：怒り・笑い・涙・痛み・眠気などの内部から生じる感情や欲望を我慢する。
- **견디다**：生きていく上で，大変だったり難しいことを我慢し，耐える。

⇒ p.123［ちょっと一息］参照

こらしめる（懲らしめる）
［いたずらした学生を］	(장난을 한 학생을) 혼내 주다*
［犯罪者を］	(범죄자를) 응징하다*

こらす（凝らす）
［じっと目を］	(계속 눈을) 집중시키다*
［息を］	(숨을) 죽이다
［趣向を］	(취향을) 고려하다*, 궁리하다*
［工夫を］	(머리를) 짜다

こりる （懲りる）
［失敗に］ （실패에) 질리다

こる （凝る）
［読書に］ （독서에) 열중하다*, 몰두하다*

［ゴルフに］ （골프에) 빠지다

［筋肉が］ （근육이) 결리다

［肩が］ （어깨가) 뻐근하다

MEMO 결리다, 뻐근하다

- **결리다**：筋肉が引きつって，動かしにくく痛みを感じる。
- **뻐근하다** [形]：筋肉が引きつって，痛くて動かしにくい状態になる。

ころがる （転がる）
［ボールが坂を］ （공이 비탈길을) 구르다, 굴러가다

［床の上に］ （마루 위에) 드러눕다　＝横になる

➥ **転がす**

［ボールを］ （공을) 굴리다

［土地を］ （토지를) 전매하다*

▶ **転がり落ちる**

［階段から］ （계단에서) 굴러 떨어지다

▶ **転がり込む**

［思わぬ大金が］ （생각지도 않은 큰돈이) 굴러 들어오다

ころす （殺す）
［人を］ （사람을) 죽이다

➥ **殺される**

［老夫婦が強盗に］ （노부부가 강도에게) 피살되다*

＊피살되다는, 피살에 「殺される」という意味が含まれているのに加えて，受身의되다가付いている二重受身の表現だが，慣用的に使われている。피살하다とするとかえっておかしい。

ころぶ （転ぶ）
［つまずいて］ （발이 걸려서) 넘어지다

［滑って］ （미끄러져) 넘어지다

こわがる

こわがる（怖がる・恐がる）

［水を］	(물을) 무서워하다
［動物を］	(동물을) 무서워하다
［注射を］	(주사를) 무서워하다
［雷を］	(천둥 번개를) 무서워하다
［暗がりを］	(어둠을) 두려워하다
［失敗を］	(실패를) 두려워하다

MEMO　무서워하다, 두려워하다

- **무서워하다**：ある具体的な対象を怖がる。
- **두려워하다**：漠然とした対象を怖がり，不安に思う。

こわす（壊す）

［古いビルを］	(오래된 빌딩을) 부수다
［鍵を］	(자물쇠를) 부수다
［鉄橋を］	(철도교를) 무너뜨리다
［秩序を］	(질서를) 무너뜨리다
［自然の景観を］	(자연경관을) 해치다*
［雰囲気を］	(분위기를) 해치다*
［体を］	(몸을) 해치다*
［縁談を］	(혼담을) 망치다*
［腹を］	＝배탈이 나다

MEMO　부수다, 무너뜨리다, 해치다, 망치다

- **부수다**：ある物をたたいてばらばらにし，使えないようにする。
- **무너뜨리다**：積みあげられた物を崩落させる。制度・秩序・体制などを破壊する。
- **해치다**：ある状態を害する，傷つける，損なう。
- **망치다**：ある物や状態を台無しにする，めちゃくちゃにする。

こわれる（壊れる）

［コップが］	(컵이) 깨지다
［夢が］	(꿈이) 깨지다
［計画が］	(계획이) 깨지다
［男女関係が］	(남녀 사이가) 깨지다

［いすが］	(의자가) 부서지다
［車が］	(차가) 망가지다
［テレビが］	(텔레비전이) 고장나다*

MEMO 깨지다, 부서지다, 망가지다, 고장나다

- **깨지다**：陶磁器やガラスなどがばらばらに壊れる。約束や予定が遂行できなくなる。
- **부서지다**：硬いものが壊れて粉々になる，形のあるものが壊れてばらばらになる。
- **망가지다**：機械などが壊れて使えなくなる，めちゃめちゃになる。
- **고장나다**：機械が故障する，壊れる。

こわばる

［体が］	(몸이) 굳어지다
［表情が］	(표정이) 굳어지다
［腕の筋肉が］	(팔 근육이) 땅기다

ハングルのトリビア

みなさんは，もう韓国語を勉強してかなりになるはずですので，ここで簡単な問題を出しましょう。ハングルの名付け親は誰でしょうか。

(a) 세종대왕（世宗大王）　(b) 주시경（周時經）　(c) 최현배（崔鉉培）

「ハングルと言えば (a) の世宗大王です！」と，早とちりしている人はいませんか。世宗大王は，1443年に学者たちを使って「この文字」を創案し，1446年に公布しました。1443（人よ読み），1446（人よ読む）と覚えておくといいでしょう。コンピュータもない当時，こんな科学的な記号を作り出したアイディアには脱帽します。

しかし，ハングルの歩んできた道は，平坦ではありませんでした。当初は男子が用いる漢字に対して，婦女子が用いる字という意味の암클などとも呼ばれ，蔑まれました。

当時の朝鮮は，民族固有の文字を持たなかったので，ハングルの発明によって，初めて朝鮮語を細部まで表現できるようになったのに，権力中枢の両班階層は，難解な漢字の世界を重視し，ハングルを徹底的に差別しました。知識人たちは，朝鮮語で話しながら，中国の古典語である漢字で文を書いていたのです。

この文字は，公布当時はハングルという名前ではなく，「民衆に教える正しい音」という意味の，훈민정음（訓民正音）という名前でした。

大王は，ハングルの普及に優秀な学者たちを動員して，国家的事業として政治力を発揮したのですが，大王の死後は政争が続き，ハングル創製に参加した学者たちは次々と失脚してしまいます。そして，なんとハングルが再活性化したのは，19世紀後半なのです。

1896年にハングルの新聞「독립신문（獨立新聞）」が創刊され，民族の文字がよみがえったのですが，その後の日本帝国主義は，再

び民族の魂を奪ってしまいます。この日本の植民政策に対抗して民族の文字を打ち立てたのが，주시경（周時經）（1876～1914）で，39歳で急逝した彼こそが「ハングル」という呼び名の命名者なのです。ハングルとは「大いなる文字」，「偉大な文字」，「真の文字」という意味ですね。すてきな命名です。

　1910年に朝鮮が日本の植民地となった後も，彼は正しい国語に民族の魂がやどることを信じ，友人たちが植民地政策に荷担していく中でも，最後まで志操を曲げず奮闘を続けて短い一生を終えたのです。その後, 1920年代には周時經の後継者である최현배（崔鉉培）たちが精力的に民族の魂としてハングルを普及させていきました。

　1920年には民族主義の新聞「동아일보（東亞日報)」が刊行されました。ところが。日本の植民地政策はハングルを弾圧し，1939年にはハングル新聞を無差別廃刊し，学校教材から韓国語を追放したのです。そして1942年には，治安維持法違反で朝鮮語学会会員を検挙しています。しかし，1945年の日本敗戦により，とうとうハングルは復活を遂げたのです

　韓流ブームといわれるようになって久しいですが，ハングルのこのような歴史を知って言葉を勉強するとさらに興味が湧いてくるでしょう。☯

さえぎる （遮る）

［日光を］	（햇빛을） 가리다, 차단하다*
［視界を］	（시야를） 가리다, 가로막다, 막다
［話を］	（이야기를） 가로막다, 막다
［行く手を］	（앞길을） 가로막다
［川を］	（강을） 막다

MEMO 가리다, 막다, 가로막다

- **가리다**：(光・熱・音などを) 遮る，塞ぐ，覆う，隠す。
- **막다**：(通行・視界・話を) 遮る，(道・穴を) 塞ぐ，せき止める，阻止する，防ぐ。
- **가로막다**：(行く手・視界を) 塞ぐ，(前に) 立ちはだかる。

さえずる

［鳥が］	（새가） 지저귀다

さかあがりをする （逆上がりを—）

＝거꾸로오르기를 하다, 거꾸로 오르다

さかえる （栄える）

［国が］	（나라가） 번영하다*, 성하다*
［一族が］	（집안이） 번영하다*
［観光で］	（관광으로） 번영하다*
［城下町として］	（성곽 도시로서） 번영하다*

さがす （捜す）

［犯人を］	（범인을） 찾다
［落とし物を］	（잃어버린 물건을） 찾다
［迷子を］	（미아를） 찾다

さがす （探す）

［辞書で単語を］	（사전에서 단어를） 찾다
［仕事を］	（일을） 찾다
［獲物を］	（사냥감을） 찾다
［貸家を］	（셋집을） 찾다

さかだちする（逆立ち—）
＝물구나무서기를 하다

さかだてる（逆立てる）
〔猫が毛を〕 (고양이가 털을) 곤두세우다

さかなでする（逆なで—）
〔神経を〕 (신경을) 거슬리게 하다

さかのぼる（遡る）
〔船で川を〕 (배로 강을) 거슬러 올라가다
〔12 世紀に〕 (12세기로) 거슬러 올라가다
〔当時に〕 (당시로) 거슬러 올라가다

さからう（逆らう）
〔風に〕 (바람에) 거스르다, 역행하다*
〔流れに〕 (흐름에) 거스르다
〔両親に〕 (부모에게) 반항하다*, 거스르다
〔命令に〕 (명령을) 거스르다
〔社会の風潮に〕 (사회 풍조에) 거스르다, 역행하다*
〔親の意に〕 (부모의 뜻에) 거스르다
〔運命に〕 (운명을) 거스르다

さがる（下がる）
〔高度が〕 (고도가) 낮아지다
〔水位が〕 (수위가) 낮아지다
〔体温が〕 (체온이) 떨어지다
〔価格が〕 (값이) 떨어지다
〔成績が〕 (성적이) 떨어지다
〔支持率が〕 (지지율이) 떨어지다
〔つららが〕 (고드름이) 매달리다
〔一歩後ろへ〕 (한 발) 물러서다

さきだつ（先立つ）
〔試合開始に〕 (경기 개시에) 앞서다
➥ **先立たれる**
〔妻に〕 (아내를) 여의다
〔子どもに〕 (자식이) 먼저 죽다, (아이를 먼저) 보내다

さきどりする（先取り—）
[時代を]　　　　　　　（시대를）앞지르다

さきばらいする（先払い—）
[代金を]　　　　　　　（대금을）선불하다*

さきんじる（先んじる）
[他社に]　　　　　　　（다른 회사에）앞서다

さく（咲く）
[花が]　　　　　　　　（꽃이）피다

▶ 咲き誇る
[桜が]　　　　　　　　（벚꽃이）한창 피다

▶ 咲き乱れる
[ばらが]　　　　　　　（장미가）만발하다*

さく（裂く・割く）
[紙を]　　　　　　　　（종이를）찢다

[2人の仲を]　　　　　（두 사람 사이를）가르다

[魚の腹を]　　　　　　（생선 배를）가르다, 째다

[すいかを]　　　　　　（수박을）쪼개다, 가르다

[竹を]　　　　　　　　（대를）가르다

[時間を]　　　　　　　（시간을）내다

[人手を]　　　　　　　（일손을）내다

➡ 裂ける・割ける
[シャツが]　　　　　　（셔츠가）찢어지다

[服の裾が]　　　　　　（옷자락이）찢어지다

[地震で地面が]　　　　（지진으로 땅이）갈라지다

[唇が]　　　　　　　　（입술이）터지다

MEMO 찢다, 째다, 가르다

・**찢다**：一定の方向に力を加え，比較的柔らかい物の一部，または全体を2
　　つに裂く。（紙や布などを）破る，裂く。
・**째다**：鋭利な道具を使って物の表面から力を加え，一定の深さと長さに裂く。
・**가르다**：（やや硬いもの，魚や竹などを）割る，裂く。関係を裂く。

さぐる (探る)

[手で]	(손으로) 더듬다
[原因を]	(원인을) 찾다
[秘密を]	(비밀을) 찾다, 염탐하다*
[真意を]	(진의를) 살피다
[人の本心を]	(사람의 본심을) 헤아리다

さけぶ (叫ぶ)

[大声で]	(큰 소리로) 외치다
[戦争反対を]	(전쟁 반대를) 주장하다*

さける (避ける)

[自転車を]	(자전거를) 피하다*
[彼を]	(그 사람을) 피하다*
[ラッシュを]	(러시아워를) 피하다*
[人目を]	(남의 눈을) 피하다*
[雨を]	(비를) 피하다*

さげる (下げる)

[飛行機が高度を]	(비행기가 고도를) 내리다, 낮추다
[値段を]	(값을) 내리다
[熱を]	(열을) 내리다
[ボリュームを]	(볼륨을) 내리다, 줄이다
[頭を]	(머리를) 숙이다
[軒下に風鈴を]	(처마에 풍령을) 달다, 매달다
[机を少し後ろへ]	(책상을 조금 뒤로) 물리다
[食器を]	(식기를) 치우다

さげる (提げる)

[首にカメラを]	(목에 카메라를) 매다
[両手に紙袋を]	(양손에 종이 백을) 들다

ささえる (支える)

[棒で]	(막대기로) 받치다
[両足で体を]	(양쪽 다리로 몸을) 버티다
[一家の生活を]	(온 식구의 생활을) 지탱하다*
[社会全体を]	(사회 전체를) 지탱하다*

ささげる

MEMO 받치다, 버티다, 지탱하다

- **받치다** : 支える。
- **버티다** : (おもに腕や足など自分の体で) 自分自身が倒れないように支える。
- **지탱하다** : 支える (문화를 지탱하다, 사회를 지탱하다のように, 支える対象が広い
  場合にも使える)。漢字語なので, やや硬い表現。지탱하다〈支撐—〉の「撐」
  の字は「(手・腕などで) つっかい棒をする」「支える」「持ちこたえる」「踏
  ん張る」という意味。

ささげる (捧げる)

[命を]	(목숨을) 바치다
[すべてを]	(모든 것을) 바치다
[研究に生涯を]	(연구에 평생을) 바치다
[仏前に供え物を]	(불전에 공물을) 바치다
[神に祈りを]	(신에게 기도를) 드리다

ささやく

[耳もとで]	(귓전에) 속삭이다
[愛を]	(사랑을) 속삭이다

さしあげる (差し上げる)

[先生にプレゼントを]	(선생님께 선물을) 드리다

さしかかる

[オフシーズンに]	(비수기에) 접어들다
[列車が峠に]	(열차가 산길로) 접어들다

さしずする (指図する)

[部下に仕事を]	(부하에게 일을) 지시하다*

さす (刺す)

[針で]	(바늘로) 찌르다
[虫が]	(벌레가) 물다

➡ **刺さる**

[指にとげが]	(손가락에 가시가) 찔리다
[魚の骨がのどに]	(생선 가시가 목에) 걸리다

➡ **刺される**

[虫に]	(벌레에 / 벌레에게) 물리다

第2部

〔蜂に〕	(벌에 / 벌에게) 찔리다, 쏘이다

さす (指す)

〔手で〕	(손으로) 가리키다

▶ 指し示す

〔手で方向を〕	(손으로 방향을) 가리키다

さす (挿す)

〔花を〕	(꽃을) 꽂다

さす (射す)

〔日が〕	(빛이) 들다, (해가) 비치다

さす (差す)

〔油を〕	(기름을) 넣다, 치다
〔傘を〕	(우산을) 쓰다, 받치다
〔植木鉢に水を〕	(화분에 물을) 주다
〔目薬を〕	(안약을) 넣다
〔嫌気が〕	(염증을) 느끼다
〔眠気が〕	(졸음이) 오다

▶ 差し押さえる

〔財産を〕	(재산을) 압류하다*

▶ 差しかかる

〔山道に〕	(산길로) 접어들다
〔回復期に〕	(회복기에) 접어들다

▶ 差し込む

〔プラグをコンセントに〕	(플러그를 콘센트에) 꽂다
〔朝日が窓から〕	(아침 햇빛이 창문으로) 들어오다
〔横腹が急に〕	(옆구리가 갑자기) 쿡쿡 찌르듯이 아프다

▶ 差し迫る

〔締め切りが〕	(마감이) 임박하다*
〔提出期限が〕	(제출 기한이) 임박하다*
〔危険が〕	(위험이) 닥쳐오다

▶ 差し出す

〔右手を〕	(오른손을) 내밀다

さす（さしつかえる）

▶ 差しつかえる
　　［仕事に］　　　　　　　　　（일에）지장이 되다

▶ 差し止める
　　［雑誌の発行を］　　　　　　（잡지의 발행을）금지하다*

▶ 差し伸べる
　　［救いの手を］　　　　　　　（구원의 손길을）뻗치다, 내밀다

▶ 差し挟む
　　［人の話に口を］　　　　　　（남의 이야기에）참견하다*

▶ 差し控える
　　［意見を］　　　　　　　　　（의견을）삼가다

▶ 差し引く
　　［給料から住居費を］　　　　（급료에서 주거비를）빼다

さずかる（授かる）
　　［かわいい男の子を］　　　　（귀여운 남자 아이를）점지받다

　　＊점지하다는 神仏이 사람에게 子どもを授ける.

さずける（授ける）
　　［メダルを］　　　　　　　　（메달을）수여하다*

さすらう
　　［世界各地を］　　　　　　　（세계 각지를）유랑하다*, 방랑하다*

さする（摩る）
　　［背中を］　　　　　　　　　（등을）어루만지다

> **MEMO** 어루만지다, 문지르다, 쓰다듬다
>
> ・**어루만지다** : 手で軽くなでる。心地よい言葉や行動でなぐさめる。
> ・**문지르다** : こする。
> ・**쓰다듬다** :（愛情を持って）手でそっとなでる, さする。

さそう（誘う）
　　［食事に］　　　　　　　　　（식사를 하러 가자고）권하다*
　　［友達を家に］　　　　　　　（친구들을 집에）부르다
　　［聴衆の笑いを］　　　　　　（청중의 웃음을）자아내다
　　［観客の涙を］　　　　　　　（관객의 눈물을）자아내다
　　［悪の道に］　　　　　　　　（못된 길로）꾀다, 꼬시다

第2部

154

MEMO

＊**식사를 권하다, 차를 권하다**というと,「食事を勧める」「お茶を勧める」という意味になってしまう。
＊**자아내다**：(感情・興味などを) そそる, 起こさせる, かき立てる。
＊**꾀다, 꼬이다, 꼬시다**：誘う, 誘惑する, そそのかす, 惑わす, たぶらかす。日常会話では辞書に載っていない**꼬시다**がよく使われる。

➡誘われる

〔春風に〕 (봄 바람에) 유혹되다*

さだまる（定まる）

〔日程が〕 (일정이) 정해지다*
〔方針が〕 (방침이) 정해지다*

➡定める

〔ねらいを〕 (목표를) 정하다*
〔日にちを〕 (날짜를) 정하다*
〔法律を〕 (법률을) 제정하다*

さっする（察する）

〔立場を〕 (입장을) 헤아리다
〔心中を〕 (심중을) 헤아리다

さとす（諭す）

〔わかるように〕 (알아듣게) 타이르다
＊타이르다には「戒める」「たしなめる」と言う意味もある。
〔弟の誤りを〕 (동생의 잘못을) 깨우치다, 깨우쳐 주다
＊깨우치다は, 自分が悟るのではなく,「誰かに悟らせる」「分かるようにさせる」こと。

さとる（悟る）

〔世の中の道理を〕 (세상의 이치를) 깨치다
〔深刻さを〕 (심각성을) 깨닫다
〔死期を〕 (죽을 때를) 알다
〔ハングルの原理を〕 (한글의 원리를) 깨치다
＊깨치다：物事の理屈や原理などをはっきりと理解する。

さばく

〔仕事を〕 (일을) 처리하다*

さ

さばく

［在庫品を］	(재고품을) 팔아 치우다, 처리하다*
［魚を］	(생선을) 요리하다*

さばく （裁く）

［罪を］	(죄를) 심판하다*

さびる （錆びる）

［くぎが］	(못이) 녹슬다*

さびれる （寂れる）

［商店街が］	(상가가) 쇠퇴하다*

さぼる

［仕事を］	(일을) 땡땡이치다
［学校を］	(학교를) 땡땡이치다, 빼먹다

　　*やや硬い言葉で，業務に怠業する, 学業に怠業するともいう。

さます （覚ます）

［(眠りから) 目を］	(잠이) 깨다
［眠気を］	(잠을) 깨우다
［酔いを］	(술을) 깨다, 깨우다

➡ 覚める

［朝早く目が］	(아침 일찍 잠이) 깨다
［夢から］	(꿈에서) 깨다
［酔いが］	(술이) 깨다
［麻酔から］	(마취에서) 깨어나다
［一時の迷いから］	(한 때의 망상에서) 깨어나다

さまたげる （妨げる）

［眠りを］	(잠을) 방해하다*
［業務を］	(업무를) 방해하다*
［交通を］	(교통에) 지장을 주다

　　*지장을 주다 : 支障を来す，妨げになる。

さまよう

［吹雪の中を］	(눈보라 속을) 헤매다
［生死の境を］	(생사의 갈림길을) 헤매다
［当てもなく］	(정처없이) 방황하다*

第2部

さめる（冷める）───────────

［スープが］	(국이) 식다
［興奮が］	(흥분이) 식다
［興が］	(흥이) 깨지다
［熱気が］	(열기가) 식다
［愛情が］	(애정이) 식다

➥ 冷ます

［お湯を］	(더운 물을) 식히다
［熱を］	(열을) 내리다

さらう───────────

［若者の人気を］	(젊은이들의 인기를) 독차지하다*
［優勝を］	(우승을) 휩쓸다
［子どもを］	(아이를) 채어 가다, 유괴하다*

➥ さらわれる

［波に足を］	(발이 파도에) 휩쓸리다
［子どもが］	(어린이가) 유괴되다*

さらう（浚う）───────────

［溝を］	(도랑을) 쳐내다
［泥を］	(진흙을) 쳐내다
［川底を］	(강 바닥을) 쳐내다

さらけだす（さらけ出す）───────────

［本音を］	(본심을) 드러내다
［恥を］	(창피를) 드러내다
［弱点を］	(약점을) 드러내다

さらす───────────

［日光に］	(햇볕에) 쬐다
［恥を］	(장피를) 드러내다
［玉ねぎを水に］	(양파를 물에) 씻다

➥ さらされる

［日に］	(햇볕에) 쬐이다
［風雨に］	(비바람을) 맞히다

さ

さる（去る）
［故郷を］	（고향을）떠나다
［政界を］	（정계를）떠나다
［この世を］	（세상을）떠나다
［危険が］	（위험이）지나가다
［台風が］	（태풍이）지나가다

さわぐ（騒ぐ）
［子どもたちが］	（아이들이）떠들다
［車内で］	（전철 안에서）떠들다
［マスコミが］	（매스컴이）떠들썩하다
［心が］	（마음이）설레다

➥ **騒がせる**
［世間を］	（세상을）떠들썩하게 하다, 시끄럽게 하다

▶ **騒がれる**
［地球の温暖化が］	（지구 온난화가）떠들썩하게 거론되다

ざわつく
［観客が］	（관객이）웅성거리다, 와글거리다

ざわめく
［会場が］	（회장이）웅성거리다, 술렁거리다

さわる（障る）
［気に］	（기분을）거슬리다
［体に］	（몸에）해롭다* 形

＊해롭다：害になる，有害である。

さわる（触る）
［手でひげを］	（손으로 수염을）만지다
［絵に］	（그림에）손대다

第2部

し

しあがる（仕上がる）───────
　［仕事が］　　　　　　　（일이) 마무리되다, 완성되다*
➥ **仕上げる**
　［宿題を］　　　　　　　（숙제를) 완성시키다*, 끝내다

しいたげる（虐げる）───────
　［奴隷を］　　　　　　　（노예를) 학대하다*
➥ **虐げられる**
　［独裁者の圧政に］　　　（독재자의 압정에) 학대당하다*

しいる（強いる）───────
　［自白を］　　　　　　　（자백을) 강요하다*
➥ **強いられる**
　［犠牲を］　　　　　　　（희생을) 강요당하다*
　［妥協を］　　　　　　　（타협을) 강요당하다*

しおれる───────
　［水不足で葉が］　　　　（물 부족으로 잎이) 시들다

しかとする───────
　［メールを］　　　　　　（문자를) 생까다 俗

しかる───────
　［父親が息子を］　　　　（아버지가 아들을) 꾸짖다, 야단치다*
➥ **しかられる**
　［息子が父親に］　　　　（아들이 아버지에게) 야단맞다*, 꾸중듣다
　　＊야단맞다, 꾸중듣다는, 야단을 맞다, 꾸중을 듣다라고도 한다。
　［年上の人に］　　　　　（어른한테) 혼나다*

しきる（仕切る）───────
　［柵で］　　　　　　　　（펜스으로) 간막이를 하다
　［一人で工事現場を］　　（혼자서 공사 현장을) 지휘하다*

しく（敷く）───────
　［カーペットを］　　　　（카펫을) 깔다
　［ふとんを］　　　　　　（이불을) 깔다
　［背水の陣を］　　　　　（배수진을) 치다

159

しく（しかれる）

> → **敷かれる**
> 　［新しい鉄道が］　　　　　　（새로운 철도가）깔리다, 부설되다*
> 　［戒厳令が］　　　　　　　　（계엄령이）선포되다*
> ▶ **敷き詰める**
> 　［大理石を］　　　　　　　　（대리석을）깔다
> 　［カーペットを］　　　　　　（카펫을）깔다
> 　　→ **敷き詰められる**
> 　［落ち葉で］　　　　　　　　（낙엽으로）깔리다

しくじる
　［人間関係を］　　　　　　　　（인간관계를）그르치다
　［仕事を］　　　　　　　　　　（일을）그르치다, 잡치다
　［入試で英語を］　　　　　　　（입시 영어에서）실수하다*
　　＊잡치다에는, 상대의 기분이나 분위기를 손상시킨다는 뜻도 있다.

しくむ（仕組む）
　［完全犯罪を］　　　　　　　　（완전 범죄를）계획하다, 꾀하다

しげる（茂る）
　［若葉が］　　　　　　　　　　（푸른 잎이）무성하다*形, 우거지다
　［雑草が］　　　　　　　　　　（잡초가）무성하다*形, 우거지다

しごく
　［稲を］　　　　　　　　　　　（벼를）훑다
　［新入部員を］　　　　　　　　（신입 부원을）호되게 훈련시키다*
> → **しごかれる**
> 　［先輩に］　　　　　　　　　（선배에게）기합받다*, 훈련받다*

しこむ
　［イルカに芸を］　　　　　　　（돌고래에게 재주를）가르치다
　［大量に商品を］　　　　　　　（대량으로 상품을）사들이다
　［開店前に料理を］　　　　　　（개점전에 요리를）준비하다*
　［酒を］　　　　　　　　　　　（술을）담그다

しずまる（静まる）
　［波の音が］　　　　　　　　　（바도 소리가）조용해지다, 가라앉다
　［場内が］　　　　　　　　　　（장내가）잠잠해지다*, 조용해지다

しずまる（鎮まる）
　［痛みが］　　　　　　　　　　（통증이）가라앉다

[怒りが]	(노여움이) 가라앉다
[火事が]	(불이) 가라앉다
[暴風雨が]	(폭풍우가) 가라앉다
[騒乱が]	(소란이) 가라앉다

➥ **鎮める**

[怒りを]	(화를) 가라앉히다
[痛みを]	(아픔을) 가라앉히다
[気持ちを]	(마음을) 가라앉히다
[泣いている子を]	(울고 있는 아이를) 진정시키다*
[内乱を]	(내란을) 진압하다*

しずむ (沈む)

[船が海中深く]	(배가 바다 속 깊이) 가라앉다
[日が西に]	(해가 서쪽으로) 지다
[悲しみに心が]	(슬픔에 마음이) 잠기다

➥ **沈める**

[敵艦を]	(적의 군함을) 가라앉히다
[沈殿物を]	(앙금을) 가라앉히다
[浴槽に体を]	(욕조에 몸을) 잠그다

▶ **沈められる**

| [駆逐艦が魚雷に] | (구축함이 어뢰에) 격침되다* |

したう (慕う)

| [母を] | (어머니를) 사모하다* |
| [故郷を] | (고향을) 그리워하다 |

➥ **慕われる**

| [先生が生徒に] | (학생들은 그 선생님을) 사모하다* |

*受身の表現はできない。

したがう (従う)

[ガイドに]	(가이드를) 뒤따르다
[前を行く人に]	(앞을 가는 사람을) 따라가다
[川の流れに]	(강의 흐름을) 따르다
[韓国の習慣に]	(한국의 습관에) 따르다
[係員の指示に]	(담당자의 지시에) 따르다

したがう（したがわせる）

    ［法の定めるところに］   （법이 결정짓는 바대로）따르다

  ➡ 従わせる

    ［自分の意見に］   （자기의 의견에）복종시키다*

  ▶ 従える

    ［秘書を］   （비서를）거느리다

したじきになる（下敷きに—）───────────

    ［倒れた建物の］   （무너진 건물에）깔리다

したしむ（親しむ）───────────

    ［自然に］   （자연을）즐기다

    ［読書に］   （독서를）즐기다

  ➡ 親しまれる

    ［子どもたちに］   （아이들에게）사랑받다

    ［桜は日本人に］   （벚꽃은 일본인에게）친숙하다* 形

したしらべをする（下調べを—）───────────

    ［授業の］   （수업의）밑조사하다*

    ［現地を］   （현지를）사전 답사하다*

したたる（滴る）───────────

    ［雨が］   （빗방울이）떨어지다

    ［血が］   （피가）떨어지다

    ［蛇口から水が］   （수도꼭지에서 물이）떨어지다

    *「涙や雨水などの液体がしたたり落ちる」という意味の들は，辞書には載っているがほとんど使われない。

したてる（仕立てる）───────────

    ［スーツを］   （양복을）짓다

    ［一人前の職人に］   （한 사람의 장인으로）길러 내다

  ▶ 仕立て上げられる

    ［犯人に］   （범인으로）꾸며지다

したびになる（下火に—）───────────

    ［火が］   （불이）약해지다*

    ［ブームが］   （붐이）식다, 한물가다, 한풀 꺾이다

    ［人気が］   （인기이）시들어지다, 한풀 꺾이다

したまわる（下回る）───────────

    ［平均点を］   （평균점을）밑돌다

〔収入が支出を〕   (수입이 지출을) 밑돌다

したみする（下見—）

〔建設予定地を〕   (건설 예정지를) 예비 조사하다*

〔社員旅行の〕   (사원 여행의) 사전 답사를 하다

    ＊사전 답사: 下見，下調べ。

しったかぶりする（知ったか振り—）

〔知りもしないくせに〕   (알지도 못하면서) 아는 체하다, 아는 척하다

しなびる（萎びる）

〔花が〕   (꽃이) 시들다

〔手が〕   (손이) 쭈글쭈글해지다

しなる

〔枝が〕   (가지가) 휘다

   ＊「しなる」「しなう」ともに物がしなやかに曲がる様子についていうが、いずれの形も間違いではない。

しぬ（死ぬ）

〔がんで〕   (암으로) 죽다

   ＊新聞記事などでは숨지다がよく使われる(사고로 숨지다, 물에 빠져 숨지다)。

MEMO 死に関するいろいろな表現

- 生死をさまよう：생사를 헤매다
- 息が絶える：숨이 멎다
- 息を引き取る：숨을 거두다
- 命が尽きる：목숨이 다하다
- ぽっくりと逝く：덜컥 죽다
- 天寿を全うする：천수를 다하다
- 神に召される：하늘의 부르심을 받다
- 夭逝する：요절하다*, 단절하다*〈短折—〉

しのぐ（凌ぐ）

〔暑さを〕   (더위를) 참다, 견디다

〔飢えを〕   (굶주림을) 참다, 견디다

〔風雨を〕   (비바람을) 피하다*

〔急場を〕   (절박한 고비를) 넘기다

〔師匠を〕   (스승을) 능가하다*

［若者を］	(젊은이를) 능가하다*

しのばせる （忍ばせる）────────────

［足音を］	(발소리를) 죽이다
［声を］	(목소리를) 낮추다
［物陰に身を］	(귀퉁이에 몸을) 숨기다
［ポケットに凶器を］	(주머니에 흉기를) 숨기다

しのびこむ （忍び込む）────────────

［泥棒が窓から］	(도둑이 창문으로) 잠입하다*

しのびよる （忍び寄る）────────────

［秋の気配が］	(가을 기운이) 살며시 다가오다

しのぶ （忍ぶ）──────────────────

［恥を］	(부끄러움을) 참다
［人目を］	(남의 눈을) 피하다*

しのぶ （偲ぶ）──────────────────

［昔の友を］	(옛 친구를) 그리워하다
［亡き母を］	(돌아가신 어머니를) 그리워하다
［古きよき時代を］	(옛날의 좋은 시대를) 그리워하다

しはらう （支払う）────────────────

［現金で］	(현금으로) 지불하다*, 치르다
［ドルで］	(달러로) 지불하다*, 치르다

しばる （縛る）──────────────────

［小包をひもで］	(소포를 끈으로) 묶다
［髪をリボンで］	(머리를 리본으로) 묶다
［人の自由を］	(사람의 자유를) 속박하다*

➥ **縛られる**

［手足を］	(손발이) 묶이다
［因習に］	(인습에) 얽매이다
［時間に］	(시간에) 얽매이다

MEMO 묶다, 매다의 사용 구분

- **묶다**：(物を) くくる, 束ねる。
- **매다**：(ひも, ネクタイなどを) 結ぶ。

しびれる

［足が］	(다리가) 저리다
［指が］	(손가락이) 저리다
［音楽に］	(음악에) 도취하다*

＊「電気にしびれる」は감전되다。

しぶる (渋る)

［返事を］	(대답을) 망설이다, 주저하다*

しぼむ (萎む)

［花が］	(꽃이) 시들다, 오므라들다
［風船が］	(풍선이) 오므라들다

しぼる (絞る)

［タオルを］	(수건을) 짜다
［ぞうきんを］	(걸레를) 짜다
［頭を］	(머리를) 짜다
［的を］	(목표를) 좁히다
［問題を一つに］	(문제를 하나로) 좁히다
［テレビの音量を］	(텔레비전의 소리를) 낮추다, 줄이다

しぼる (搾る)

［乳を］	(젖을) 짜다
［油を］	(기름을) 짜다
［レモンを］	(레몬을) 짜다
［レンズを］	(조리개를) 조이다

➥ 搾られる

［先生に］	(선생님께) 혼나다*

しまる (閉まる)

［扉が］	(문이) 닫히다

しまる (締まる・絞まる)

［胸が］	(가슴이) 조이다
［首が］	(목이) 조이다
［ベルトが］	(벨트가) 조이다

しみる

［血が］	(피가) 스며들다, 번지다

しめきる

［汗が下着に］	(땀이 속옷에) 배어들다
［水が土に］	(물이 땅에) 스며들다
［心に］	(가슴에) 사무치다, (마음에) 스며들다
［煙が目に］	(연기가) 맵다
［目薬が目に］	(안약이 눈에) 따갑다
［海水が切り傷に］	(바닷물에 상처가) 따갑다
［寒さが身に］	(추위가 몸에) 스미다
［冷たい水が歯に］	(차가운 물에 이가) 아리다

> **MEMO** 스며들다, 배어들다, 번지다
>
> ・**스며들다**：光や液体，気体などが染み入る，染み込む。感情が心の中深くに染みわたる。
> ・**배어들다**：液体やにおいなどが深く染み入る，染み込む。스며들다とほぼ同じ。
> ・**번지다**：液体がにじんで広がる。

しめきる（閉め切る）──────────────
　　［部屋を］　　　　　　　(방을) 완전히 닫다
➡ **閉め切られる**
　　［入り口が］　　　　　　(입구가) 닫히다

しめきる（締め切る）──────────────
　　　［願書の受付を］　　　 (원서 접수를) 마감하다
➡ **締め切られる**
　　［申し込みが］　　　　　(신청이) 마감되다

しめくくる（締め括る）────────────
　　［会議を］　　　　　　　(회의를) 매듭짓다

しめす（示す）──────────────────
　　［誠意を］　　　　　　　(성의를) 보이다
　　［関心を］　　　　　　　(관심을) 보이다
　　［方角を］　　　　　　　(방위를) 가리키다
　　［いくつか例を］　　　　(몇 개 예를) 제시하다*
▶ **示し合わせる**
　　［落札価格を］　　　　　(낙찰 가격을) 미리 짜다, 공모하다*

第2部

166

しめだす（締め出す）————————————
　　［弟を部屋から］　　　　　（동생을 방에서) 내쫓다
　➥ **締め出される**
　　［グループから］　　　　　（그룹에서) 내쫓기다
しめる（閉める）————————————
　　［戸を］　　　　　　　　　（문을) 닫다
　　［蛇口を］　　　　　　　　（수도꼭지를) 잠그다
　　［カーテンを］　　　　　　（커튼을) 치다
　　［引き出しを］　　　　　　（서랍을) 닫다
　　［びんのふたを］　　　　　（병 뚜껑을) 덮다
しめる（締める）————————————
　　［ベルトを］　　　　　　　（벨트를) 조이다, 매다
　　［ネクタイを］　　　　　　（넥타이를) 매다
　　［靴ひもを］　　　　　　　（구두끈을) 매다
　　［ねじを］　　　　　　　　（나사를) 조이다
　　［魚を酢で］　　　　　　　（생선을 식초로) 절이다
しめる（絞める）————————————
　　［首を］　　　　　　　　　（목을) 조르다
　▶ **絞め殺す**
　　［恋人を］　　　　　　　　（애인의 목을) 졸라 죽이다
しめる（湿る）————————————
　　［雨で地面が］　　　　　　（비로 땅바닥이) 축축해지다
　　［薬が］　　　　　　　　　（약이) 눅눅해지다
しめる（占める）————————————
　　［過半数を］　　　　　　　（과반수를) 차지하다, 점하다*
　　［首位を］　　　　　　　　（수위를) 차지하다
　　［重要な地位を］　　　　　（중요한 지위를) 차지하다
じゃまする————————————
　　［仕事を］　　　　　　　　（일을) 방해하다*
しらべる（調べる）————————————
　　［地震の被害を］　　　　　（지진의 피해를) 조사하다*
　　［事故の原因を］　　　　　（사고 원인을) 조사하다*

しらべる（しらべられる）

　　　　［辞書を］　　　　　　　　　（사전을）찾다
　→ **調べられる**
　　　　［警察に］　　　　　　　　　（경찰의）신문을 받다

しりぞく（退く）────────────────
　　　　［一歩］　　　　　　　　　　（한 발）물러서다
　　　　［その場から］　　　　　　　（그 곳에서）물러나다
　　　　［現役から］　　　　　　　　（현역에서）물러나다
　　　　［第一線から］　　　　　　　（제일선에서）물러나다
　→ **退ける**
　　　　［敵の攻撃を］　　　　　　　（적의 공격을）물리치다
　　　　［弁護士の申し立てを］　　　（변호사의 신청을）물리치다

しりぬぐいをする（尻拭いを—）────────
　　　　［息子の借金の］　　　　　　（아들의 빚）뒤치다꺼리를 하다

しりもちをつく──────────────────
　　　　［驚いて］　　　　　　　　　（놀라서）엉덩방아를 찧다

しる（知る）──────────────────
　　　　［政治について］　　　　　　（정치에 관해서）알다
　　　　［酒の味を］　　　　　　　　（술맛을）알다
　→ **知られる**
　　　　［世界的に］　　　　　　　　（세계적으로）알려지다

しるす（記す）────────────────
　　　　［日記に］　　　　　　　　　（일기에）적다

しんじる（信じる）──────────────
　　　　［うそを］　　　　　　　　　（거짓말을）믿다
　　　　［成功を固く］　　　　　　　（성공을 굳게）믿다

人差し指が折れてますよ——先生は돌팔이 의사？

　みなさんの中には中国語を勉強している方もいらっしゃるかも知れません。中国語で「蒙古大夫」と言ったら何のことかわかりますか。大夫は中国語で医者という意味だそうです。蒙古はモンゴルですから「蒙古大夫」は「モンゴルのお医者さん」ということなんですね。ということは？

　モンゴル人は遊牧民で，羊や馬など多くの動物と生活しているために，モンゴルのお医者さんは動物を診ることが圧倒的に多く，それが転じて「蒙古大夫」が「ヤブ医者」になったといいます。

　さて，この「ヤブ医者」ですが，韓国語では돌팔이 의사，略して돌팔이ともいいます。この語源も面白く，昔，専門の知識や技術がないのに，あちこちを回って物を売ることを商売にしていた人のことを돌팔이と言ったことに由来します。

　돌다（回る）＋팔다（売る）で돌팔이というわけです。物を売るだけではなく，放浪しながら占いをしたり，病人をまじないで治したりするような돌팔이 무당（いかさま巫女）が「ヤブ医者」の元になったといいます。

　ここで一息入れて笑い話です。タイトルは「人差し指が折れてますよ」です。一発でオチがわかったら，それこそあなたは「名医」です。

한 여성이 의사에게 온몸이 다쳐서 매우 걱정된다고 말했다.
그녀는 자신의 팔을 건드리더니 '아얏' 하고 소리쳤다.
그리고 다리를 만지더니 '앗' 하는 비명을 질렀고, 다시 코를 만지더니 '아얏' 하고 비명을 질렀다. 그리고 의사를 향해……

여성 : 봤죠? 제 온몸이 이상하잖아요. 안 아픈 데가 없을 정도죠.
의사 : 심각한 건 아니네요.
여성 : 온몸이 이렇게 아픈데도 심각하지 않단 말인가요?
의사 : 네. 단지 당신의 집게 손가락이 부러진 것뿐이에요.

〔訳〕は p.387 を参照。

す

すいこむ（吸いこむ）

［スポンジが水を］	（스폰지가 물을）빨아들이다
［タバコの煙を］	（담배 연기를）빨아들이다

➡ 吸いこまれる

［足が排水口に］	（다리가 배수구에）빨여 들어가다

すう（吸う）

［タバコを］	（담배를）피우다
［有毒ガスを］	（유독 가스를）마시다
［酸素を］	（산소를）들이마시다
［空気を］	（공기를）들이쉬다

＊들이쉬다 : 一気に空気を吸う。

［赤ん坊が乳を］	（아기가 젖을）빨다
［ほこりを］	（먼지를）빨아들이다
［湿気を］	（습기를）빨아들이다

MEMO いろいろな「吸う」

- **피우다**：ある物質を燃やして出る煙を吸い込んで吐き出す（대마초를 피우다）。ある物質に火をつける（모닥불을 피우다 : 薪を燃やす）。ある物質を燃やして煙を出す（연기를 피워서 있는 곳의 위치를 알리다 : 煙を焚いて，いる場所を知らせる）。
- **마시다**：気体をにおいとともに吸い込む。液体を「飲む」場合にも使われる。
- **들이마시다**：液体や気体などを深く吸い込む。
- **들이쉬다**：息を体内に取り入れる。
- **빨다**：口をつけて液体や気体を吸う。
- **빨아들이다**：液体や気体を中に吸収する。吸い込む，吸い上げる。

すえる（据える）

［像を台座に］	（조각상을 대좌에）놓다, 설치하다*
［課長を次期部長に］	（과장을 차기 부장으로）앉히다

すえる

［食べ物が］	（음식이）상하다*, 쉬다

すかす（透かす）

［ガラスごしに］	（유리창 너머로）비추어 보다

すがる

〔肩に〕 (어깨에) 매달리다
〔息子に〕 (아들에게) 매달리다, 의지하다*

すぎる（過ぎる）

〔列車は京都を〕 (열차는 교토를) 지나다, 지나가다
〔定刻を〕 (정각을) 지나다
〔免許証の期限が〕 (면허증의 기한이) 지나다
〔時間が刻々と〕 (시간이 시시각각) 지나가다

＊지나다も지나가다も「過ぎる」という意味だが，지나가다は「過ぎ去る」というニュアンスが強い。

〔30 歳を〕 (서른 살을) 넘다
〔冗談が〕 (농담이) 지나치다
〔度が〕 (도가) 지나치다

すく（空く）

〔おなかが〕 (배가) 고프다* 形
〔手が〕 (손이) 비다

すく（鋤く）

〔すきで〕 (가래로) 일구다

＊「(機械などを使って) 耕す」は갈다。

すく（梳く）

〔髪を〕 (머리를) 빗다

すくう

〔両手で水を〕 (두 손으로 물을) 뜨다
〔おたまで汁を〕 (국자로 국을) 뜨다
〔スープの具を〕 (국의 건더기를) 뜨다, 건지다
〔金魚鉢から金魚を〕 (어항에서 금붕어를) 건지다

MEMO 뜨다, 건지다

・**뜨다**：あくや液体など形のないものや，スープの具などをすくい上げる。
・**건지다**：水や液体の中に入っていたり，浮いていたりするものを外に取り出す，引っ張り上げる（だしをとった昆布を箸で取り出す）。

すくう（救う）

〔命を〕 (목숨을) 구하다*

すくう （すくわれる）

［人質を］	(인질을) 구하다*
［おぼれた少年を］	(물에 빠진 소년을) 구하다*
［貧しい人々を］	(가난한 사람들을) 구제하다*

➡ **救われる**

| ［水害の危機から］ | (수해의 위기로부터) 구제되다* |

すくむ───────────────

| ［足が］ | (발이) 움츠러지다 |

➡ **すくめる**

| ［肩を］ | (어깨를) 움츠리다 |
| ［首を］ | (목을) 움츠리다 |

　　*움츠리다는 「からだをすぼめて小さくする」 という動詞。

すぐれる （優れる）───────────

| ［安全性に］ | (안전성이) 뛰어나다 |
| ［腕が］ | (기술이) 뛰어나다 |

　　*日本語ではふつう 「優れている」 の形で使われる。

すける （透ける）───────────

| ［肌が］ | (살이) 비치다 |

すげる───────────────

| ［人形の首を］ | (인형의 목을) 끼워 넣다 |

すごす （過ごす）───────────

| ［北海道で夏を］ | (홋카이도에서 여름을) 보내다, 지내다 |
| ［幼少時をソウルで］ | (어린 시절을 서울에서) 보내다, 지내다 |

MEMO 보내다, 지내다

보내다：時間や歳月を過ごす，送る。
- 친구와 즐거운 시간을 보내다. (友達と楽しい時を過ごす)
- 양로원에서 쓸쓸한 나날을 보내다. (養老院で寂しい毎日を送る)
- 행복한 일생을 보내다. (幸福な一生を送る)

지내다：過ごす，生活する。人がある場所で生活をしながら時間を過ごす。
　　　　暮らす。季節や休暇などの一定の時間を過ごす。
- 여관에서 하룻밤을 지내다. (旅館で一夜を過ごす)
- 고향에서 여름을 지내다. (故郷で夏を過ごす)
- 휴양지에서 여름 방학을 지내다. (保養地で夏休みを過ごす)

すさむ

［生活が］	(생활이) 거칠어지다

すすぐ

［塩水で口を］	(소금물로 입을) 가시다
［食器を］	(그릇을) 헹구다
［洗濯物を］	(빨래를) 헹구다

MEMO 가시다, 헹구다

- **가시다**：水できれいに洗う。口をすすぐほか，그릇을 가시다, 접시를 가시다, 컵을 가시다など食器にも使われる。
- **헹구다**：きれいな水に入れて，汚れを落とすようにしながら洗う。または 洗剤などで一度を洗ったものをもう一度洗う。입 안을 부글부글 헹구다の ように口をすすぐときにも使われる。

すすむ（進む）

［この道をまっすぐ］	(이 길을 곧장) 가다
［一歩前へ］	(한 발 앞으로) 나아가다
［くねくねと］	(꼬불꼬불) 나아가다
［計画が順調に］	(계획이 순조롭게) 진척되다*, 진행되다*
［建設工事が］	(건설 공사가) 진척되다*, 진행되다*
［環境破壊が］	(환경 파괴가) 진행되다*
［がんが］	(암이) 진행되다*
［ウイルスの研究が］	(바이러스의 연구가) 진보되다*
［食が］	(식욕이) 돋다
［病気が］	(병이) 악화되다*
［時計が］	(시계가) 빠르다
［上級クラスに］	(고급반으로) 올라가다
［大学に］	(대학에) 진학하다*
［研究の道に］	(연구의 길로) 나아가다

➡ **進める**

［プロジェクトを］	(프로젝트를) 진행하다*, 진행시키다*

➡ **進められる**

［宅地開発が］	(택지 개발이) 진행되다*

すずむ

すずむ （涼む）
［海辺で］ (바닷가에서) 바람을 쐬다

すすめる （勧める）
［運動を］ (운동을) 권고하다*, 장려하다*
［酒を］ (술을) 권하다*
［進学を］ (진학을) 권하다*, 권유하다*

すすめる （薦める）
［ベストセラーを］ (베스트셀러를) 추천하다*
［学級委員に］ (반장으로) 천거하다*

➡ **薦められる**
［店員に］ (점원이) 추천해 주다

すする
［スープを］ (수프를) 조금씩 마시다
［鼻を］ (코를) 훌쩍거리다
［そばを］ (메밀국수를) 후루룩 소리를 내며 먹다

▶ **すすり泣く**
=흐느끼다, 흘쩍거리며 울다

すだつ （巣立つ）
［子どもたちが］ (아이들이) 사회로 떠나다
［ひなが］ (병아리가) 보금자리를 떠나다, 둥지를 떠나다

すたれる （廃れる）
［流行が］ (유행이) 한물가다
［習慣が］ (관습이) 사라지다
［産業が］ (산업이) 쇠퇴하다*

すてる （捨てる）
［ごみを］ (쓰레기를) 버리다
［有害廃棄物を海に］ (유해 폐기물을 바다에) 버리다
［希望を］ (희망을) 버리다
［偏見を］ (편견을) 버리다
［勝負を］ (승부를) 포기하다*

すどおりする （素通り―）
［バス停を］ (버스 정류장을) 지나치다

174

すねる
[つまらないことで]　　　(하찮은 일로) 삐지다, 토라지다

＊삐지다, 삐치다とも標準語だが삐지다の方が一般的に使われている。

MEMO　삐지다, 토라지다

- **삐지다**：토라지다に比べて強い感じですねる。ふてくされる。
- **토라지다**：何となくかわいい感じがする。主に，女性や子どもに対して使われる。

ずぶぬれになる（ずぶ濡れに—）
[夕立にあって]　　　(소나기를 만나서) 흠뻑 젖다

すべる（滑る）
[スキーで]　　　(스키를) 타다
[スケートで]　　　(스케이트를) 타다
[氷の上を]　　　(얼음 위를) 미끄러져 가다
[雪道で車が]　　　(눈길에서 차가) 미끄러지다
[手が]　　　(손이) 미끄러지다
[入試に]　　　(입시에서) 미끄러지다
[口が]　　　(입을) 잘못 놀리다

➡ 滑らす（滑らせる）
[手を]　　　(손이) 미끄러지다
[足を]　　　(발이) 미끄러지다
[口を]　　　(입을) 잘못 놀리다

▶ 滑り込む
[3塁走者が本塁に]　　　(3루 주자가 본루에) 슬라이딩하다
[列車がホームに]　　　(열차가 플랫폼에 미끄러지듯) 들어오다

すぼめる
[口を]　　　(입을) 오므리다
[傘を]　　　(우산을) 접다

すます（済ます）・すませる（済ませる）
[宿題を早く]　　　(숙제를 빨리) 끝내다
[用件を電話で]　　　(용건은 전화로) 끝내다
[入学手続きを]　　　(입학 수속을) 끝내다

| ［売買契約を］ | （매매 계약을） 마치다 |
| ［昼をサンドイッチで］ | （점심을 샌드위치로） 때우다 |

➥ **済む**

［会議が］	（회의가） 끝나다
［食事が］	（식사가） 끝나다
［旅費は1万円で］	（여비는） 만 엔으로 되다

すます（澄ます）

| ［虫の声に耳を］ | （벌레가 우는 소리에） 귀를 기울이다 |

すむ（住む）

| ［ソウルに］ | （서울에） 살다 |

   *ふつう살고 있다の形で使われる。

▶ **住み着く**

［鳥が屋根裏に］	（새가 지붕에） 깃들이다
［鳥が木に］	（새가 나무에） 깃들이다
［トラが洞窟に］	（호랑이가 굴에） 정착하다*
［移住者が丘の上に］	（이주자가 언덕 위에） 자리잡다

   *깃들이다는，ふつう鳥に使われる。

すりへる（すり減る）

| ［靴のかかとが］ | （구두 뒤축이） 닳다 |

する

| ［仕事を］ | （일을） 하다 |

する（刷る）

| ［プリントを］ | （유인물을） 찍다 |

   *찍다：押す。平らな面にスタンプなどを押して跡を残す（도장을 찍다, 스탬프를 찍다, 지문을 찍다）。

する（擦る）

| ［手を］ | （손을） 문지르다 |
| ［マッチを］ | （성냥을） 긋다 |

> ### MEMO 문지르다, 긋다

- **문지르다**：柔らかいものをあてて，こする。
- **긋다**：マッチや小刀などをものの表面に当て少し力を入れて，こする。

［ごまを］　　　　　　　　　（깨를）빻다

　＊日本語の「媚びへつらう」の意味で使うときには아첨하다という（文語的表現）。

［ダイコンを］　　　　　　　（무를）갈다
［しょうがを］　　　　　　　（생강을）갈다
［生のじゃがいもを］　　　　（날감자를）갈다

　＊ゆでたじゃがいもの場合は으깨다を使う（찐감자를 으깨다）。

　＊ニンニクなどをみじん切りにする，たたきつぶす場合は다지다を使う。いわゆる「きざみニンニク」は다진 마늘という。

MEMO 빻다, 갈다, 으깨다

・**빻다**：挽く。すりこぎなどを使い，砕いて粉にする（고추를 빻다, 마늘을 빻다）。

・**갈다**：おろす。おろし金のような物をあてて，こすり，細かくしたり粉にしたりする（사과를 갈다, 녹두를 갈다）。

＊フードプロセッサーのようなもので，肉をミンチにしたものは，간고기よりも다진고기という。

・**으깨다**：つぶす，すりつぶす。かたい物や塊になった物を棒や調理器具などを使い押しつぶす（찐감자를 으깨다, 계란을 으깨다, 된장을 으깨다, 두부를 으깨다, 얼음을 으깨다）。

する（擦る・摩る）

［財産を競馬で］　　　　　　（재산을 경마에서）탕진하다*

する（掏る）

［他人の財布を］　　　　　　（남의 지갑을）소매치기하다

➡ **すられる**

［人込みで財布を］　　　　　（붐비는 데에서 지갑을）소매치기당하다*

すれちがう（すれ違う）

［2つの列車が］　　　　　　（열차 두 대가）엇갈려 지나가다, 엇갈려 가다

　＊스치다には「かすめる」「かする」「わずかに触れる」という意味があるので（열차 두 대가）스쳐 지나가다というと，信号やポイントの間違いで2つの列車の一部が軽く接触するというニュアンスに取れる。

［意見が］　　　　　　　　　（의견이）엇갈리다
［先生と駅で］　　　　　　　（선생님과 역에서）엇갈리다, 스치다

　＊人と人がすれ違う場合には，身体的接触がなくても스쳐 지나간 사람, 스쳐 지나간 인연のように스치다が使われる。

すれる

すれる（擦れる）────────────────

［靴でかかとが］　　　　　　（구두에 발꿈치가）쓸리다

［服のひじが］　　　　　　　（옷의 팔꿈치가）닳다

ずれる────────────────────────

［トラックの積み荷が］　　　（트럭에 쌓은 짐이）흐트러지다

［印刷が］　　　　　　　　　（인쇄가）비뚤어지다

［試合開始時間が］　　　　　（경기 개시 시간이）늦춰지다

［意見が］　　　　　　　　　（의견이）빗나가다

すわる（座る）────────────────

［いすに］　　　　　　　　　（의자에）앉다

［隣に］　　　　　　　　　　（옆에）앉다

［教室の後ろに］　　　　　　（교실 뒤쪽에）앉다

［並んで］　　　　　　　　　（나란히）앉다

［車座になって］　　　　　　（빙 둘러）앉다

▶ 座り込む

［めまいがして］　　　　　　（어지러워서）주저앉다

［会社の前に］　　　　　　　（회사 앞에）주저앉다

すわる（据わる）────────────────

［目が］　　　　　　　　　　（눈이）풀려 있다

［首が］　　　　　　　　　　（목을）가누다

［度胸が］　　　　　　　　　（배짱이）좋다

せ

せおう（背負う）

［赤ちゃんを］	(아기를) 업다
［荷物を］	(짐을) 짊어지다

> **MEMO** 업다, 짊어지다
>
> ・**업다**：おもに人を，背中に背負う（노인을 업다, 동생을 업다, 아이를 등에 업다）。
> ・**짊어지다**：物を背中に背負う（배낭을 짊어지다, 보따리를 짊어지다, 상자를 짊어지다, 책가방을 짊어지다）。나라의 앞날을 짊어지다（国の将来を背負う）のように，物だけではなく責任・債務・負債などを背負う場合にも使われる。

せかす（急かす）

［原稿を］	(원고를) 독촉하다*, 재촉하다
［報告を］	(보고를) 독촉하다*, 재촉하다

→ **せかされる**

［申し込みを］	(신청을) 재촉받다, 독촉받다*
［返却を］	(반납을) 재촉당하다*

▶ **急く**

［準備を］	(준비를) 서두르다

せせらわらう（せせら笑う）

［人の失敗を］	(남의 실패를) 비웃다

せっする（接する）

［川に］	(강에) 접하다*
［国境を］	(국경을) 접하다*
［来客に］	(손님을) 대하다*

ぜっする（絶する）

［想像を］	(상상을) 초월하다*

せばまる（狭まる）

［道幅が］	(길이) 좁아지다
［貧富の差が］	(빈부의 차가) 좁혀지다

→ **狭める**

［道を］	(길을) 좁히다

せびる────────────────────

［親に小遣いを］　　　　　（부모에게 용돈을） 조르다

せまる（迫る）────────────────

［締め切りが］　　　　　（마감이） 다가오다

［出発時刻が］　　　　　（출발 시각이） 다가오다

［入学試験が］　　　　　（입학 시험이） 다가오다

［敵が背後に］　　　　　（적이 배후에） 닥쳐오다

［家の後ろに山が］　　　（집 뒤로） 산이 근접하다*

［危険が］　　　　　　　（위험이） 닥쳐오다

MEMO　다가오다, 닥쳐오다

・**다가오다**：あるものが近づく。またあることや時が近づく（기차가 다가오다, 가을이 다가오다, 겨울이 다가오다, 결혼식이 다가오다）。

・**닥쳐오다**：困難なことや，やっかいなことが迫りくる（불행이 닥쳐오다, 시련이 닥쳐오다, 재난이 닥쳐오다, 추위가 닥쳐오다）。

せめる（攻める）────────────────

［一気に敵を］　　　　　（단숨에 적군을） 공격하다*

▶ 攻め込む

［相手のゴールに］　　　（상대편 골로） 공격해 가다, 쳐들어가다

せめる（責める）────────────────

［不注意を］　　　　　　（부주의를） 비난하다, 나무라다, 꾸짖다

［自分を］　　　　　　　（자신을） 책망하다*

せる（競る）──────────────────

［互いに］　　　　　　　（서로） 다투다, 겨루다

そ

そう（沿う）
- ［川に］　　　　　　　　（강을）따르다
- ［海岸線に］　　　　　　（해안선을）따르다
- ［会社の方針に］　　　　（회사 방침에）따르다

そう（添う）
- ［期待に］　　　　　　　（기대에）부응하다*
- ［要望に］　　　　　　　（희망에）따르다

そえる（添える）
- ［贈り物に手紙を］　　　（선물에 편지를）첨부하다*
- ［えびフライにレモンを］（새우튀김에 레몬을）곁들이다

そぐ（削ぐ）
- ［表面を］　　　　　　　（표면을）깎다

ぞくする（属する）
- ［秘書課に］　　　　　　（비서과에）속하다*
- ［同じ政党に］　　　　　（같은 정당에）속하다*

そこなう（損なう）
- ［過労で健康を］　　　　（과로로 건강을）해치다*
- ［機嫌を］　　　　　　　（기분을）상하게 하다
- ➥ **損ねる**
- ［健康を］　　　　　　　（건강을）해치다*
- ［感情を］　　　　　　　（감정을）상하게 하다*

そそぐ（注ぐ）
- ［グラスにワインを］　　（잔에 와인을）따르다
- ［コップに水を］　　　　（컵에 물을）붓다
- ［漢江は黄海に］　　　　（한강은 황해로）흘러가다
- ［全力を］　　　　　　　（전력을）기울이다

さ

181

そそのかす

MEMO **따르다, 붓다**

＊両方とも「(液体を) 注ぐ」ことを意味する。
・**따르다**：液体の入っている容器を傾けて，少しずつ注ぐ (냉수를 따르다, 술을 따르다, 우유를 따르다, 커피를 따르다)。
・**붓다**：液体をどくどくと一気に注ぐ。また液体だけでなく粉のような物を別の容器に空ける (가루를 붓다, 솥에 물을 붓다, 석유를 많이 붓다)。

そそのかす (唆す)

［悪事を］	(나쁜 짓을) 부추기다, 교사하다*
［純真な人を］	(순진한 사람을) 부추기다, 꼬드기다
［友達を］	(친구들을) 꾀다
［背後で暴動を］	(배후에서 폭동을) 사주하다*

MEMO **부추기다, 꼬드기다, 사주하다, 꾀다**

・**부추기다**：他人を煽ってある行動をさせる。
・**꼬드기다**：聞こえのいい言葉や，信頼できる言葉で，人をそそのかす。
・**사주하다**：人に指図して，悪事などを行わせる。
・**꾀다**：もっともらしい話や行動で人を誘惑する。

そそる

［興味を］	(흥미를) 돋구다
［好奇心を］	(호기심을) 돋구다
［食欲を］	(식욕을) 돋구다

そだつ (育つ)

［赤ちゃんが］	(아기가) 자라다
［母乳で］	(모유로) 자라다
［祖母のもとで］	(할머니 밑에서) 자라다
［すくすく］	(쑥쑥) 자라다

そだてる (育てる)

［母乳で］	(모유로) 기르다, 키우다
［犬を］	(개를) 기르다, 키우다
［温室で野菜を］	(온실에서 야채를) 기르다
［木を］	(나무를) 기르다, 키우다

MEMO 기르다, 키우다

　共に「(人・動物・草木などを) 育てる，養う，飼う，栽培する」「(人材・実力・力を) 育てる，養う，伸ばす」という意味の似たような言葉だが，語源を見ると기르다は길이 (長さ) に関連のある語で，키우다は크기 (大きさ) に関連があると言われている。

　よって키우다を使うときには「発展させる」「実力を付ける」「勢力を伸ばす」のように「大きくする」というニュアンスのほかに「大事に育て上げる」といった意味が含まれている。

　「幸せの木」のようなものを細く長く育てるのが기르다で，「ブロイラー」のようなものを丸々育てるのが키우다と覚えておくといい。

　どちらも使える例：체력을 기르다, 키우다 (体力を養う) / 인재를 기르다, 키우다 (人材を育てる) / 꿈을 기르다, 키우다 (夢をはぐくむ)

そなえる（備える）

［地震に］	(지진에) 대비하다*
［非常食を］	(비상식량을) 준비하다*, 비축하다*
［将来に］	(장래에) 대비하다*
［コンピュータを］	(컴퓨터를) 설치하다*, 갖추다
［消火器を］	(소화기를) 구비하다*, 갖추다

➥ **備わる**

| ［プールが］ | (수영장이) 갖추어지다 |
| ［音楽の才能が］ | (음악 재능이) 갖추어지다 |

　　＊ふつう「備わっている (갖추어져 있다)」の形で使われる。

MEMO 대비하다, 구비하다

・**대비하다**：今後起きる難しい状況に対して，あらかじめ準備する (시험을 대비하다, 장마에 대비하다, 홍수에 대비하다, 만일에 대비하다)。

・**구비하다**：なければならないものを備える，そろえる (원서를 구비하다, 서류를 구비하다)。

▶ **備え付ける**

| ［エアコンを］ | (에어컨을) 설치하다* |
| ［シャワーを］ | (샤워기를) 설치하다* |

そなえる（そなえつけてある）

▶ 備え付けてある

［食洗機が］　　　　　　（식기 세척기가）설치되어 있다*

　➡ 備え付けられている

［家具が］　　　　　　（가구가）갖추어져 있다

そなえる（供える）───────

［墓に花を］　　　　　　（무덤에）꽃을 바치다

そばだてる───────────

［耳を］　　　　　　　　（귀를）기울이다

そびえたつ（そびえ立つ）─────

［超高層ビルが］　　　　（초고층 빌딩이）우뚝 솟다

［北アルプスの山々が］　（기타알프스의 산들이）우뚝 솟다

そまる（染まる）─────────

［山々が夕日で］　　　　（산들이 석양에）물들다

［タオルが血で］　　　　（수건이 피로）물들다

［悪に］　　　　　　　　（악에）물들다

［社会主義思想に］　　　（사회주의 사상에）물들다

➡ 染める

［髪の毛を黒く］　　　　（머리를 검게）염색하다*, 물들이다

［夕日が空を赤く］　　　（석양이 하늘을 빨갛게）물들이다

［ほおを赤く］　　　　　（뺨을 빨갛게）물들이다

［悪に手を］　　　　　　（악에 손을）대다

そむく（背く）──────────

［親の意に］　　　　　　（부모 뜻을）거역하다*

［国に］　　　　　　　　（나라에）반역하다*

MEMO　거역하다, 반역하다

・**거역하다**：上の人の意や命令などに従わないで逆らう（말을 거역하다, 명령을 거역하다, 운명을 거역하다, 신에게 거역하다）。

・**반역하다**：国家や民族，または組織に対する義理を破って裏切る（민족을 반역하다, 국가에 반역하다, 조국에 반역하다）。

➡ 背ける

［顔を］　　　　　　　　＝외면하다*

［目を］	＝눈을 돌리다

そらす（逸らす）

［的を］	(과녁에서) 빗나가게 하다
［人々の注意を］	(사람들의 주의를) 돌리다
［話を］	(말을) 돌리다

そる（反る）

［板が］	(판자가) 휘다
［脊椎が］	(척추가) 휘다

➥ 反らす

［体を後ろに］	(몸을 뒤로) 젖히다

そる（剃る）

［ひげを］	(수염을) 깎다, 밀다
［髪の毛を］	(머리를) 깎다, 밀다

* 머리를 밀다, 삭발하다*：丸坊主になる

* 韓国語では髪の毛には자르다が一番よく使われる。

* ひげの場合，長いひげは자르다，短いひげは깎다，밀다が使える。

MEMO 깎다, 밀다

・깎다：(髪・毛を) 切る，(草など) 刈る。
・밀다：カミソリの刃を押し当てるようにして (髪・ひげなどを) そる，刈る。

それる（逸れる）

［弾丸が的を］	(총알이 표적을) 빗나가다
［話が］	(이야기가) 빗나가다
［論点から］	(논점에서) 벗어나다

MEMO 빗나가다, 벗어나다

・빗나가다：期待したり予想したりした通りにいかない。
・벗어나다：満足できなかったり予想したりしたことと違う結果になる。

そろう（揃う）

［生徒全員が］	(학생 전원이) 모이다
［材料が］	(재료가) 모이다
［必要な本が］	(필요한 책이) 갖추어지다

そろう（そろえる）

→ 揃える

[必要な資料を]　　　　　（필요한 자료를）갖추다
[髪の長さを]　　　　　　（머리의 길이를）맞추다
[口を]　　　　　　　　　（입을）모우다

→ 좀 쉬어갑시다 ちょっと一息 ⑦

命令の形，하라と해라

　きょうは文語体と口語体の命令形の話をしようと思います。みなさんは韓国の新聞や雑誌の「運勢欄」を見たことがありますか。そこには，'건강에 신경 쓰라.'とか，'중심을 잡고 일에 집중하라.'とか書いてありますよね。なぜ，쓰라，하라と言うのでしょうか。

　써라，해라と言うと，相手に対して見下したような，ちょっと上から目線の感じがしませんか。ですから，このように不特定の読者に対しては，動詞の語幹＋라/으라の形，つまり，文語体の命令形である하라体を使います。

　以前は試験問題などでも，この하라体が使われていました。試験は個々の学生ではなく多数の学生を対象にしたものですから，맞는답を'써라'，正答を'골라라'，그림を'그려라'，물음に'답해라'，알맞은 것끼리'이어라'と書いたのでは，個別に命令しているように聞こえてしまいます。それで問題用紙には，正しい答えを「書け（쓰라）」，正答を「選べ（고르라）」，絵を「描け（그리라）」，質問に「答えよ（답하라）」，合っているもの同士を「結べ（이으라）」というように書かれていました。

　しかし最近はもっとていねいに言うようになりましたね。하오体を使って，쓰시오，고르시오……と言ったり，さらにていねいに쓰십시오，고르십시오……と言っています。実際に하라体を使ったぞんざいな言葉は，最近の言語生活にそぐわなくなってきていることは事実です。

　目の前にいる相手に直接命令する場合は，'써라'，'골라라'……

と，口語体の命令形である해라体が使われます。これは語幹＋아라/어라の形で「丁寧ではない命令」を表します。

　この해라体は，なにも命令の形だけではありません。'아이, 참 딱해라.'（ああ，かわいそうに）とか，'아이고, 좋아라.'（ああ，いい気持ち）とか，詠嘆の形で，独り言でも使います。おならをしたときなんかも，'아이고, 시원해라.'（すっきりした）なんて言いますね。

　'소비세를 낮추라.'（消費税を下げろ），'안보법안, 당장 폐기하라.'（安保法案を即刻廃案にしろ）などと，市民たちがプラカードを持ってデモをしていますね。よく見ると낮춰라ではなく낮추라と書かれています。また폐기해라ではなく폐기하라と表記されています。このようにプラカード，ポスター，旗，本のタイトルや内容など，団体や不特定多数を相手にした表現としての間接命令形には，하라体が使われます。日本語で言うならば，하라は「～せよ」，해라は「～しろ」と覚えておくといいでしょう。☯

さ

187

た

たえる（耐える）

［かゆみに］	（가려움을）참다
［苦痛に］	（고통을）참다
［悲しみに］	（서러움을）참다
［つらい訓練に］	（고된 훈련을）참다
［婚家暮らしに］	（시집살이를）참다, 견디다
［厳しい冬に］	（혹독한 겨울을）견디다
［孤独に］	（고독을）견디다

MEMO 참다, 견디다

- **참다**：怒り，喜び，笑い，欲望などの感情を抑える。寒さや暑さ，涙，痛み，あくび，せき，尿などの生理的現象を我慢する。
- **견디다**：人間や生物が，つらいことや苦しいことなど，外部から加えられる力や困難な状況に屈しないこと。「物が長持ちする，もちこたえる」という意味にも用いる。期間を表す言葉といっしょに使われることが多い。辛抱する，耐える，こらえる。　⇒p.123〔ちょっと一息〕参照

たえる（絶える）

［仕送りが］	（송금이）끊어지다
［人通りが］	（사람의 왕래가）끊어지다
［息が］	（숨이）끊어지다, 지다
［便りが］	（소식이）끊기다
［血筋が］	（혈통이）끊기다

MEMO 끊어지다, 끊기다

どちらも「関係が続かなくなる」「ずっとやってきたことや考えなどが止まってしまう」という意味だが，次のような違いがある。
- **끊어지다**：客観的に見てそのような状態（切れた状態）になることを意味する。
- **끊기다**：受身の表現で「断たれる」「絶たれる」「切られる」という意味になる。

たおす（倒す）

［床に］	(바닥에) 쓰러뜨리다, 넘어뜨리다
［木を］	(나무를) 쓰러뜨리다, 넘어뜨리다
［花瓶を］	(꽃병을) 쓰러뜨리다, 넘어뜨리다
［座席を後ろに］	(좌석을 뒤로) 젖히다
［相手チームを］	(상대 팀을) 쳐부수다
［独裁政権を］	(독재 정권을) 타도하다*

たおれる（倒れる）

［床に］	(바닥에) 쓰러지다, 넘어지다
［地震で墓石が］	(지진으로 묘석이) 쓰러지다
［台風でテントが］	(태풍으로 텐트가) 쓰러지다
［地震で家が］	(지진으로 집이) 무너지다
［台風で街路樹が］	(태풍으로 가로수가) 넘어지다
［自由主義政権が］	(자유주의 정권이) 무너지다
［不況で会社が］	(불황으로 회사가) 무너지다, 도산하다*
［三振に］	(삼진에) 무너지다

MEMO 쓰러지다, 넘어지다, 무너지다의 사용 구분

- **쓰러지다**：人や，やや高さのあるものが，外力によってその場に倒れる。病気などで倒れる。
- **넘어지다**：立っている人や物が，自ら滑ったりつまずいたりしてバランスを崩して倒れる。また木などの植物が倒れる場合にも用いる。
- **무너지다**：建物などが倒れる，崩れる。秩序や体制などが崩壊する。計画・事業・会社などが倒れる。

건물이	(○) 쓰러지다, (○) 넘어지다, (○) 무너지다
나무가	(○) 쓰러지다, (○) 넘어지다
자전거가	(×) 쓰러지다, (○) 넘어지다

*立てかけた自転車が쓰러지다，自転車に乗っていて넘어지다

아이가	(×) 쓰러지다, (○) 넘어지다
발이 걸려	(×) 쓰러지다, (○) 넘어지다
과로로	(○) 쓰러지다, (×) 넘어지다
뇌졸중으로	(○) 쓰러지다, (×) 넘어지다
병으로	(○) 쓰러지다, (×) 넘어지다
흉탄에	(○) 쓰러지다, (×) 넘어지다

たかぶる（高ぶる）——————————
　［気持ちが］　　　　　　　（신경이）흥분하다*

たかまる（高まる）——————————
　［名声が］　　　　　　　　（명성이）높아지다
　［人々の関心が］　　　　　（사람들의 관심이）높아지다, 고조되다*

たかめる（高める）——————————
　［名声を］　　　　　　　　（명성을）높이다
　［教養を］　　　　　　　　（교양을）높이다
　［仕事の能率を］　　　　　（일의 능률을）높이다
　［薬の効果を］　　　　　　（약의 효과를）높이다
　［生活水準を］　　　　　　（생활 수준을）높이다, 향상시키다*

たがやす（耕す）——————————
　［畑を］　　　　　　　　　（밭을）갈다
　［荒地を］　　　　　　　　（황무지를）일구다

MEMO 갈다, 일구다
・**갈다**：（農機具で）田畑を耕す , すき起こす。
・**일구다**：荒れ地を掘り起こす，開墾する。

たかる——————————
　［砂糖にアリが］　　　　　（설탕에 개미가）몰려들다, 꾀다
　［食べ物にハエが］　　　　（음식에 파리가）꾀다

たく（炊く）——————————
　［ご飯を］　　　　　　　　（밥을）짓다

たく（焚く）——————————
　［まきを］　　　　　　　　（장작을）때다
　［落ち葉を］　　　　　　　（낙엽을）태우다
　［フラッシュを］　　　　　（플래시를）쬐다

MEMO 때다, 태우다
・**때다**：火を焚く，くべる
・**태우다**：火で燃やす

だく（抱く）

［腕に人形を］	（팔에 인형을）안다
［恋人の肩を］	（애인의 어깨를）안다
［子どもを胸に］	（애를 가슴에）안다, 품다
［母鳥が卵を］	（어미 새가 알을）품다

MEMO 안다, 품다

- **안다**：両腕でかかえ持つ。
- **품다**：懐に入れるか抱くようにして持つ。考えや感想などを心の中に持つ。

➡ **抱かれる**

［母親の胸に］	（어머니의 가슴에）안기다

➡ **抱かせる**

［孫を祖父に］	（손자를 할아버지에게）안기다

▶ **抱き合う**

［生き別れの母と］	（생이별된 어머니와）서로 얼싸안다

▶ **抱き上げる**

［新生児を］	（신생아를）안아 올리다

▶ **抱き起こす**

［けが人を］	（부상자를）안아 일으키다

▶ **抱き込む**

［情報員を金で］	（정보원을 돈으로）끌어들이다

▶ **抱き締める**

［息子をしっかり］	（아들을 꽉）껴안다, 부둥켜안다

▶ **抱きつく**

［父親に］	（아버지에게）매달리다

たくする（託する）

［子どもの世話を］	（아이를 돌봐 달라고）부탁하다*, 맡기다
［友達に伝言を］	（친구에게 전언을）부탁하다*, 맡기다

たくらむ（企む）

［陰謀を］	（음모를）꾀하다, 꾸미다
［悪事を］	（나쁜 일을）꾀하다, 꾸미다
［銀行強盗を］	（은행 강도를）꾀하다, 꾸미다

たぐる（手繰る）
［ロープを］	(로프를) 끌어당기다
［記憶を］	(기억을) 더듬다

たくわえる（蓄える）
［食糧を］	(식량을) 저장하다*, 비축하다*
［金を］	(돈을) 모으다, 저금하다*, 저축하다*
［力を］	(실력을) 쌓다
［知識を］	(지식을) 쌓다
［ひげを］	(수염을) 기르다

たしかめる（確かめる）
［事実を］	(사실을) 확인하다*
［日程を］	(일정을) 확인하다*
［戸締まりを］	(문단속을) 확인하다*
［自分の目で］	(자기 눈으로) 확인하다*

たしなむ（嗜む）
［お花を］	(꽃꽂이를) 배우다
［酒を］	(술을) 즐기다

たしなめる
［課長が新入社員を］	(과장이 신입 사원을) 타이르다

➡ たしなめられる
［父親に喫煙を］	(흡연해서 아버지한테) 혼나다*

だしぬく（出し抜く）
［他社を］	(타사를) 앞지르다

たじろぐ
［相手の勢いに一瞬］	(상대의 기세에 순간) 주춤하다, 움츠러들다
［パワハラ上司に］	(갑질 상사에게) 주춤하다, 움츠러들다

たす（足す）
［7 に 9 を］	(7에 9를) 더하다
［塩を］	(소금을) 더하다
［用を］	(볼일을) 보다

だす（出す）
［ごみを］	(쓰레기를) 내다, 내놓다

［金を］	（돈을) 내다
［ポケットから手帳を］	（주머니에서 수첩을) 꺼내다
［舌を］	（혀를) 내밀다
［バスの窓から顔を］	（버스 창문 밖으로 얼굴을) 내밀다
［手紙を］	（편지를) 부치다, 보내다
［新聞に広告を］	（신문에 광고를) 내다
［商売で赤字を］	（장사에서 적자를) 내다
［スピードを］	（스피드를) 내다
［報告書を］	（보고서를) 내다, 제출하다*
［実力を］	（실력을) 발휘하다*
［感情を］	（감정을) 드러내다
［駅前に店を］	（역앞에 가게를) 내다
［熱を］	（열이) 나다
［鼻血を］	（코피가) 나다
［芽を］	（싹이) 트다
［カメラを修理に］	（카메라를 수리에) 맡기다

たすかる（助かる）

［手伝ってくれて］	（도와 주어서) 도움이 되다
［手術をして］	（수술을 받아서) 목숨을 건지다
［飛行機事故で］	（비행기 사고에서) 살아나다

たすける（助ける）

［仕事を］	（일을) 돕다
［家計を］	（살림을) 돕다
［消化を］	（소화를) 촉진시키다*
［命を］	（목숨을) 구하다*
［池に落ちた子を］	（연못에 빠진 어린이를) 구하다*

たずさわる（携わる）

| ［韓国との貿易に］ | （한국과의 무역에) 종사하다* |
| ［漁業に］ | （어업에) 종사하다* |

▶ **携える**

| ［愛用のカメラを］ | （애용하는 카메라를) 지니다 |

たずねる（訪ねる）
［恩師を］	（은사를）찾다, 방문하다*, 찾아뵈다, 찾아뵙다
［国立博物館を］	（국립박물관을）방문하다*

たずねる（尋ねる）
［道を］	（길을）묻다
［安否を］	（안부를）묻다
［名前を］	（이름을）묻다
［行き先を］	（목적지를）묻다

たたえる（称える）
［選手たちの健闘を］	（선수들의 건투를）칭찬하다*
［英雄たちの功績を］	（영웅들의 공적을）기리다

   ＊기리다：優れた業績や，偉大な人などをほめて記憶する。

たたえる
［貯水池が水を］	（저수지가 물을）가득 채우다

たたかう（戦う）
［国のために］	（나라를 위하여）싸우다
［優勝をかけて］	（우승을 목표로）싸우다

たたかう（闘う）
［誘惑と］	（유혹과）싸우다
［貧困と］	（빈곤과）싸우다
［死と］	（죽음과）싸우다
［逆境と］	（역경과）싸우다

たたく
［テーブルを］	（테이블을）치다
［顔をこぶしで］	（얼굴을 주먹으로）치다
［玄関の戸を］	（현관문을）두드리다
［肩を］	（어깨를）두드리다
［ほほを］	（뺨을）때리다
［雨が激しく屋根を］	（비가 심하게 지붕을）때리다

MEMO 치다, 두드리다, 때리다

- **치다**：おもに物体に対してこぶしや道具を使って打撃を加える，突く。人に対して用いるとかなり力を入れて打撃を加える意味になる。
- **두드리다**：何回も繰り返して打つことで，人の肩を叩くときにも用いる。
- **때리다**：手 (こぶしも含む) または道具を使って人または動物に打撃を加える。雨や雪が窓や屋根をたたく場合にも用いる。「殴る」に近い。

▶ たたき起こす
　　［寝た子を］　　　　　　　　(자는 아이를) 억지로 깨우다
▶ たたき込む
　　［英単語を頭に］　　　　　　(영어 단어를 머리 속에) 철저히 집어넣다
　　［新入社員に礼儀を］　　　　(신입 사원에게 예의를) 철저히 교육하다*
▶ たたき出す
　　［家から］　　　　　　　　　(집에서) 내쫓다

ただす（正す）──────────────────────
　　［文中の誤りを］　　　　　　(문장 속에서 틀린 곳을) 고치다
　　［人の思い違いを］　　　　　(남의 틀린 생각을) 바로잡다
　　［姿勢を］　　　　　　　　　(자세를) 바로잡다

ただす（質す）──────────────────────
　　［アリバイを］　　　　　　　(알리바이를) 추궁하다*
　　［理由を］　　　　　　　　　(이유를) 따지다

ただす（糾す）──────────────────────
　　［事件の真相を］　　　　　　(사건의 진상을) 밝히다

たたずむ（佇む）─────────────────────
　　［海辺に］　　　　　　　　　(바닷가에) 서다
　　［窓辺に］　　　　　　　　　(창가에) 기대서다

たたむ（畳む）──────────────────────
　　［店を］　　　　　　　　　　(가게를) 걷어치우다
　　［ふとんを］　　　　　　　　(이불을) 개다
　　［傘を］　　　　　　　　　　(우산을) 접다
　　［新聞紙を］　　　　　　　　(신문지를) 접다

ただよう（漂う）

［雲が空に］	（구름이 하늘을）떠다니다
［ヨットが波間に］	（요트가 파도 사이를）떠다니다
［甘い花の香りが］	（달콤한 꽃 향기가）감돌다
［たばこの煙が］	（담배 연기가）떠돌다, 감돌다
［険悪な雰囲気が］	（험악한 분위기가）감돌다

➥ **漂わせる**

［香水の香りを］	（향수의 향기를）떠돌게 하다, 감돌게 하다

たたる（祟る）

［過労が］	（과로가）탈이 되다
［夜ふかしが］	（밤샘이）탈이 되다

ただれる（爛れる）

［皮膚が］	（피부가）짓무르다

だだをこねる

［人形を買ってくれと］	（인형을 사 달라고）떼를 쓰다
［ご飯を食べたくないと］	（밥을 먹기 싫다고）떼를 쓰다

たつ（建つ）

［家が］	（집이）세워지다

➥ **建てる**

［家を］	（집을）짓다
［病院を］	（병원을）세우다
［銅像を］	（동상을）세우다
［碑石を］	（비석을）세우다

▶ **建て直す**

［家を］	（집을）새로 짓다, 개축하다*
［会社を］	（회사를）재건하다*

MEMO 짓다, 세우다의 사용 구분

- **짓다**：構造をもつものを建てる。通常は家を建てる場合に用いる。
- **세우다**：ふつう学校，会社，病院，教会，養老院といった施設を建てる場合に用いる。鉄塔や柱のように構造をもたないものを建てる場合にも用いる。

第2部

たつ（立つ）

［窓際に］	（창가에）서다
［片足で］	（한쪽 발로）서다
［バッターボックスに］	（타석에）서다
［教壇に］	（교단에）서다
［優位に］	（우위에）서다
［苦しい立場に］	（어려운 입장에）서다
［市が］	（장이）서다
［霜柱が］	（서릿발이）치다
［湯気が］	（김이）나다
［ほこりが］	（먼지가）나다
［波が］	（파도가）일다
［泡が］	（거품이）일다
［うわさが］	（소문이）일다, 나다
［席を］	（자리를）뜨다
［韓国に］	（한국으로）출발하다*, 떠나다

▶ 立ち会う

［契約に］	（계약에）입회하다*
［現場検証に］	（현장 검증에）입회하다*

▶ 立ち上がる

［いすから］	（의자에서）일어서다
［挫折から］	（좌절에서）일어서다
［反旗を持って］	（반기를 들고）일어서다
［失意のどん底から］	（실의의 바닥에서）일어서다
［国家再建に］	（국가 재건에）나서다

➥ 立ち上げる

［コンピュータを］	（컴퓨터를）부팅하다, 시동하다*

▶ 立ち入る

［芝生に］	（잔디에）들어가다

▶ 立ち往生する

［大雪で車が］	（대설로 차가）오도 가도 못하다
［吹雪のため］	（눈보라 때문에）발이 묶이다, 꼼짝 못하다

た

たつ（たちおくれる）

　　［スタートから］　　　　　　（스타트에서）뒤처지다

　　［IT 化が諸外国より］　　　（IT화가 여러 나라들보다）뒤떨어지다

▶ 立ち消えになる

　　［いつの間にか企画が］　　（어느새 기획이）흐지부지되다 , 무산되다*

たてる（立てる）───────────────────────

　　［テレビのアンテナを］　　（텔레비전 안테나를）세우다

　　［コートの襟を］　　　　　（코트의 깃을）세우다

　　［課長を代理に］　　　　　（과장님을 대리로）세우다

　　［独自の候補者を］　　　　（단독 후보자를）세우다

　　［しっぽをぴんと］　　　　（꼬리를 똑바로）세우다

　　［夏休みの計画を］　　　　（여름 방학 계획을）세우다

　　［山頂に旗を］　　　　　　（정상에 깃발을）꽂다

　　［ケーキにろうそくを］　　（케이크에 초를）꽂다

　　［波風を］　　　　　　　　（풍파를）일으키다

　　［トラックが土ぼこりを］　（트럭이 흙먼지를）일으키다

　　［音を］　　　　　　　　　（소리를）내다

　　［やかんが湯気を］　　　　（주전자가 김을）내다

　　［腹を］　　　　　　　　　（화를）내다

　　［うわさを］　　　　　　　（소문을）내다

　　［生計を］　　　　　　　　（생계를）꾸리다

▶ 立て掛ける

　　［はしごを］　　　　　　　（사다리를）세워 놓다

▶ 立て込む

　　［家が］　　　　　　　　　（집이 빽빽히）들어서다

　　［客で］　　　　　　　　　（손님으로）붐비다

▶ 立て替える

　　［勘定を］　　　　　　　　（계산을）대신 지불하다*, 치르다

▶ 立て籠もる

　　［人質を取って］　　　　　（인질을 잡고）농성하다*

▶ 立て直す

　　［旅行の計画を］　　　　　（여행 계획을）다시 세우다

　　　　［態勢を］　　　　　　　　（태세를）바로잡다

たつ（絶つ・断つ）─────────────

　　　　［消息を］　　　　　　　　（소식을）끊다

　　　　［酒を］　　　　　　　　　（술을）끊다

　　　　［自ら命を］　　　　　　　（스스로 목숨을）끊다

　　　　［関係を］　　　　　　　　（관계를）끊다

　　　　［連絡を］　　　　　　　　（연락을）차단하다*, 끊다

　　　　［快刀乱麻を］　　　　　　（쾌도난마로）자르다

　➡ **断たれる**

　　　　［通信が］　　　　　　　　（통신이）차단되다*, 끊어지다

　　　　［優勝への望みが］　　　　（우승할 희망이）끊기다

　　　　［政治生命が］　　　　　　（정치 생명이）끊기다

　▶ **後を絶たない**

　　　　［政治家の汚職が］　　　　（정치가의 비리가）끊이지 않다

たつ（経つ）──────────────

　　　　［時間が］　　　　　　　　（시간이）지나다, 흐르다, 가다

たつ（裁つ）──────────────

　　　　［生地を］　　　　　　　　（천을）재단하다*, 마르다

たっする（達する）────────────

　　　　［目的地に］　　　　　　　（목적지에）도달하다*

　　　　［刺し傷が骨まで］　　　　（자상이 뼈까지）이르다, 달하다*

　　　　［結論に］　　　　　　　　（결론에）이르다

　　　　［合意に］　　　　　　　　（합의에）이르다

　　　　［目的を］　　　　　　　　（목적을）달성하다*

　　　　［目標に］　　　　　　　　（목표에）달하다*

　　　　［過半数に］　　　　　　　（과반수에）달하다*

　　　　［クライマックスに］　　　（클라이맥스에）달하다*

　　　　［売り上げが２億円に］　　（매상이 2억 엔에）달하다*

だっする（脱する）────────────

　　　　［ピンチを］　　　　　　　（핀치를）벗어나다

　　　　［窮地を］　　　　　　　　（궁지를）벗어나다

たっとぶ

たっとぶ（尊ぶ・貴ぶ）————————
　　［親を］　　　　　　　　　（부모님을）존경하다*, 공경하다*
たてまつる（奉る）————————
　　［神前に供物を］　　　　　（신전에 공물을）바치다
たとえる（例える）————————
　　［人生を航海に］　　　　　（인생을 항해에）비유하다*, 비기다
たどりつく（たどり着く）————————
　　［頂上に］　　　　　　　　（정상에）도달하다*, 다다르다
　　［結論に］　　　　　　　　（결론에）도달하다*, 다다르다
たどる————————
　　［地図を］　　　　　　　　（지도를）더듬어 가다
　　［山道を］　　　　　　　　（산길을）더듬어 찾다
　　［犯人の足取りを］　　　　（범인의 발자취를）더듬다
　　［昔の記憶を］　　　　　　（옛날 기억을）더듬다
　　［株価が下降線を］　　　　（주가가 내림세를）타다
　　［数奇な運命を］　　　　　（기구한 운명을）겪다, 걷다
たなあげする（棚上げ—）————————
　　［計画を］　　　　　　　　（계획을）보류하다*
たなびく————————
　　［煙が］　　　　　　　　　（연기가）끼다
　　［霞が］　　　　　　　　　（안개가）끼다
たねあかしする（種明かし—）————————
　　［手品の］　　　　　　　　（마술의）트릭을 밝히다
たのしませる（楽しませる）————————
　　［目を］　　　　　　　　　（눈을）즐겁게 하다
　　［子どもたちを］　　　　　（아이들을）즐겁게 하다
たのむ（頼む）————————
　　［あとを］　　　　　　　　（뒷일을）부탁하다*
　　［媒酌を］　　　　　　　　（주례를）부탁하다*
　　［協力を］　　　　　　　　（협조를）부탁하다*
　　［留守を］　　　　　　　　（집보기를）부탁하다*
　　［タクシーを］　　　　　　（택시를）부르다

〔出前を〕 (배달을) 시키다
〔コーヒーとケーキを〕 (커피하고 케이크를) 시키다
➡ 頼まれる
〔借金を〕 (돈을 빌려 달라고) 부탁받다*

たばねる（束ねる）
〔新聞紙を〕 (신문지를) 묶다
〔古本を〕 (헌책을) 묶다
〔髪を〕 (머리를) 묶다

たびかさなる（度重なる）
〔災難が〕 (재난이) 거듭되다
〔不幸が〕 (불행이) 거듭되다

ダブる
〔祝日と日曜が〕 (경축일과 일요일이) 겹치다
〔1 年〕 (한 해) 유급하다*

たべる（食べる）
〔昼にそばを〕 (점심에 메밀국수를) 먹다
〔よくかんで〕 (잘 씹어) 먹다
▶ **たべすぎる（食べ過ぎる）**
〔食べ物を〕 (음식을) 과식하다*

だます（騙す）
〔人を〕 (사람을) 속이다
〔年寄りを〕 (노인을) 속이다
➡ だまされる
〔詐欺（師）に〕 (사기꾼에게) 속다
〔悪徳業者に〕 (악덕 업자에게) 속다

たまる（貯まる）
〔金が〕 (논이) 모이다
➡ 貯める
〔金を〕 (돈을) 모으다, 저축하다*

たまる（溜まる）
〔ほこりが〕 (먼지가) 쌓이다
〔疲れが〕 (피로가) 쌓이다

たまる（ためる）

〔洗濯物が〕	(빨래가) 밀리다
〔つけが〕	(외상값이) 밀리다
〔バケツに雨水が〕	(물통에 빗물이) 괴다
↪ 溜める	
〔洗濯物を〕	(빨래를) 미루다
〔家賃を半年間〕	(집세를 반년 동안) 미루다
〔仕事を〕	(일을) 미루다
〔田んぼの水を〕	(논물을) 가두다
〔水をダムに〕	(물을 댐에) 가두다

だまる（黙る）

	＝입을 다물다, 입을 닫다, 가만히 있다

たまわる（賜る）

〔記念品を〕	(기념품을) 받다

ためす（試す）

〔実力を〕	(실력을) 시험하다*
〔機械の性能を〕	(기계의 성능을) 시험하다*
〔自分の力を〕	(자신의 힘을) 시험하다*

ためらう

〔返事を〕	(대답을) 주저하다*, 망설이다
〔結婚を〕	(결혼을) 주저하다*, 망설이다

たもつ（保つ）

〔健康を〕	(건강을) 유지하다*
〔平静を〕	(평정을) 유지하다*
〔車間距離を〕	(차간 거리를) 유지하다*
〔一定の温度を〕	(일정한 온도를) 유지하다*

たやす（絶やす）

〔悪の根を〕	(악의 뿌리를) 없애다
〔火種を〕	(불씨를) 꺼뜨리다

たよる（頼る）

〔人に〕	(남에게) 의지하다*

たらす（垂らす）

〔よだれを〕	(침을) 흘리다

［鼻水を］	(콧물을) 흘리다
［醤油を服に］	(간장을 옷에) 떨어뜨리다
［2階からロープを］	(2층에서 밧줄을) 늘어뜨리다
［髪を肩まで］	(머리를 어깨까지) 늘어뜨리다
［すだれを］	(발을) 드리우다

たりる (足りる)

［これだけあれば］	(이 정도 있으면) 충분하다* 形

たるむ

［皮膚が］	(피부가) 늘어지다

たれこむ

［警察に］	(경찰에) 밀고하다*

たれる (垂れる)

［枝が］	(나뭇가지가) 처지다
［釣り糸を］	(낚싯줄을) 드리우다
［水が］	(물이) 떨어지다

たわむれる (戯れる)

［男女が］	(남녀가) 시시덕거리다
［酒の席で］	(술자리에서) 놀다, 시시덕거리다

ち

ちかう（誓う）

［忠誠を］	（충성을）맹세하다
［神に］	（신에게）맹세하다
［禁煙を］	（금연을）맹세하다
［永遠の愛を］	（영원한 사랑을）맹세하다

ちがう（違う）

［彼とは好みが］	（그와는 취향이）다르다
［お互いに意見が］	（서로 의견이）다르다
［以前言ったことと］	（이전에 한 말과）다르다
［雰囲気がいつもと］	（분위기가 여느 때와는）다르다
［カモとアヒルは］	（오리와 집오리는）다르다
［値段が大きさによって］	（가격이 크기에 따라）다르다
［手紙の住所が］	（편지의 주소가）틀리다
［テストの答えが］	（시험의 답이）틀리다

> **MEMO　다르다, 틀리다**
>
> ・**다르다**：「異なる」という意味。日本語では「異なる」も「違う」も動詞だが，다르다は形容詞である。反対語は같다（形容詞）。
> 　광어와 도다리는 다르다.（ヒラメとカレイは違う）
> ・**틀리다**：計算や問題を「間違える」「誤る」という動詞である。反対語は맞다（動詞）。
> 　네가 한 계산은 틀렸다.（君の計算は間違っている）
> ＊다르다を使わなければならないところに틀리다を誤って使っている例も多いので注意。

ちかづく（近づく）

［春が］	（봄이）다가오다
［入試が］	（입시가）다가오다
［列車が］	（열차가）다가오다
［噴火口に］	（분화구에）다가가다
［トンボにそっと］	（잠자리에게 조용히）다가가다

➡ **近づける**

[いすをテーブルに]　　　　　(의자를 테이블에) 가까이 대다

[新聞に目を]　　　　　　　(신문에 눈을) 가까이하다

▶ **近寄る**

[不審物に]　　　　　　　　(수상한 물건에) 다가가다, 접근하다*

ちぎる────────────────

[紙を]　　　　　　　　　　(종이를) 잘게 찢다

[パンを]　　　　　　　　　(빵을) 뜯다

➡ **ちぎれる**

[ロープが]　　　　　　　　(줄이) 끊어지다

[寒くて耳が]　　　　　　　(추워서 귀가) 찢어지다

チクる────────────────

[カンニングを先生に]　　　(커닝한 것을 선생님께) 일러바치다, 꼰지르다,
찌르다

ちぢむ（縮む）────────────

[シャツが]　　　　　　　　(셔츠가) 줄어들다

[寒さに手足が]　　　　　　(추운 날씨에 손발이) 오그라들다

➡ **縮める**

[ズボンのすそを]　　　　　(바지 밑단을) 줄이다

[休暇を一週間に]　　　　　(휴가를 일주일로) 단축하다*

▶ **縮み上がる**

[恐怖で身が]　　　　　　　(공포로 몸이) 움츠러들다

▶ **縮まる**

[寿命が]　　　　　　　　　(수명이) 줄어들다

ちばしる（血走る）────────

[目が]　　　　　　　　　　(눈에) 핏발이 서다

ちらかす（散らかす）────────

[紙くずを]　　　　　　　　(휴지를) 흩뜨리다

[ごみを]　　　　　　　　　(쓰레기를) 흩뜨리다

[部屋を]　　　　　　　　　(방을) 어지르다, 어지럽히다

➡ **散らかる**

[ごみが]　　　　　　　　　(쓰레기가) 흩어지다

ちる（ちらばる）

［部屋が］	（방이) 어질러지다

ちる（散る）────────────

［花が］	（꽃이) 지다
［火花が］	（불꽃이) 튀다
［四方八方に］	（사방팔방으로) 흩어지다

➥ 散らす

［風が桜を］	（바람이 벚꽃을) 흩날리다

▶ 散らばる

［ガラスの破片が］	（유리 조각이) 흩어지다

→ 좀 쉬어갑시다 ちょっと一息 ⑧

料理法のちょっとした違い

　みなさんおなじみのジャージャー麺は中国語由来の言葉で，漢字では「炸醤面」と書き，中国語の発音は [zhá jiàng miàn] です。「炸」は炒めるという意味で，中国語の発音をハングルで表記すると [짜] が原音に近い音です。

　その「炸醤面」のハングル表記ですが，たいていの人が짜장면と発音し，メニューにも짜장면と書かれていたにもかかわらず，長らく자장면だけが標準語とされてきました。しかし 2011 年，ついにその規制が解かれ，짜장면は자장면と共に標準語に認定されたのです。やはり짜장면と書いた方が，あの「こってり感」が表れているように思います。

　さて짜장면といえば，思い浮かぶ動詞は비비다です。비비다は「色々な食材を混ぜて一緒にする」ことですが，混ぜ合わせるものは，すでに傍らに存在します。ビビンバや，カレーも同様です。似たような意味の動詞に섞다がありますが，섞다は「コーヒーにミルクを混ぜる」のように「2 つ以上のものを混合する」ことです。あるものに，別のあるものを「あとから」入れて混ぜ合わせると考えるといいでしょう。

［○］짜장면을 비벼서 먹다　　［×］짜장면을 섞어서 먹다
［○］커피에 우유를 넣어서 섞다　［×］커피에 우유를 넣어서 비비다

　似たような意味の動詞は，そのほかにも삶다と끓이다があります。
삶다と끓이다はどちらも「煮る」とか「ゆでる」とか言う意味ですが，
その料理法にはちょっとした違いがあります。삶다は水を利用して
煮る，ゆでることで，液体そのものより，液体で熱を加えられたも
のに視点が置かれています。そして料理に使った水は食用にせずに
捨ててしまいます。

［○］달걀을 삶다　　　　　　［×］달걀을 끓이다
［○］감자를 삶다　　　　　　［×］감자를 끓이다

　洗濯物は食べ物ではありませんが，洗濯物を煮洗いすることを빨
래를 푹 삶다と言い，빨래를 푹 끓이다とは言いません。끓이다は液体
に熱を加えて温度を上げ，沸かすことで，液体そのものに視点が置
かれています。そして料理に使った液体は，一緒に飲んだり食べた
りします。

［○］국을 끓이다　　　　　　［×］국을 삶다
［○］된장찌개를 끓이다　　　［×］된장찌개를 삶다
［○］라면을 끓이다　　　　　［×］라면을 삶다

つ

ついばむ
　　[小鳥がえさを]　　　　　(작은 새가 먹이를) 쪼아 먹다

ついやす　(費やす)
　　[多くの時間を]　　　　　(많은 시간을) 들이다
　　[10年の歳月を]　　　　　(10년의 세월을) 들이다
　　[事業に全財産を]　　　　(사업에 전재산을) 쓰다, 탕진하다*

つうじる　(通じる)
　　[道が四方に]　　　　　　(길이 사방으로) 통하다*
　　[フランス語が]　　　　　(프랑스어가) 통하다*
　　[気持ちが]　　　　　　　(마음이) 통하다*
　　[冗談が]　　　　　　　　(농담이) 통하다*
　　[電話が]　　　　　　　　(전화가) 통하다*
　　[携帯が]　　　　　　　　(휴대전화가) 터지다
　　[電流が]　　　　　　　　(전류가) 흐르다
　　[非常階段に]　　　　　　(비상계단으로) 연결되다*
　　[韓国の経済事情に]　　　(한국의 경제 사정에) 정통하다*
　　[ベトナム語に]　　　　　(베트남어에) 능통하다* 形
　　[ひそかに敵と]　　　　　(몰래 적과) 내통하다*

つかう　(使う)
　　[金を]　　　　　　　　　(돈을) 쓰다
　　[頭を]　　　　　　　　　(머리를) 쓰다
　　[気を]　　　　　　　　　(신경을) 쓰다
　　[英英辞書を]　　　　　　(영영사전을) 쓰다
　　[丁寧な言葉を]　　　　　(공손한 말을) 쓰다
　　[アルバイトの学生を]　　(아르바이트 학생을) 쓰다
　　[友達をだしに]　　　　　(친구를 미끼로) 쓰다
　　[コンピュータを]　　　　(컴퓨터를) 쓰다, 사용하다*, 잘 다루다
　　[箸を]　　　　　　　　　(젓가락을) 쓰다, 사용하다*
　　[図書館を]　　　　　　　(도서관을) 이용하다*
　　[地下鉄を]　　　　　　　(지하철을) 이용하다*

➥ **使われる**

[がんの診断に寄生虫が] (암의 진단에 기생충이) 사용되다*

▶ **使いこなす**

[パソコンを] (컴퓨터를) 잘 쓰다

[精密機器を] (정밀기기를) 잘 다루다

[ドイツ語を] (독일어를) 구사하다*

▶ **使い込む**

[公金を] (공금을 사사로이) 써 버리다, 횡령하다*

[会社の金を] (회사 돈을) 써 버리다, 횡령하다*

▶ **使い果たす**

[有り金を] (있는 돈을) 다 써 버리다

▶ **使い分ける**

[場に応じて] (상황에 따라서) 가려 쓰다

[中国語と韓国語を] (중국어와 한국어를) 구사하다*, 적절히 가려 쓰다

つかえる────────────

[下水管にゴミが] (하수구에 쓰레기가) 막히다

[高速道路で車が] (고속도로에서 차가) 막히다

[食べ物がのどに] (음식이 목에) 걸리다

[家具が入り口に] (가구가 입구에) 걸리다

つかえる（仕える）────────────

[王様に] (임금을) 섬기다

[秘書として社長に] (비서로서 사장님을) 섬기다

つかまえる（捕まえる）────────────

[泥棒を] (도둑을) 붙잡다, 체포하다*

[スリを] (소매치기를) 붙잡다, 체포하다*

[ちょうちょを] (나비를) 잡다

[タクシーを] (택시를) 잡다

＊붙잡다：力を入れて強くつかまえる。

つかまる────────────

[つり革に] (손잡이를) 잡다

[誘拐犯が] (유괴범이) 잡히다, 체포되다*

た

209

つかむ

［詐欺の現行犯で］	(사기 현행범으로) 잡히다, 체포되다*
［友達に］	(친구한테) 붙잡히다

つかむ（掴む）

［腕を］	(팔을) 붙잡다
［チャンスを］	(기회를) 잡다, 거머쥐다
［幸運を］	(행운을) 잡다, 거머쥐다
［証拠を］	(증거를) 잡다, 쥐다

つかる（浸かる）

［床上まで水に］	(마루 위까지) 침수되다*
［屋根まで水に］	(지붕까지 물에) 잠기다

つかる（漬かる）

［キムチが］	(김치가) 잘 익다, 맛이 들다

つかれる（憑かれる）

［悪霊に］	(악령에) 홀리다, 들리다, 씌다
［鬼神に］	(귀신에) 홀리다, 들리다, 씌다

つきあう（付き合う）

［友達と］	(친구를)사귀다
［映画に］	(영화 보러) 같이 가다
［買い物に］	(쇼핑을) 같이 가다

つきまとう

［怪しい男が］	(수상한 남자가) 따라다니다
［不安が］	(불안이) 따라다니다

つく（突く）

［心臓をナイフで］	(심장을 칼로) 찌르다
［弱点を］	(약점을) 찌르다
［核心を］	(핵심을) 찌르다
［悪臭が鼻を］	(악취가 코를) 찌르다

▶ 突き落とす

［がけから］	(절벽에서) 밀어 떨어뜨리다

▶ 突き返す

［賄賂を］	(뇌물을) 물리치다
［要求を］	(요구를) 물리치다

▶ **突き刺さる**

[ピンが指に]　　　　　（핀이 손가락에）찔리다

[心ない言葉が胸に]　（매정한 말이 가슴을）찔리다

[タイヤにくぎが]　　（타이어에 못이）박히다

▶ **突きとめる**

[事故の原因を]　　　（사고의 원인을）밝혀 내다

つく

[つえを]　　　　　　（지팡이를）짚다

[転んで手を]　　　　（넘어져서 손을）짚다

[尻もちを]　　　　　（엉덩방아를）찧다

[机にひじを]　　　　（책상에 팔꿈치를）괴다

[ほおづえを]　　　　（턱을）괴다

[まりを]　　　　　　（공을）치다

つく（着く）

[目的地に]　　　　　（목적지에）도착하다*, 닿다

つく（付く）

[ほこりが]　　　　　（먼지가）붙다

[糊が]　　　　　　　（풀이）붙다

[名前が]　　　　　　（이름이）붙다

[火が]　　　　　　　（불이）붙다

[護衛が]　　　　　　（호위가）붙다

[実力が]　　　　　　（실력이）붙다

[泥が]　　　　　　　（흙이）묻다

[染みが]　　　　　　（얼룩이）묻다

[血が]　　　　　　　（피가）묻다

[勝負が]　　　　　　（승부가）나다

[部屋の明かりが]　　（방의 불이）켜지다

[貫禄が]　　　　　　（관록이）생기다, 붙다

[英語の力が]　　　　（영어 실력이）늘다

� **つける**

[実を]　　　　　　　（열매를）맺다

つく (就く)
[仕事に] (일에) 종사하다*

つぐ (注ぐ)
[グラスにビールを] (잔에 맥주를) 따르다

つぐ (継ぐ)
[弟が店を] (동생이 가게를) 이어받다

[家業を] (가업을) 잇다, 이어받다

[後を] (뒤를) 잇다

[亡き父の遺志を] (돌아가신 아버지의 뜻을) 이어받다

[遺産を] (유산을) 상속하다*

[王位を] (왕위를) 계승하다*

つぐ (接ぐ)
[折れた骨を] (부러진 뼈를) 잇다

▶ 接木する

[枝を] (가지를) 접붙이다

つくす (尽くす)
[社会のために] (사회를 위해) 진력하다*

[国の発展に] (나라 발전에) 이바지하다

[全力を] (전력을) 다하다

[最善を] (최선을) 다하다

[真心を] (정성을) 다하다

[全力を] (전력을) 다하다

つぐなう (償う)
[損害を] (손해를) 갚다, 보상하다*, 배상하다*

[金で] (돈으로) 갚다, 보상하다*, 배상하다*

[罪を] (죄를) 씻다, 속죄하다*

つぐむ
[口を] (입을) 다물다

つくる (作る)
[コンピュータの部品を] (컴퓨터 부품을) 만들다

[ツバメが巣を] (제비가 둥지를) 틀다

[庭で野菜を] (정원에서 야채를) 가꾸다

    〔店の前に列を〕   (가게 앞에 줄을) 서다

    〔詩を〕   (시를) 짓다

    〔幸せな家庭を〕   (행복한 가정을) 꾸미다

    〔株で一財産を〕   (주식으로 한 재산을) 마련하다

    〔借金をたくさん〕   (빚을 많이) 지다

  � **作られる**

    〔大理石で〕   (대리석으로) 만들어지다

    〔バターは牛乳から〕   (버터는 우유로) 만들어지다

    〔ビールは大麦から〕   (맥주는 보리로) 만들어지다

  ▶ **作り上げる**

    〔作品を〕   (작품을) 만들어 내다

    〔模型を〕   (모형을) 완성시키다*

  ▶ **作り替える**

    〔倉庫を居室に〕   (창고를 거실로) 고치다, 개축하다*

つくる (造る)

    〔高層ビルを〕   (고층빌딩을) 건설하다*

    〔港を〕   (항구를) 건설하다*

    〔大型タンカーを〕   (대형 유조선을) 건조하다*

つくろう (繕う)

    〔ズボンのほころびを〕   (바지의 터진 곳을) 깁다, 꿰매다, 때우다

    〔靴下を〕   (양말을) 깁다

    〔体面を〕   (체면을) 차리다

    〔その場を〕   (그 자리를) 얼버무리다

つけあがる (付け上がる)

    〔先輩に〕   (선배에게) 기어오르다

つけかえる (付け替える)

    〔電球を〕   (전구를) 갈다

つけくわえる (付け加える)

    〔ひと言〕   (한 마디를) 덧붙이다

つけこむ (付け込む)

    〔相手の弱みに〕   (상대의 약점을) 틈타다

つけたす（付け足す）
［言葉を］	（말을) 덧붙이다

つける
［シャツのボタンを］	（셔츠 단추를) 달다
［居間にエアコンを］	（거실에 에어컨을) 달다
［接着剤で］	（접착제로) 붙이다
［家庭教師を］	（가정교사를) 붙이다
［弁護士を］	（변호사를) 붙이다
［たばこに火を］	（담배에 불을) 붙이다
［薬を］	（약을) 바르다
［パンにバターを］	（빵에 버터를) 바르다
［香水を］	（향수를) 뿌리다
［塩味を］	（소금을) 묻히다, 간을 하다
［さしみに醤油を］	（생선회에 간장을) 찍다

＊찍다 : 粉や液体などをつける。

［体力を］	（체력을) 기르다
［本を読む習慣を］	（책을 읽는 습관을) 기르다
［日記を］	（일기를) 쓰다
［帳簿を］	（장부를) 적다, 기입하다*, 기장하다*
［値段を］	（값을) 매기다
［電気を］	（불을) 켜다
［ガスを］	（가스를) 켜다

つける（着ける）
［ブローチを］	（브로치를) 달다
［イヤリングを］	（귀걸이를) 달다
［船を岸壁に］	（배를 안벽에) 대다
［車をホテルに］	（차를 호텔에) 대다

つける（浸ける）
［タオルを水に］	（타월을 물에) 담그다
［ワカメを水に］	（미역을 물에) 담그다

つける（漬ける）
［キムチを］	（김치를) 담그다

　　　　〔ハクサイを〕　　　　　　　（배추를）절이다

MEMO 절이다, 담그다

・**절이다**：塩漬けにする。
・**담그다**：材料を混ぜて器に入れ，熟成，発酵させる。

つげる（告げる）

　　　　〔故郷に別れを〕　　　　　　（고향에 이별을）고하다*
　　　　〔時計が正午を〕　　　　　　（시계가 정오를）알리다
　　　　〔春の到来を〕　　　　　　　（봄이 온 것을）알리다
　　　　〔名前を〕　　　　　　　　　（이름을）말하다

▶ **告げ口をする**

　　　　〔先生に〕　　　　　　　　　（선생님에게）찌르다, 고자질하다*, 일러바치다

つたえる（伝える）

　　　　〔出張の予定を〕　　　　　　（출장 예정을）전하다*
　　　　〔電話で用件を伝える〕　　　（전화로 용건을）전하다*
　　　　〔文化遺産を後世に〕　　　　（문화유산을 후대에）전하다*
　　　　〔キリスト教を日本に〕　　　（기독교를 일본에）전하다*
　　　　〔弟子に技術を〕　　　　　　（제자에게 기술을）전수하다*
　　　　〔銅は熱をよく〕　　　　　　（구리는 열을 잘）전도하다*

➡ **伝わる**

　　　　〔ニュースが世界中に〕　　　（뉴스가 전 세계로）퍼지다
　　　　〔真意が〕　　　　　　　　　（진의가）전해지다*
　　　　〔鉄砲が種子島に〕　　　　　（총이 다네가시마에）전해지다*

つちかう（培う）

　　　　〔英会話能力を〕　　　　　　（영어 회화 능력을）기르다
　　　　〔友情を〕　　　　　　　　　（우정을）키우다

つつく

　　　　〔鳥がえさを〕　　　　　　　（새가 모이를）쪼다
　　　　〔ひじで横腹を〕　　　　　　（팔꿈치로 옆구리를）쿡쿡 찌르다
　　　　〔なべを〕　　　　　　　　　（냄비 속을）들쑤시다

➡ **つつかれる**

　　　　〔準備不足を〕　　　　　　　（준비가 부족하다고）지적당하다*

［今日中に終えるように］　（오늘중에 끝내도록) 재촉당하다*

つづく（続く）───────────

［水不足が］　（물부족이) 계속되다*

［日照りが］　（가뭄이) 계속되다*

［熱が何日も］　（열이 며칠간이나) 계속되다*

［先生の後に］　（선생님 뒤를) 따르다

［この道は春川まで］　（이 길은 춘천까지) 이어지다

➥ 続ける

［やっていたことを］　（하던 일을) 계속하다*

［ラジオ体操を］　（라디오 체조를) 계속하다*

つっこむ（突っ込む）───────────

［ポケットに手を］　（주머니에 손을) 처넣다

［水たまりに足を］　（물구덩이에 발을) 처박다

［書類を引き出しに］　（서류를 서랍에) 쑤셔 넣다

［敵陣に］　（적진에) 돌진하다*

［車が塀に］　（차를 담벼락에) 처박다

［他人の問題に首を］　（남의 문제에) 끼어들다

➥ 突っ込まれる

［説明の矛盾を］　（설명의 모순점을) 지적당하다*

つつしむ（慎む）───────────

［言葉を］　（말을) 조심하다*

［酒を］　（술을) 삼가다

［暴飲暴食を］　（폭음폭식을) 삼가다

＊最近は삼가다よりも삼가하다の形で用いられる傾向がある。

つっぱる（突っ張る）───────────

［足の筋肉が］　（다리의 근육이) 땅기다

つつむ（包む）───────────

［プレゼントを］　（선물을) 싸다, 포장하다*

➥ 包まれる

［霧に］　（안개에) 싸이다

［謎に］　（수수께끼에) 둘러싸이다

［熱気に］　（열기에) 둘러싸이다

[沈鬱な空気に]　　　　　(침울한 공기에) 둘러싸이다

つづる （綴る）

[文章を]　　　　　　　(글을) 짓다

[書類を月別に]　　　　(서류를 월별로) 철하다*

つとめる （勤める）

[市役所に]　　　　　　(시청에서) 근무하다*

[パン屋に]　　　　　　(빵집에서) 일하다

つとめる （努める）

[合格しようと]　　　　(합격하려고) 노력하다*

[大役を果たそうと]　　(큰 역할을 다하려고) 애쓰다, 노력하다*

[業務の改善に]　　　　(업무 개선에) 힘쓰다, 애쓰다, 노력하다

[母親の看病に]　　　　(어머니 간병에) 힘쓰다

MEMO 힘쓰다, 애쓰다

・**힘쓰다** : 苦心して仕事をする。あることに腐心する，注力する。

・**애쓰다** : 何かをなすために非常に努力する。尽くす，努める。

つとめる （務める）

[主役を]　　　　　　　(주역을) 맡다

[会議の議長を]　　　　(회의의 의장을) 맡다

[観光ガイドを]　　　　(관광 가이드를) 맡다

[市長を2期]　　　　　(시장직을 두 번) 맡다, 연임하다*

つながる （繋がる）

[電話が]　　　　　　　(전화가) 연결되다*

[本州と北海道が]　　　(혼슈와 홋카이도가) 연결되다*

[飲酒が事故に]　　　　(음주가 사고로) 이어지다

つなぐ （繋ぐ）

[犬をくさりに]　　　　(개를 개줄로) 매 두다

[2つの町を]　　　　　(두 동네를) 잇다

[ホースを蛇口に]　　　(호스를 수도꼭지에) 연결하다*

[プラグをコンセントに]　(플러그를 컨센트에) 꽂다

[仲良く手を]　　　　　(사이좋게 손을) 잡다

つのる（募る）

［望郷の思いが］	（고향에 대한 그리움이）깊어지다
［悲しみが］	（슬픔이）더해지다
［がんに対する不安が］	（암에 대한 불안이）심해지다*
［寄付を］	（기부를）받다, 모금하다*
［参加者を］	（참가자를）모집하다*
［新しいアイディアを］	（새로운 아이디어를）모집하다*

つぶす（潰す）

［紙の箱を］	（종이 상자를）부수다
［自分の会社を］	（자기 회사를）망하게 하다*
［チャンスを］	（찬스를）잃다, 망치다, 허비하다*
［暇を］	（시간을）때우다

➡ **つぶれる**

［箱が］	（상자가）찌부러지다
［ケーキが］	（케이크가）찌부러지다
［地震で家が］	（지진으로 집이）찌부러지다
［卵が］	（달걀이）깨지다
［会社が］	（회사가）도산하다*, 망하다*
［計画が］	（계획이）무산되다*
［声が］	（목이）잠기다, 쉬다

▶ **押しつぶす**

| ［ペットボトルを足で］ | （페트병을 발로）찌부러뜨리다 |

▶ **すりつぶす**

| ［じゃがいもを］ | （감자를）으깨다 |

つぶやく

| ［独り言を］ | （혼자）중얼거리다 |

つぶる

| ［目を］ | （눈을）감다 |

つぼむ

| ［朝顔の花が］ | （나팔꽃이）오므라들다 |

➡ **つぼめる**

| ［唇を］ | （입술을）오므리다 |

| ［手を］ | （손을) 오므리다 |
| ［かさを］ | （우산을) 접다 |

つまずく

| ［石に］ | （돌에) 채다 |
| ［結婚に］ | （결혼에) 실패하다* |

つまはじきにする

| ［グループから］ | （그룹에서) 따돌림을 하다 |

➥ **つまはじきにされる**

| ［みんなから］ | （모두한테서) 따돌림을 당하다 |

つまむ（摘む）

［鼻を］	（코를) 쥐다
［ピンセットでガーゼを］	（핀셋으로 가제를) 집다
［菓子を］	（과자를) 집어 먹다

つまる（詰まる）

［スケジュールが］	（스케줄이) 꽉 차다
［排水管が］	（배수관이) 막히다
［風邪で鼻が］	（감기로 코가) 막히다
［返事に］	（말문이) 막히다
［もちがのどに］	（떡이 목구멍에) 걸리다
［胸が］	（가슴이) 메다
［のどが］	（목이) 메다

つむ（積む）

［経験を］	（경험을) 쌓다
［荷物を］	（짐을) 싣다
［机の上に本を］	（책상 위에 책을) 쌓다
［練習を］	（연습을) 많이 하다

➥ **積もる**

| ［雪が］ | （눈이) 쌓이다 |
| ［部下たちの不満が］ | （부하들의 불만이) 쌓이다 |

▶ **積み上げる**

| ［石垣を］ | （돌담을) 쌓아 올리다 |

た

つむ（つみかさねる）

▶ 積み重ねる
　〔れんがを〕　　　　　　　（벽돌을）쌓아 올리다
　〔練習を〕　　　　　　　　（연습을）거듭하다

▶ 積み立てる
　〔毎月2万円ずつ〕　　　　（매달 2만 엔씩）모으다, 모아 두다, 적립하다*

つむ（摘む） ──────────────
　〔花を〕　　　　　　　　　（꽃을）따다
　〔茶葉を〕　　　　　　　　（찻잎을）따다
　〔雑草を〕　　　　　　　　（잡초를）뽑다

▶ 摘み取る
　〔雑草を〕　　　　　　　　（잡초를）뜯다, （김을）매다

つむぐ（紡ぐ） ──────────────
　〔糸を〕　　　　　　　　　（실을）잣다

つめる（詰める） ──────────────
　〔スーツケースに荷物を〕　（여행 가방에 짐을）채우다
　〔隙間に新聞紙を〕　　　　（틈에 신문지를）채우다
　〔歯に金を〕　　　　　　　（치아를 금으로）때우다
　〔席を横に〕　　　　　　　（자리를 옆으로）당겨 앉다, 좁혀 앉다
　〔奥に〕　　　　　　　　　（안으로）들어가다
　〔ズボンの丈を〕　　　　　（바지 길이를）줄이다
　〔2人の警官が〕　　　　　（두 명의 경찰관이）근무하다*
　〔息を〕　　　　　　　　　（숨을）죽이다

▶ 詰め替える
　〔容器の中身を〕　　　　　（용기의 내용물을）바꿔 넣다
　〔洗剤を〕　　　　　　　　（세제를）리필하다

▶ 詰め込む
　〔かばんに服を〕　　　　　（가방에 옷을）집어넣다
　〔知識を頭に〕　　　　　　（지식을 머리에）집어넣다

▶ 詰め寄る
　〔バッターが審判に〕　　　（타자가 심판에게）대들다

つよまる（強まる） ──────────────
　〔風雨が〕　　　　　　　　（비바람이）거세지다

［痛みが］　　　　　　　（통증이）심해지다*
［政府の権力が］　　　　（정부의 권력이）강화되다*

つよめる（強める）

［ガスの火を］　　　　　（가스의 불을）세게 하다
［語気を］　　　　　　　（어조를）강하게 하다
［北に対する圧力を］　　（북에 대한 압력을）강화하다*
［テロに対する警戒を］　（테러에 대한 경계를）강화하다*

つらなる（連なる）

［式典に］　　　　　　　（식전에）참석하다*
［パレードの車列が］　　（퍼레이드의 차열이）줄짓다

➥ 連ねる

［免税店が軒を］　　　　（면세점이）즐비하다* 形
　　＊즐비하다：びっしりと立ち並んでいる。
［車を］　　　　　　　　（차를）거느리다
［もっともらしい言葉を］（그럴싸한 말을）늘어놓다

つらぬく（貫く）

［川が町を］　　　　　　（강이 마을을）가로지르다
［弾丸が胸を］　　　　　（총알이 가슴을）관통하다*, 꿰뚫다
［初心を］　　　　　　　（초심을）관철하다*
［主張を］　　　　　　　（주장을）관철하다*

つり合う

［収入と支出とが］　　　（수입과 지출이）맞다
［帯と着物の色が］　　　（허리띠와 옷의 색깔이）어울리다

つる（釣る）

［魚を］　　　　　　　　（물고기를）낚다, 잡다

➥ 釣れる

［タイがよく］　　　　　（노미가）잘 낚이다, 잡히다

➥ つられる

［安い値段に］　　　　　（싼 가격에）유혹되다*, 끌리다
［甘い言葉に］　　　　　（달콤한 말에）유혹되다*, 끌리다

つる
[水泳で足が]　　　　　　　(수영 중에 다리에) 쥐가 나다

つる （吊る）
[首を]　　　　　　　　　(목을) 매다

[カーテンを]　　　　　　(커튼을) 달다

[蚊帳を]　　　　　　　　(모기장을) 치다

▶ 吊り上げる

[クレーンでコンテナを]　(기중기로 컨테이너를) 들어올리다

[相場を]　　　　　　　　(시세를) 올리다

[目を]　　　　　　　　　(눈초리를) 치켜 올리다

つるす （吊るす）
[ランプを]　　　　　　　(램프를) 달아매다

[猫の首に鈴を]　　　　　(고양이 목에 방울을) 달다

て

であう（出会う）────────────────
　［偶然友達に］　　　　　（우연히 친구를）만나다
▶ **出くわす**
　［道で恩師に］　　　　　（길에서 은사를）마주치다

ていする（呈する）────────────────
　［苦言を］　　　　　　　（고언을）주다, 드리다
　［活況を］　　　　　　　（활기를）띠다
　［盛況を］　　　　　　　（성황을）띠다

てがける（手がける）────────────────
　［システム開発を］　　　（시스템 개발을）다루다
　［人権問題を］　　　　　（인권문제를）다루다

でかける（出かける）────────────────
　［散歩に］　　　　　　　（산책하러）나가다
　［買い物に］　　　　　　（물건을 사러）나가다
　［旅行に］　　　　　　　（여행을）가다

できあがる（でき上がる）────────────────
　［夕飯が］　　　　　　　（저녁밥이）다 되다
　［家が］　　　　　　　　（집이）완성되다*

できる────────────────
　［車の運転が］　　　　　（자동차 운전을）할 줄 알다
　［ベトナム語が］　　　　（베트남어를）할 줄 알다
　［何でも］　　　　　　　（뭐든지）할 수 있다
　［クラスで一番］　　　　（반에서）머리가 제일 좋다
　［数学がよく］　　　　　（수학을）잘하다
　［新しいコンビニが］　　（새로운 편의점이）생기다, 개점하다*
　［焼酎は麦から］　　　　（소주는 보리로）만들어지다
　［顔におできが］　　　　（얼굴에 부스럼이）생기다

てこずる────────────────
　［仕事に］　　　　　　　（일에）애를 먹다
　［わがままな息子に］　　（버릇이 없는 아들에게）애를 먹다

223

でしゃばる

でしゃばる
[他人のことに] — (남의 일에) 나서다

てっする (徹する)
[金もうけに] — (돈 벌기에) 전념하다*
[夜を] — (밤을) 새우다

てつだう (手伝う)
[食器洗いを] — (설거지를) 돕다, 도와주다
[父の仕事を] — (아버지의 일을) 도와 드리다

でっちあげる
[話を] — (이야기를) 꾸며 내다

でなおす (出直す)
[一から] — (처음부터) 다시 시작하다*

てなずける (手なずける)
[子どもを] — (어린이를) 구슬리다
[のら猫を] — (길고양이를) 길들이다

てばなす (手放す)
[家を] — (집을) 팔아 넘기다
[蔵書を] — (장서를) 처분하다*

てまどる (手間取る)
[準備に] — (준비에) 시간이 걸리다

てまねきする (手招き—)
[先生が学生に] — (선생님이 학생에게) 손짓해서 부르다

でまわる (出回る)
[偽札が] — (위조 지폐가) 나돌다
[模造品が] — (모조품이) 나돌다

でむかえる (出迎える)
[友人を空港で] — (친구를 공항에서) 마중하다
[外国の視察団を] — (외국 시찰단을) 맞이하다

でむく (出向く)
[東京本社まで] — (도쿄 본사까지) 찾아가다

てらす (照らす)
[太陽が草原を] — (태양이 초원을) 비추다

第2部

224

| ［照明が足もとを］ | （조명이 발밑을) 비추다 |
| ［灯台の光が海上を］ | （등대의 빛이 바다 위를) 비추다 |

▶ 照らし合わせる

| ［理論と実験結果を］ | （이론과 실험 결과를) 대조하다* |

てる（照る）

［日が］	（해가) 비치다
［月が］	（달빛이) 비치다
［太陽がかんかんと］	（태양이 쨍쨍) 쬐다

でる（出る）

［外に］	（밖에) 나가다
［町に］	（거리에) 나가다
［一歩前に］	（한 발 앞으로) 나가다
［朝 7 時に家を］	（아침 일곱 시에 집을) 나가다
［釜山行きは 1 番線から］	（부산행은 1번 플랫폼에서) 출발하다*
［田舎からソウルに］	（시골에서 서울로) 나오다
［高校を］	（고등학교를) 나오다. 졸업하다*
［寄宿舎から］	（기숙사에서) 나오다
［刑務所を］	（교도소에서) 나오다
［勤め先を］	（직장을) 나오다
［幽霊が］	（유령이) 나오다
［腹が］	（배가) 나오다
［鼻水が］	（콧물이) 나오다, 나다
［汗が］	（땀이) 나오다, 나다
［血が］	（피가) 나오다, 나다
［あくびが］	（하품이) 나오다, 나다
［涙が］	（눈물이) 나오다, 나다
［ふけが］	（비듬이) 생기다

＊内部から湧き出てくるものではないので나다は使えない。

［火が］	（불이) 나다
［元気が］	（기운이) 나다
［花のつぼみが］	（꽃봉오리가) 나오다
［新芽が］	（새순이) 나오다, 트다

225

［強気に］	(강경하게) 나오다
［下手に］	(저자세로) 나오다
［映画に］	(영화에) 나오다, 출연하다*
［選挙に］	(선거에) 나오다, 출마하다*

MEMO　나가다와 나오다

・수업에 나가다 (授業に出る), 경기에 나가다 (試合に出る), 회의에 나가다 (会議に出る) など「参加する」の意味で使われるときは나가다が使われる。

・나오다は,「中から外へ移動する」ことを表す。すでにその場所を出たり, その場所に出たりした場合には나오다が使われる。

*生理現象の場合, ふつうは코피가 나다 (鼻血が出る), 재채기가 나다 (くしゃみが出る), 딸꾹질이 나다(しゃっくりが出る), 열이 나다(熱が出る)のように나다が使われる。ただし, いまそのような状況が起こっていることを強調する場合には나오다が使われる。

・本, 新聞などに文章や絵などが掲載されたり, 放送などに直接出たりした場合は, 나오다が使われる。

と

とう（問う）

〔安否を〕 　　　　　　　　　　　　（안부를）묻다

〔近況を〕 　　　　　　　　　　　　（근황을）묻다

▶ **問い合わせる**

〔飛行機の到着予定を〕 　　　　（비행기 도착 예정을）문의하다*

〔内容を電話で〕 　　　　　　　　（내용을 전화로）문의하다*

〔専門家に〕 　　　　　　　　　　　（전문가에게）문의하다*

▶ **問い返す**

〔確認のため〕 　　　　　　　　　（확인하기 위해）다시 묻다, 되묻다

▶ **問いただす**

〔事の真偽を〕 　　　　　　　　　（일의 진위를）캐묻다, 따지다

〔遅れた理由を〕 　　　　　　　　（늦은 이유를）캐묻다, 따지다

MEMO 캐묻다, 따지다

・**캐묻다**：あれこれとしつこく尋ねる。

・**따지다**：間違いや問題点をはっきり聞いて，明らかな答を求める。

▶ **問い詰める**

〔犯人を〕 　　　　　　　　　　　　（범인을）추궁하다*

〔疑惑を〕 　　　　　　　　　　　　（의혹을）추궁하다*

どうあげする（胴上げ—）

〔監督を〕 　　　　　　　　　　　　（감독을 들어）헹가래를 치다

　　＊胴上げされる：헹가래를 받다

とうじる（投じる）

〔がけの上から身を〕 　　　　　（벼랑 위에서 몸을）던지다

〔民主化運動に身を〕 　　　　　（민주화 운동에 몸을）던지디

〔大金を博打に〕 　　　　　　　　（거금을 도박에）던지다

〔新政党に１票を〕 　　　　　　　（새 정당에 한 표를）던지다

とうとぶ（貴ぶ・尊ぶ）

〔人権を〕 　　　　　　　　　　　　（인권을）존중하다*

〔命を〕 　　　　　　　　　　　　　（생명을）존중하다*

とおざかる（遠ざかる）

［船が港から］	（배가 항구에서） 멀어지다
［汽笛の音が］	（기적 소리가） 멀어지다
［芸能界から］	（연예계에서） 은퇴하다*
［政界から］	（정계에서） 은퇴하다*

▶ 遠ざける

［現場から野次馬を］	（현장에서 구경꾼들을） 멀리하다
［嫌いな人を］	（싫은 사람을） 멀리하다

とおす（通す）

［町に鉄道を］	（동네에 철도를） 통과시키다*, 뚫다
［特急を先に］	（특급을 먼저） 통과시키다*
［法案を］	（법안을） 통과시키다*
［光を］	（빛을） 통하게 하다, 투과시키다*
［電気を］	（전기를） 통하게 하다
［ほうれんそうを湯に］	（시금치를 끓는 물에） 데치다
［ずっと沈黙を］	（계속 침묵을） 지키다
［一生独身で］	（평생을 독신으로） 보내다
［自分の意見を］	（자기 의견을） 관철하다*
［わがままを］	（제멋대로） 굴다
［意地を］	（자기 생각에） 고집하다*
［無理を］	（억지를） 부리다
［針に糸を］	（바늘에 실을） 꿰다
［客を応接室に］	（손님을 응접실로） 안내하다*

とおる（通る）

［家のそばを］	（집 옆을） 지나가다
［車が］	（차가） 지나가다, 다니다
［風が］	（바람이） 통하다*
［電気が］	（전기가） 통하다*
［声がよく］	（목소리가） 잘 들리다
［試験に］	（시험에） 붙다, 합격하다*
［検査に］	（검사를） 통과하다*
［条例が議会を］	（조례가 의회를） 통과하다*

とかす（溶かす）

［砂糖を水に］	(설탕을 물에) 타다
［コーヒーに蜂蜜を］	(커피에 꿀을) 타다
［味噌をお湯に］	(된장을 뜨거운 물에) 풀다
［からし粉を水に］	(겨자 가루를 물에) 풀다
［卵をスープに］	(달걀을 국에) 풀다
［氷を水に］	(얼음을 물에) 녹이다
［バターを］	(버터를) 녹이다

MEMO 타다, 풀다, 녹이다

・**타다**：多量の液体に，少量の液体や粉などを入れて混ぜる。
・**풀다**：液体に何かを入れてまんべんなく溶かす。
・**녹이다**：固形物に熱や水分を加え，軟らかくしたり水のようにしたりする。

➥ **溶ける・融ける**

［塩が水に］	(소금이 물에) 녹다
［雪が］	(눈이) 녹다
［チョコレートが］	(초콜릿이) 녹다

➥ **溶く**

［片栗粉を水に］	(녹말가루를 물에) 풀다

▶ **溶け込む**

［新しい環境に］	(새로운 환경에) 적응하다*, 녹아들다

とかす（梳かす）

［髪を］	(머리를) 빗다

とぎれる（途切れる）

［取引が］	(거래가) 끊어지다

とく（説く）

［よくわかるように］	(잘 알아듣도록) 타이르다

とぐ（研ぐ）

［米を］	(쌀을) 씻다
［包丁を］	(부엌칼을) 갈다

とく（解く）

［問題を］	(문제를) 풀다

とく（とける）

［武装を］	(무장을) 풀다, 해제하다*
［任務を］	(임무를) 풀다

➥解ける

［謎が］	(수수께끼가) 풀리다
［靴ひもが］	(신발끈이) 풀리다
［誤解が］	(오해가) 풀리다

➥解かれる

［外出禁止令が］	(외출 금지령이) 풀리다, 해제되다*

とげる（遂げる）

［望みを］	(소망을) 이루다
［思いを］	(뜻을) 이루다
［目的を］	(목적을) 이루다
［急速な進歩を］	(급속한 진보를) 이루다, 이룩하다

とざす（閉ざす）

［門を］	(문을) 닫다
［心を］	(마음을) 닫다
［口を］	(입을) 다물다

➥閉ざされる

［雪に］	(눈에) 갇히다

とじこめる（閉じ込める）

［鍵をかけて部屋に］	(자물쇠를 채워서 방에) 가두다

➥閉じ込められる

［エレベータに］	(엘리베이터에) 갇히다

とじこもる（閉じ籠もる）

［部屋に］	(방에) 틀어박히다

とじる（綴じる）

［分厚い書類を］	(두꺼운 서류를) 철하다*

とじる（閉じる）

［ドアを］	(문을) 닫다
［本を］	(책을) 덮다
［目を］	(눈을) 감다
［口を］	(입을) 다물다

［幕を］	(막을) 내리다

とだえる（途絶える）——————————

| ［取引が］ | (거래가) 끊어지다 |
| ［命が］ | (명맥이) 끊기다 |

とつぐ（嫁ぐ）——————————

| ［金持ちの家に］ | (부잣집에) 시집가다* |

とっちめる——————————

| ［菓子を奪い取った弟を］ | (과자를 뺏어 먹은 동생을) 혼내다* |

とってかわる（取って代わる）——————————

| ［補欠がレギュラーに］ | (후보 선수가 정규 선수를) 대신하다* |
| ［車が鉄道に］ | (차가 철도를) 대체하다* |

とってくる（取って来る）——————————

| ［本を］ | (책을) 가지고 오다 |

とどく（届く）——————————

［手紙が］	(편지가) 오다
［小包が］	(소포가) 도착하다*
［手が］	(손이) 닿다
［自分の思いが］	(자기 마음이) 전해지다*

➥ **届ける**

［手紙を］	(편지를) 보내다
［花を］	(꽃을) 배달하다*
［拾った財布を交番に］	(주운 지갑을 파출소에) 가져가다

▶ **届け出る**

| ［警察に被害を］ | (경찰에 피해를) 신고하다* |
| ［長女の出生を区役所に］ | (장녀의 출생을 구청에) 신고하다* |

とどこおる（滞る）——————————

［仕事が］	(일이) 밀리다
［家賃が3か月も］	(집세가 3개월분이나) 밀리다
［道路が常習的に］	(도로가 상습적으로) 정체되다*

ととのう（整う・調う）——————————

| ［食事の用意が］ | (식사가) 준비되다*, 마련되다 |
| ［条件が］ | (조건이) 갖추어지다 |

ととのう（ととのえる）

[両家の縁談が] （양가의 혼담이）성립되다*

➡ **整える・調える**

[身なりを] （옷차림을）단정히 하다*

[呼吸を] （호흡을）가다듬다

[美容院で髪を] （미용실에서 머리를）다듬다

[試合に備えて体調を] （시합에 대비해서 컨디션을）조절하다*

[態勢を] （태세를）갖추다

[出張のしたくを] （출장 준비를）갖추다

[会議の手はずを] （회의 준비를）갖추다

とどまる（留まる）────────────

[ホテルに] （호텔에）머무르다

[現場に] （현장에）남다

➡ **留める**

[歴史に名を] （역사에 이름을）남기다

[足を] （발걸음을）멈추다

[原形を] （원형을）유지하다

[父の言葉を心に] （아버지의 말을 마음에）새기다

とどろく────────────────

[雷鳴が] （천둥 소리가）울려 퍼지다

[ダイナマイトの爆音が] （다이너마이트의 폭음이）울려 퍼지다

➡ **とどろかせる**

[ジェット機が騒音を] （제트기가 소음을）내다

[悪名を] （악명을）떨치다

となえる（唱える）──────────────

[念仏を] （염불을）외다

[呪文を] （주문을）외다

[異議を] （이의를）주장하다*

[新説を] （새로운 학설을）주창하다*

[言論の自由を] （언론의 자유를）제창하다*

どなる（怒鳴る）───────────────

[怒って大声で] （화가 나서 큰 소리로）고함치다*

[部下を] （부하를）호통치다

＊호통치다는, 怒鳴りつけるニュアンス。

232

とばす（飛ばす）

［模型飛行機を］	（모형 비행기를）날리다
［泥水を］	（흙탕물을）튀기다
［唾を］	（침을）튀기다
［順序を］	（순서를）건너뛰다
［時速 100 キロで車を］	（시속 100킬로로 차를）몰다

➥ 飛ばされる

| ［地方の支店に］ | （지방 지점으로）좌천되다* |

とぶ（飛ぶ）

［飛行機が］	（비행기가）날다
［鳥が空を］	（새가 하늘을）날다
［風で帽子が］	（바람에 모자가）날아가다
［話があちこちに］	（얘기가 여기저기에）나돌다
［デマが］	（유언비어가）퍼지다
［ヒューズが］	（퓨즈가）나가다, 끊어지다

とぶ（跳ぶ）

［カエルが］	（개구리가）뛰다
［片足でぴょんぴょん］	（한 쪽 발로 통통）뛰다
［脈が］	（맥박이）뛰다

MEMO 튀다, 뛰다

- 튀다：ばねやボールなどが跳ねる，弾む。液体が飛び散る。
- 뛰다：体が空中に飛び跳ねる。ジャンプする。

とぼける

| ［知っていながら］ | （알면서）시치미를 떼다 |

MEMO

시치미를 떼다의 시치미라는 것은, もともと매사냥（鷹狩り）で使われた用語で、鷹の身分証のようなものである。

鷹狩りは獲物を獲るよう訓練された鷹が，放たれたキジや鳥を襲って獲ってくるという遊びで，百済時代に端を発し，朝鮮時代に下級の両班，金持ちなどの間で豪奢な遊びとして広まったと言われている。鷹狩りが盛んになって

くると, 狩猟に使われる鷹が増え, 鷹の取り違えや盗難が頻繁に起こったため, 鷹の持ち主を表示する薄く削った四角形の角を名札として鷹の尾につけたのだが, それが시치미である。시치미には鷹の名前, 種類, 年齢, 色, 持ち主の名前などを記録した。

ところが欲深い人たちは, この시치미が付いている鷹を見つけると, その名札をはがして自分のものとすり替え, 自分の鷹だと偽装したりした。ここから生じた言葉が시치미를 떼다である。

とまる（泊まる）

| ［ホテルに］ | (호텔에) 묵다, 숙박하다*, 머물다 |
| ［友達の所に］ | (친구 집에서) 묵다, 자다 |

➡ 泊める

| ［客を家に］ | (손님을 집에) 묵게 하다, 숙박시키다* |

とまる（止まる）

［車が家の前で］	(차가 집 앞에서) 멈추다
［台風で新幹線が］	(태풍으로 신칸센이) 멈추다
［時計が］	(시계가) 멈추다, 멎다, 자다
［鼻血が］	(코피가) 멈추다

*血やしゃっくりなどの生理現象には멈추다が使われる。

［車のエンジンが］	(자동차 엔진이) 멎다
［電車が駅に］	(전철이 역에) 서다
［電気が］	(전기가) 끊기다
［工場の生産が］	(공장 생산이) 끊어지다

MEMO 멈추다, 멎다

멈추다と멎다は同意語で,「物の動きや動作が止まる」または「止める」時に使われる。ただし멎다は, 心臓, エンジン, 時計など絶え間なく動いているものが止まったというニュアンスが強い。

➡ 止める

| ［タクシーを］ | (택시를) 세우다 |
| ［ガソリンスタンドに車を］ | (주유소에 차를) 세우다 |

［車のエンジンを］	(자동차 엔진을) 끄다
［足を］	(걸음을) 멈추다
［機械を］	(기계를) 멈추다, 세우다
［血を］	(피를) 멎게 하다
［せきを］	(기침을) 멈추게 하다
［息を］	(숨을) 멈추다
［ガスの火を］	(가스 불을) 끄다
［けんかを］	(싸움을) 말리다

とめる（留める）──────

［ホチキスで紙を］	(스테이플러로 종이를) 철하다*
［ポスターをびょうで］	(포스터를 압정으로) 붙이다

とむらう（弔う）──────

［死者を］	(죽은 사람을) 문상하다*, 조문하다*

ともす（点す・灯す）──────

［電灯を］	(전등을) 켜다
［ろうそくに火を］	(촛불을) 켜다

➥ **点る・灯る**

［部屋に明かりが］	(방 불이) 켜지다

ともなう（伴う）──────

［妻を］	(아내를) 데리고 가다, 동반하다*, 대동하다*
［義務を］	(의무를) 수반하다*
［危険を］	(위험이) 따르다

どもる（吃る）──────

［焦って］	(서둘러서) 말을 더듬다

とらえる（捕らえる）──────

［ライオンが獲物を］	(사자가 먹이를) 잡다
［特徴をよく］	(특징을 잘) 잡다

➥ **捕らえられる**

［強盗が警察に］	(강도가 경찰에게) 잡히다, 붙잡히다

▶ **捕らわれる・囚われる**

［味方の兵士が敵に］	(아군의 병사가 적에게) 잡히다, 붙잡히다
［因習に］	(인습에) 사로잡히다

た

とりこになる

［先入観に］	(선입관에) 얽매이다
［目先の利益に］	(눈앞의 이익에) 얽매이다

とりこになる (虜に—)────────────

［山の美しさの］	(산의 아름다움에) 사로잡히다
［恋の］	(사랑에) 사로잡히다, (사랑의) 포로가 되다

　＊포로 : 捕虜

とりひきする (取り引き—)────────────

［銀行と］	(은행과) 거래하다*

とる (取る)────────────────────

［手に］	(손에) 들다
［手を］	(손을) 잡다
［人の物を］	(남의 물건을) 훔치다
［帽子を］	(모자를) 벗다
［染みを］	(얼룩을) 빼다
［扁桃腺を］	(편도샘을) 잘라 내다
［疲れを］	(피로를) 풀다
［テストで満点を］	(테스트에서 만점을) 받다
［明日から休暇を］	(내일부터 휴가를) 받다
［1等賞を］	(1등을) 하다
［資格を］	(자격을) 따다
［免許を］	(면허를) 따다
［8回裏に3点を］	(8회말에 3점을) 따다
［昼食を］	(점심을) 먹다
［十分な栄養を］	(충분한 영양을) 섭취하다*
［昼にカツどんを］	(점심으로 돈가스 덮밥을) 시키다
［新聞を］	(신문을) 구독하다*
［ホテル（に部屋）を］	(호텔을) 예약하다*
［列車の指定席を］	(열차 지정석을) 끊다
［講義の内容をノートに］	(강의 내용을 노트에) 적다
［韓国を例に］	(한국을 예로) 들다
［中国語の授業を］	(중국어 수업을) 듣다
［適当に間隔を］	(적당히 간격을) 두다

［強硬手段を］	（강경책을）쓰다
［景気浮揚策を］	（경기 부양책을）쓰다

➥ **取られる**

［かばんを］	（가방을）도둑맞다
［恋人を］	（여자 친구를）빼앗기다
［利子を］	（이자를）물게 되다
［罰金を］	（벌금을）물다
［一本］	（한 방）먹다

▶ **取り込む**

［敵を味方に］	（적을 우리 편으로）끌어들이다
［洗濯物を］	（빨래를）거두다, 거두어들이다

*거두다의 縮約形은 걷다.

▶ **取り壊す**

［古い建物を］	（낡은 건물을）헐다

▶ **取り下げる**

［提訴を］	（제소를）철회하다*

▶ **取り去る**

［腫瘍を］	（종양을）제거하다*
［薬で痛みを］	（약으로 아픔을）없애다

▶ **取り仕切る**

［息子が店を］	（아들이 가게를）도맡다

▶ **取り締まる**

［飲酒運転を］	（음주 운전을）단속하다*

▶ **取り調べる**

［事件の容疑者を］	（사건의 용의자를）조사하다*, 취조하다*

▶ **取り揃える**

［夏物衣料品を］	（여름 의료 상품을）갖추다

▶ **取り出す**

［ポケットから小銭を］	（주머니에서 잔돈을）꺼내다
［封筒から手紙を］	（봉투에서 편지를）꺼내다

▶ **取り立てる**

［債務者から借金を］	（채무자로부터 빚을）받아 내다

た

とる（とりちがえる）

▶ 取り違える

　〔赤ん坊を〕　　　　　　　（갓난아기를）뒤바뀌다

　〔問題の意味を〕　　　　　（문제의 뜻을）잘못 이해하다*

▶ 取り憑かれる

　〔誇大妄想に〕　　　　　　（과대망상에）사로잡히다

　〔恐怖に〕　　　　　　　　（공포감에）사로잡히다

　〔悪魔に〕　　　　　　　　（악마에）홀리다

▶ 取り繕う

　〔体裁を〕　　　　　　　　（체면을）차리다

　〔失敗を〕　　　　　　　　（실수를）얼버무리다

▶ 取り付ける

　〔エアコンを〕　　　　　　（에어컨을）달다, 설치하다*

　〔支持を〕　　　　　　　　（지지를）얻다, 얻어 내다

▶ 取り留める

　〔一命を〕　　　　　　　　（목숨을）건지다

▶ 取り直す

　〔気を〕　　　　　　　　　（마음을）새로이 하다

▶ 取り成す

　〔両者のいがみ合いを〕　　（두 사람의 말다툼을）중재하다*

　〔両国の紛争を〕　　　　　（두 나라의 분쟁을）중재하다*

▶ 取り逃がす

　〔泥棒を〕　　　　　　　　（도둑을）놓치다

　〔絶好の機会を〕　　　　　（절호의 기회를）놓치다

▶ 取り除く

　〔ガンを〕　　　　　　　　（암을）제거하다*

　〔障害物を〕　　　　　　　（장애물을）제거하다*

　〔原因を〕　　　　　　　　（원인을）없애다

▶ 取り外す

　〔看板を〕　　　　　　　　（간판을）떼어 내다

　〔入れ歯を〕　　　　　　　（틀니를）빼다

▶ 取り巻く

　〔建物の周りを〕　　　　　（건물 주위를）에워싸다

▶ 取り混ぜる
　　［りんごを大小］　　　　　　（크고 작은 사과를）뒤섞다

▶ 取り持つ
　　［2人を］　　　　　　　　　（두 사람을）주선하다*
　　［座を］　　　　　　　　　　（자리를）주선하다*

▶ 取り戻す
　　［貸した金を］　　　　　　　（빌려준 돈을）되찾다
　　［意識を］　　　　　　　　　（의식을）회복하다*
　　［健康を］　　　　　　　　　（건강을）회복하다*

▶ 取り止める
　　［旅行を］　　　　　　　　　（여행을）그만두다, 취소하다*, 중지하다*

とる（採る）────────────────────────────
　　［山菜を］　　　　　　　　　（산나물을）따다
　　［犯人の指紋を］　　　　　　（범인의 지문을）채취하다*
　　［大卒新入社員を］　　　　　（대졸 신입 사원을）채용하다*

とる（撮る）────────────────────────────
　　［写真を］　　　　　　　　　（사진을）찍다

とる（獲る・捕る）──────────────────────
　　［魚を］　　　　　　　　　　（물고기를）잡다

とれる（取れる・採れる）──────────────────
　　［シャツのボタンが］　　　　（셔츠의 단추가）떨어지다
　　［ワイシャツの染みが］　　　（와이셔츠의 얼룩이）빠지다
　　［まつたけが］　　　　　　　（송이버섯이）나다
　　［魚が］　　　　　　　　　　（물고기가）잡히다

どろんこになる（泥んこに─）──────────────
　　　　　　　　　　　　　　　　＝진흙투성이가 되다

どわすれする（度忘れ─）──────────────────
　　［大事なことを］　　　　　　（중요한 일을）깜빡 잊어버리다
　　［先生の名前を］　　　　　　（선생님의 이름을）깜빡 잊어버리다

どんちゃんさわぎをする────────────────────
　　［酒に酔って］　　　　　　　（술에 취해서）야단법석을 떨다

　　　＊야단법석：大騒ぎ, らんちき騒ぎ, どんちゃん騒ぎ

な

ないがしろにする────────────

　［意見を］　　　　　　　　(의견을) 무시하다*

　［勉強を］　　　　　　　　(공부를) 소홀히 하다*

なえる （萎える）────────────

　［気力が］　　　　　　　　(기력이) 쇠약해지다*

　［花が］　　　　　　　　　(꽃이) 시들다

なおす （直す）────────────

　［故障した車を］　　　　　(고장난 차를) 고치다, 수리하다*

　［破けた服を］　　　　　　(찢어진 옷을) 고치다, 수선하다*

　［悪い癖を］　　　　　　　(나쁜 버릇을) 고치다, 바로잡다

　［パンクを］　　　　　　　(빵꾸를) 때우다

　［マイルをキロに］　　　　(마일을 킬로미터로) 고치다, 환산하다*

　［文章を英語に］　　　　　(문장을 영어로) 번역하다*

なおす （治す）────────────

　［病気を］　　　　　　　　(병을) 고치다, 치료하다*

➥ **治る**

　［風邪が］　　　　　　　　(감기가) 낫다, 좋아지다

ながす （流す）────────────

　［背中を］　　　　　　　　(등을) 밀다

　［涙を］　　　　　　　　　(눈물을) 흘리다

　［トイレの水を］　　　　　(화장실 물을) 내리다

　［シャワーで汗を］　　　　(샤워로 땀을) 씻어내다

　［ラジオで台風情報を］　　(라디오에서 태풍에 관한 정보를) 내보내다

　［デマを］　　　　　　　　(유언비어를) 퍼뜨리다

➥ **流される**

　［洪水で家が］　　　　　　(홍수로 집이) 떠내려가다

　［子どもが川に］　　　　　(아이가 강에) 떠내려가다

➥ **流れる**

　［川が勢いよく］　　　　　(강이 힘차게) 흐르다

　［漢江はソウル市内を］　　(한강은 서울 시내를) 흐르다

［回路に電流が］	(회로에 전류가) 흐르다
［額に汗が］	(이마에 땀이) 흐르다
［時が］	(세월이) 흐르다
［うわさが］	(소문이) 퍼지다
［会議が］	(회의가) 허사가 되다*, 유회되다*, 날아가다

*준비했던 프로젝트가 날라갔다, 밤새 작업한 데이터가 날라갔다의 것처럼, 날아가다를 間違って 날라가다라고 말하고 있는 사람도 꽤 많다.

なかたがいする（仲違い—）

［友達と］	(친구와) 사이가 나빠지다

なかなおりする（仲直り—）

［彼と］	(남자 친구와) 화해하다*

ながびく（長引く）

［会議が］	(회의가) 길어지다
［風邪が］	(감기가) 오래가다

ながめる（眺める）

［満天の星を］	(하늘 가득한 별을) 바라보다
［窓から外の景色を］	(창문에서 밖의 경치를) 바라보다

ながもちする（長持ち—）

［菊の花が］	(국화꽃이) 오래가다

なく（泣く）

［赤ちゃんが］	(아기가) 울다
［しくしく］	(훌쩍훌쩍) 울다, 훌쩍거리다
［声を上げて］	(소리를 내어) 울다
［涙を流して］	(눈물을 흘리며) 울다
［思い切り］	(마음껏) 울다
［うれしくて］	(기뻐서) 울다
［痛くて］	(아파서) 울다
［さめざめと］	(하염없이) 울다

➥ 泣かせる

［弟を］	(남동생을) 울리다

▶ 泣き崩れる

［訃報を聞いて］	(부보를 듣고) 울부짖다

241

なく（なきさけぶ）

▶ 泣き叫ぶ
［迷子が］　　　　　　　　　（미아가）울부짖다

▶ 泣きつく
［金を貸してほしいと］　　　（돈을 빌려 달라고）애원하다*

▶ 泣きわめく
［注射がいやだと］　　　　　（주사 맞는 게 싫다고）울부짖다

なく（鳴く）────────

［犬がワンワンと］　　　　　　（개가 멍멍）짖다
［猫がニャーと］　　　　　　　（고양이가 야옹하고）울다
［牛がモーと］　　　　　　　　（소가 음매하고）울다
［豚がブーブーと］　　　　　　（돼지가 꿀꿀하고）울다
［羊がメーと］　　　　　　　　（양이 매하고）울다
［サルがキッキッと］　　　　　（원숭이가 끽끽하고）울다
　　＊一般的に끽끽のほうが，킥킥より使用頻度が高い。
［鶏がコケコッコーと］　　　（닭이 꼬끼오하고）울다
［アヒルがガーガーと］　　　（오리가 꿱꿱하고）울다
［カラスがカァカァと］　　　（까마귀가 까악까악하고）울다
　　＊一般的に까악까악のほうが，까옥까옥より使用頻度が高い。
［ハトがクークーと］　　　　（비둘기가 꾸꾸하고）울다
　　＊一般的に구구구のほうが，꾸꾸꾸より使用頻度が高い。
［スズメがチュンチュンと］　　（참새가）짹짹거리다
　　＊지저귀다：ヒバリなどの小鳥がさえずる。
［コオロギが］　　　　　　　　（귀뚜라미가）울다

なぎたおす（なぎ倒す）────────────

［強風が稲を］　　　　　　　　（강풍이 벼를）쓰러뜨리다

なぐ（凪ぐ）────────────

［海が］　　　　　　　　　　　（바다가）잔잔해지다*
［風が］　　　　　　　　　　　（바람이）자다

なぐさめる（慰める）────────────

［遺族を］　　　　　　　　　　（유족을）달래다, 위로하다*

➡ 慰められる
［花を見ると心が］　　　　　　（꽃을 보면 마음이）위로되다*

なくす（亡くす）

［母をがんで］ (어머니를 암으로) 여의다, 잃다

［一人息子を事故で］ (외아들을 사고로) 잃다

　＊親が息子などを先に亡くした場合は，여의다よりは，잃다,먼저 보내다という言い方をする。

➥ 亡くなる

［母が病気で］ (어머니가 병으로) 돌아가시다

なくす（無くす）

［電車の中で財布を］ (전철 안에서 지갑을) 잃어버리다

［算数の勉強に興味を］ (수학 공부에 흥미를) 잃다

［地球上から貧困を］ (지구상에서 빈곤을) 없애다

［不注意で金を］ (칠칠맞지 못하게 돈을) 흘리다

MEMO

흘리다：物などを不注意でどこかに落とす。食べものを「こぼす」，涙を「流す」の흘리다に通じる。

・손수건을 흘리다 (ハンカチを落とす)

・지갑을 흘리다 (財布を落とす)

・휴대폰을 흘리다 (携帯を落とす)

➥ 無くなる

［痛みが］ (통증이) 가시다

［地球上から戦争が］ (지구상에서 전쟁이) 없어지다

［零時を過ぎると電車が］ (자정이 넘으면 전철이) 끊기다

［図書館の本が］ (도서관의 책이) 없어지다

［車のガソリンが］ (자동차 기름이) 떨어지다

［万年筆のインクが］ (만년필 잉크가) 떨어지다

なぐる（殴る）

［犬を棒で］ (개를 막대기로) 때리다

［平手でほおを］ (손바닥으로 뺨을) 때리다

　＊「ビンタを食らわす」は，귀싸대기를 때리다。

➥ 殴られる

［先輩に］ (선배에게) 얻어맞다

なぐる（なぐりたおす）

▶ 殴り倒す
　［泥棒を］　　　　　　　　　（도둑을) 때려 눕히다

▶ 殴り殺す
　［鉄棒で］　　　　　　　　　（철봉으로) 패 죽이다
　　　＊패다 : ひどく殴る，ぶんなぐる。멍이 들도록 패다 (あざができるほど殴る)

▶ 殴り合う
　［互いに］　　　　　　　　　（서로) 주먹질하다

なぐりがきする（殴り書き—）

　［メモを］　　　　　　　　　（메모를) 갈겨 쓰다

なげく（嘆く）

　［生活苦を］　　　　　　　　（생활고를) 한탄하다*
　［自分の能力不足を］　　　　（자기 능력 부족을) 한탄하다*

なげる（投げる）

　［ボールを］　　　　　　　　（공을) 던지다
　［海に身を］　　　　　　　　（바다에 몸을) 던지다, (바다에) 투신하다*
　［視線を］　　　　　　　　　（시선을) 보내다
　［仕事を途中で］　　　　　　（일을 도중에서) 포기하다*

▶ 投げうつ
　［全財産を］　　　　　　　　（전재산을) 바치다
　［すべてを］　　　　　　　　（모든 것을) 바치다

▶ 投げ掛ける
　［社会に問題を］　　　　　　（사회에 문제를) 던지다, 제기하다*
　［疑問を］　　　　　　　　　（의문을) 던지다, 제기하다*

▶ 投げ込む
　［ごみを川に］　　　　　　　（쓰레기를 강에) 던져 넣다

▶ 投げ捨てる
　［ごみを道に］　　　　　　　（쓰레기를 길에) 내버리다, 내던지다
　［名誉を］　　　　　　　　　（명예를) 내던지다

▶ 投げ出す
　［かばんを机の上に］　　　　（가방을 책상 위에) 내던지다
　［床に足を］　　　　　　　　（바닥에 다리를) 뻗다
　［仕事を途中で］　　　　　　（일을 도중에서) 포기하다*, 내팽개치다, 내던지다
　　　＊내팽개치다는 「放り出す」という感じ。

▶ **投げ出される**
　［衝突のはずみで車から］　(충돌에 의한 반동으로 차 밖으로) 튕겨져 나오다
　［道路に］　(도로로) 내던져지다

▶ **投げ付ける**
　［犬に石を］　(개에게 돌을) 내던지다

なごむ（和む）
　［心が］　(마음이) 부드러워지다, 누그러지다
　［場が］　(분위기가) 부드러워지다

なす（成す）
　［貿易で財を］　(무역으로 재산을) 모으다
　［小魚が群れを］　(작은 물고기가 무리를) 이루다

▶ **成し遂げる**
　［偉業を］　(위업을) 달성하다*
　［計画を］　(계획을) 완수하다*
　［経済復興を］　(경제 부흥을) 이룩하다
　［食糧の自給を］　(식량 자급을) 이룩하다
　［監督官の職務を］　(감독관의 직무를) 감당하다*

なじむ
　［都会の生活に］　(도시 생활에) 익숙해지다

なじる
　［部下の失態を］　(부하의 실태를) 따지다
　［他人の欠点を］　(남의 흠을) 따지다

なすりあう（擦り合う）
　［責任を］　(책임을 서로) 전가하다*, 덮어씌우다

なすりつける（擦り付ける）
　［汚れた手をズボンに］　(더러워진 손을 바지에) 문지르다
　［責任を部下に］　(책임을 부하에게) 덮어씌우다
　［罪を人に］　(죄를 남에게) 덮어씌우다

なだめる
　［泣いている子を］　(울고 있는 아이를) 달래다
　［彼の怒りを］　(그의 화를) 달래다

なだれこむ（なだれ込む）────────────
［客が会場へ］ （손님이 회장에）밀어닥치다, 몰려들다
［開店と同時に客が］ （개점과 동시에 손님이）밀어닥치다, 몰려들다

なつかしむ（懐かしむ）────────────
［高校時代を］ （고등학교 시절을）그리워하다

なづける（名付ける）────────────
［息子に翔平と］ （아들 이름을 쇼헤이라고）짓다

なつばてする（夏ばて—）────────────
＝여름을 타다

なでる（撫でる）────────────
［子犬の頭を］ （강아지 머리를）쓰다듬다
　＊쓰다듬다：人や動物の頭などを「よしよし」となでる。
［父の荒れた手を］ （아버지의 거친 손을）어루만지다
［ぶつけた膝を］ （부딪힌 무릎을）어루만지다
　＊어루만지다：人の体を手で優しくなでる。泣いている人や辛い状況に置かれた人などを
　　優しくなでる（人ではない生物に対しては使えないことが多い）。

なのる（名乗る）────────────
［フェミニストを］ （페미니스트를）자칭하다*

なびく────────────
［旗が風に］ （깃발이 바람에）나부끼다
［金の力に］ （돈에）굴복하다*, 굴종하다*
➥ **なびかせる**
［髪を風に］ （머리를 바람에）휘날리다

なまける（怠ける）────────────
［勉強を］ （공부를）게을리하다
［仕事を］ （임무를）게을리하다

なまる（訛る）────────────
＝사투리가 나오다

なみだぐむ（涙ぐむ）────────────
［しかられて］ （혼나서）눈물을 짓다

なめす────────────
［皮を］ （가죽을）다루다

なめる（舐める）

［子猫がミルクを］	（새끼 고양이가 우유를) 핥다
［子犬が皿を］	（강아지가 접시를) 핥다
［あめを］	（사탕을) 빨다
［辛酸を］	（쓴맛 단맛) 다 겪다
［世の中を］	（세상을) 얕보다

なやます（悩ます）

| ［結婚問題で頭を］ | （결혼 문제로) 고민하다* |
| ［先生を］ | （선생님을) 괴롭히다 |

➡ **悩まされる**

［舅姑に］	（시부모님께) 시달리다
［思春期の息子に］	（사춘기의 아들에게) 시달리다
［工場の騒音に］	（공장의 소음에) 시달리다
［喘息に］	（천식으로) 애를 먹다, 고생하다*

なやむ（悩む）

［将来について］	（장래에 대해서) 고민하다*
［恋に］	（사랑으로) 고민하다*
［腰痛に］	（요통에) 시달리다, 고생하다*
［膨大な赤字に］	（막대한 적자에) 시달리다

ならう（習う）

| ［車の運転を］ | （운전을) 배우다 |
| ［先生にギターを］ | （선생님께 기타를) 배우다 |

ならう（倣う）

| ［前例に］ | （전례를) 따르다 |

ならす

| ［土地をローラーで］ | （땅을 롤러로) 고르다 |

ならす（慣らす）

| ［韓国語に耳を］ | （귀에 한국어를) 익히다 |
| ［体を］ | （몸을) 풀다 |

➡ **慣れる**

| ［日本での生活に］ | （일본 생활에) 익숙해지다 |
| ［目が暗やみに］ | （눈이 어둠에) 익숙해지다 |

ならす（馴らす）——————————————————

[野生の動物を]　　　　　　　（야생 동물을）길들이다

[イルカを]　　　　　　　　　（돌고래를）훈련하다*

> **MEMO**
>
> 길들이다는,「このサルはとても人に馴れている（이 원숭이는 사람에게 아주 길들여져 있다）」のように,「馴れている（길들여져 있다）」の形でよく使われる。

ならぶ（並ぶ）——————————————————

[1 列に]　　　　　　　　　　（한 줄로）서다

[食堂の前に]　　　　　　　　（식당 앞에）줄 서다

[列の後ろに]　　　　　　　　（열 뒤로）서다

> **MEMO**
>
> 길을 따라 은행나무가 줄지어 있다（道に沿っていちょうの木が並んでいる）, 이 거리에는 라면집들이 줄지어 있다（この通りにはラーメン店が並んでいる）のように,「並んでいる」는 줄지어 있다という。「並んで待つ」는 줄 서서 기다리다。

➡ **並べる**

[本を本棚に]　　　　　　　　（책을 책장에）배열하다*, 정리하다*

[テーブルに料理を]　　　　　（식탁에 요리를）차려놓다

[商品を見栄えよく]　　　　　（상품을 보기 좋게）진열하다*

[机を 1 列に]　　　　　　　　（책상을 한 줄로）배치하다*, 배열하다*

[肩を]　　　　　　　　　　　（어깨를）나란히 하다

  ➡ **並べられる**

[本が本棚に]　　　　　　　　（책이 책장에）배열되다*

[秋物がショウウインドウに]　（가을철 옷이 쇼윈도에）배열되다*

  ＊「並べられている」は 진열되어 있다.

➡ **並ばせる**

[生徒を背の高い順に]　　　　（학생들을 키 순서대로）줄 세우다

▶ **並べ立てる**

[欠点を]　　　　　　　　　　（결점을）늘어놓다

[うそを]　　　　　　　　　　（거짓말을）늘어놓다

[弁解を]　　　　　　　　　　（변명을）늘어놓다

第2部

　　［不平を］　　　　　　　　　（불평을） 늘어놓다

なる（生る）

　　［実が］　　　　　　　　　　（열매가） 열리다

なる（鳴る）

　　［ゴングが］　　　　　　　　（공이） 울리다
　　［ベルが］　　　　　　　　　（벨이） 울리다
　　［携帯電話が］　　　　　　　（휴대 전화가） 울리다
　　［車のクラクションが］　　　（차 경적 소리가） 울리다
　　［救急車のサイレンが］　　　（구급차 사이렌이） 울리다
　　［雷が］　　　　　　　　　　（천둥이） 치다

➡ 鳴らす

　　［玄関のベルを］　　　　　　（현관 벨을） 울리다
　　［警報を］　　　　　　　　　（경보를） 울리다
　　［汽笛を］　　　　　　　　　（기적을） 울리다
　　［指をぽきぽき］　　　　　　（손가락을 뚝뚝） 소리 내다
　　［舌を］　　　　　　　　　　（혀를） 차다

▶ 鳴り響く

　　［ファンファーレが会場に］　（팡파르가 회장에） 울려 퍼지다

なる

　　［野球選手に］　　　　　　　（야구선수가） 되다
　　［友達に］　　　　　　　　　（친구가） 되다
　　［社会問題に］　　　　　　　（사회 문제가） 되다
　　［生活の一部に］　　　　　　（생활의 일부가） 되다
　　［ベストセラーに］　　　　　（베스트 셀러가） 되다
　　［目が見えなく］　　　　　　（눈이 안 보이게） 되다
　　　＊「目が見えない」は，눈이 멀다.
　　［耳が聞こえなく］　　　　　（귀가 안 들리게） 되다
　　　＊「耳が聞こえない」は，귀가 멀다.
　　［氷が溶けて水に］　　　　　（얼음이 녹아서 물이） 되다
　　［信号が青に］　　　　　　　（신호가 파란불이） 되다
　　［オタマジャクシがカエルに］（올챙이가 개구리가） 되다
　　［うそが本当に］　　　　　　（거짓말이 진짜가） 되다

なる（なりすます）

［まもなく正午に］	(곧 정오가) 되다
［泳げるように］	(수영할 수 있게) 되다
［水は水素と酸素から］	(물은 수소와 산소로) 구성되다*
［1年は12か月から］	(1년은 12개월로) 이루어지다

    *이루어지다 : 成り立つ, 構成される, できあがっている。

［あしたから休みに］	(내일부터 휴가가) 시작되다*
［病気に］	(병에) 걸리다, 병들다*
［ノイローゼに］	(노이로제에) 걸리다
［肺炎に］	(폐렴에) 걸리다
［口コミで有名に］	(입소문으로) 유명해지다*
［顔が赤く］	(얼굴이) 빨개지다
［仕事が楽しく］	(일이) 즐거워지다
［大リーグに入団することに］	(메이저리그에 입단하기로) 되다
［長男が家を継ぐことに］	(장남이 집안을 잇게) 되다

▶ **成りすます**

［医者に］	(의사로) 행세하다*, (의사인) 체하다

▶ **成り立つ**

［契約が］	(계약이) 이루어지다
［理論が］	(이론이) 성립되다*
［縁談が］	(혼담이) 성립되다*

あるコンピュータ音痴の教授の悩み

　ここでちょっと息抜きに「笑い話」をしましょう。この話を読んで一発で笑えた人は「上級」です。タイトルは "어느 컴맹 교수의 고민" です。컴맹というのは「コンピュータ音痴」という韓国語独特の言い方です。컴の後ろの맹は〈盲〉という漢字ですが，日本語では語感がよくないということで，だんだん使われなくなってきています。韓国でもコンピュータに맹が付いた컴맹や，インターネットに맹が付いた넷맹は，もう死語になりつつあるかも知れませんね。ではさっそく本題です。

어느 대학에 컴맹인 교수님이 있었다.
하루는 바이러스가 먹었다고 119를 불렀다.
119대원이 컴퓨터를 조사하는데 파일명이 전부 독수리.hwp, 앵무새.hwp, 비들기.hwp, …… 이런 형식으로 새의 이름으로 되어 있었다.
그래서 대원은 "교수님께서는 새를 연구하시나 보죠?"
그러자 교수 왈 "아닐세. 사실 나도 그 문제 때문에 고민하고 있다네.
파일을 저장할 때 꼭[새 이름으로 저장]이라고 뜬다 말일세 이제 더 이상
생각나는 새 이름도 없어서 말이야."

　どうですか，思い切り笑えましたか。教授はファイルを新規作成して保存の命令をかけたとき出てくる [새 이름으로 저장]（新しい名前を付けて保存）を「鳥の名前（새 이름）」と勘違いしたんですね。それで，ファイル名に독수리（ワシ）だとか앵무새（オウム）だとか付けていたところ，これ以上，鳥の名前が思い浮かばないと悲鳴を上げたというわけです。

　ちなみに韓国のコンピュータには，実際に새 이름으로 저장ボタンを押すと，いろいろな鳥の名前が出てくるようになっているものがあるそうです。

〔訳〕は p.387 を参照。☯

251

に

にあう（似合う）————————————————————

［セーターがよく］   （스웨터가 잘）어울리다

にえる（煮える）————————————————————

［野菜が］   （야채가）삶아지다

［スープが］   （국이）끓다

におう————————————————————

［ばらの花が］   （장미꽃 향이）풍기다

［おならが］   （방귀가）풍기다

［生ごみが］   （음식 쓰레기에서）냄새가 나다

➥ におわせる

［悪臭を］   （악취를）풍기다

［首相は辞任を］   （수상은 사임의 뜻을）비추다

［犯行を］   （범행을）암시하다*

にぎる（握る）————————————————————

［手を］   （손을）잡다

［ラケットを］   （라켓을）쥐다

［権力を］   （권력을）잡다

［政権を］   （정권을）잡다

➥ 握られる

［弟に弱みを］   （동생에게 약점을）잡히다

にぎわう（賑わう）————————————————————

［遊園地が親子連れで］ （유원지가 아이들을 데리고 나온 가족들로）활
                 기차다*

にげる（逃げる）————————————————————

［追っ手から］   （추적자로부터）도망치다*

［刑務所から囚人が］   （교도소에서 죄수가）도망치다*

［安全な場所へ］   （안전한 곳으로）피하다*, 피신하다*

［強盗が車で］   （강도가 차로）달아나다, 도주하다*

［国外へ］   （국외로）도망치다*, 달아나다, 도주하다*

MEMO

도망치다, 달아나다는, ほとんど同じ意味で使われる。ただし, 달아나다はあわ
てて逃げるニュアンスを含んでいる。

➡ **にがす（逃がす）**

〔釣った魚を〕 (잡은 물고기를) 놓아 주다

▶ **逃げ出す**

〔警官の姿を見て〕 (경찰을 보고) 도망치다*

〔塀を乗り越えて〕 (담을 넘어서) 도망치다*

にごす（濁す） ─────────────

〔言葉を〕 (말을) 얼버무리다

〔返事を〕 (답변을) 얼버무리다

にごる（濁る） ─────────────

〔井戸の水が〕 (우물 물이) 흐려지다

〔部屋の空気が〕 (방의 공기가) 탁해지다*

にじむ（滲む） ───────────────────────

〔インクが水で〕 (잉크가 물로) 번지다

〔額に汗が〕 (이마에 땀이) 맺히다

〔シャツに汗が〕 (셔츠에 땀이) 괴다, 배다

〔涙が〕 (눈물이) 괴다, 어리다

MEMO 괴다, 번지다, 맺히다, 어리다のニュアンスの違い

괴다：凹んでいる狭い空間に液体や気体（臭い）などが集まる。

・**빗물이 괴다**（雨水がたまる）

・**웅덩이에 물이 괴다**（水溜りに水がたまる）

・**눈물이 괴다**（涙がたまる, 涙ぐむ）

・**침이 괴다**（唾がたまる）

번지다：液体がにじむ, 染みる。

・**피가 번지다**（血がにじむ）

・**이마에 땀이 번지다**（額に汗がにじむ）

맺히다：液体が小さい水滴を作ってたれる。

・**눈물이 맺히다**（涙がたまる, 涙ぐむ）

・**피가 맺히다**（血がしたたる, にじむ）

253

어리다：涙がにじむ，目が潤む。煙や霧，雲などが立ちこめる。
- **눈물이 어리다** (涙がにじむ)
- **땀이 어리다** (汗がにじむ)
- **구름이 어리다** (雲が立ちこめる)
- **아지랑이가 어리다** (かげろうが立ちこめる)
- **안개가 어리다** (霧が立ちこめる)

にせる（似せる）
［デザインを］　　　　(디자인을) 본뜨다
［様式を］　　　　　(양식을) 본뜨다
［ディズニーランドに］　(디즈니랜드를) 본뜨다

にづくりする（荷造り—）
［引っ越しの］　　　(이삿짐을) 꾸리다

になう（担う）
［重要な責任を］　　(중요한 책임을) 맡다
［次の世代を］　　　(다음 세대를) 짊어지다

にのあしをふむ（二の足を踏む）
［新車を買うのに］　(새 차를 사는 데) 망설이다, 주저하다*

にのまいをえんじる（二の舞を演じる）
［前任者の］　　　　(전임자의) 전철을 밟다*

にぶる（鈍る）
［包丁の切れ味が］　(칼날이) 무뎌지다
［耳の聞こえが］　　(귀가) 무뎌지다
［料理の腕が］　　　(요리 솜씨가) 무뎌지다

MEMO

무뎌지다는 形容詞의 무디다가 動詞形의 무디어지다가 되어서，さらに 무뎌지다와 縮約形이 된 것. 次のような意味がある。
①刃物やはさみなどの刃が切れなくなる。
②感覚器官の機能が弱くなる。
③腕や技術が鈍る。

［ゴルフの腕が］　　(골프 솜씨가) 둔해지다*

254

［雨で客の出足が］	(비 때문에 손님의 발길이) 줄다
［決心が］	(결심이) 흔들리다

にらむ—————————————————————

［怖い顔で］	(무서운 얼굴로) 노려보다, 쏘아보다
［話し方が気に食わないと］	(말하는 투가 아니꼽다고) 제려보다
［次の選挙を］	(다음 선거에) 대비하다*

MEMO

「にらむ」を「見当をつける」「疑う」の意味で使う場合は짐작하다, 의심하다を使う。
- 형사는 범인이 따로 있다고 짐작했다. (刑事は犯人がほかにいるとにらんだ)
- 어머니는 아들이 거짓말을 하고 있다고 짐작했다. (母親は息子がうそをついているとにらんだ)

쏘아보다, 제려보다, 노려보다는, とくに意味の区別なく使われている。

➥ **にらまれる**

［先生に］	(선생님께) 찍히다

▶ **にらみ合う**

［両陣営が］	(양쪽 진영이) 서로 노려보다

にる（煮る）—————————————————————

［鍋に野菜を入れて］	(냄비에 야채를 넣고) 삶다
［とろ火で 30 分］	(약한 불에 30분) 끓이다

▶ **煮込む**

［肉を］	(고기를) 고다

▶ **煮立つ**

［やかんの湯が］	(주전자의 물이) 펄펄 끓다

➥ **煮立てる**

［スープを］	(수프를) 푹 끓이다

▶ **煮詰まる**

［スープが］	(수프가) 졸아들다
［議論が］	(논의가) 좁혀지다

にる（につめる）

→ 煮詰める

［スープを］　　　　　　　（수프를）조리다

［議論を］　　　　　　　　（논의를）마무리하다

MEMO　삶다, 끓이다

- **삶다**：大量のお湯に材料をそのままの形で入れて加熱する。また，布巾や哺乳瓶，食器，洗濯物などを煮沸消毒する場合にも用いる。使った水（湯）は捨てる。

- **끓이다**：本来は물을 끓이다（お湯を沸かす）の意味がある。커피를 끓이다（コーヒーを沸かす）という場合にも用いる。

　なお，転じて찌개를 끓이다, 국을 끓이다のように料理を煮て作るという場合に用いる。라면을 끓이다（ラーメンをゆでる）という場合にも用いる。

にる（似る）

［2人はよく］　　　　　　（두 사람은 아주）닮았다

［生活環境も］　　　　　　（생활 환경도）비슷하다

MEMO

「～に似ている」という場合，아기가 아빠를 닮았다（赤ん坊が父親に似ている）というように，ふつう -을/를 닮았다と過去形で使われる。人の顔かたちや性質，性格などが互いに類似している場合に用いられる。

비슷하다は「ほとんど同じだ」「～のようだ」という意味の形容詞で，그들 형제는 성격이 비슷하다（彼ら兄弟は性格が似ている），아들은 아버지 비슷하게 생겼다（息子は父親にどことなく似ている），개 비슷한 동물（犬のような動物），비명 비슷한 소리（悲鳴のような音），사람 비슷한 모양（人間のような形）というように使われる。

- 2人は顔が似ている
  - →두 사람은 얼굴이 （○）닮았다, （○）비슷하다
- 2つの絵は色彩が似ている
  - →두 그림은 색깔이 （×）닮았다, （○）비슷하다

256

ぬ

ぬう（縫う）

［ミシンでエプロンを］	（재봉틀로 앞치마를) 꿰매다
［穴のあいた靴下を］	（구멍난 양말을) 꿰매다, 깁다
［ほころびたズボンを］	（터진 바지를) 꿰매다, 깁다
［大けがで腕を7針］	（크게 다쳐서 팔을 일곱 바늘) 꿰매다
［韓服を］	（한복을) 짓다
［人波を］	（인파를) 누비다

MEMO 꿰매다, 깁다, 짓다, 누비다

- 꿰매다：針と糸を使って縫う，継ぎを当てる。
- 깁다：繕う，継ぎを当てる。
- 짓다：縫って作り上げる。
- 누비다：(物や人などの間を) 縫って進む。**세계를 누비다**（世界を股に掛ける），**전국을 누비다**（全国を駆けずり回る），**강아지가 들판을 누비다**（子犬が野原を駆けずり回る）というようにも使われる。

＊もともと누비다の意味は、「表布と裏布の2枚の布の間に綿を入れて，綿が固定するように格子模様に縫う（キルティングする)」こと。

▶ 縫い合わせる

| ［ぼろきれを］ | （누더기 조각을) 꿰매어 있다 |
| ［2枚の布を］ | （두 장의 천을) 꿰매어 있다 |

ぬかす（抜かす）

［食事を］	（끼니를) 거르다
［番号を］	（번호를) 거르다, 빠뜨리다
［大切なところを］	（중요한 부분을) 빠뜨리다

MEMO 거르다와 빠뜨리다

거르다：(途中を) 抜かす，(順序を) 飛ばす，(期間などを) おく
- 한국어 공부를 하루도 거르지 않다（韓国語の勉強を一日も欠かさない）
＊［걸러の形で］〜おきに：하루 걸러서 주사를 맞다（1日おきに注射を打つ）
빠뜨리다：(途中を) 飛ばす

257

ぬかる────────────
  [雨が降って道が]   (비가 내려서 길이) 질퍽거리다

ぬく（抜く）────────────
  [虫歯を]   (충치를) 뽑다, 빼다
  [とげを]   (가시를) 뽑다, 빼다
  [根を]   (뿌리를) 뽑다
  [雑草を]   (잡초를) 뽑다
  [白髪を]   (흰 머리를) 뽑다
  [ビールの栓を]   (맥주 병마개를) 따다
    ＊ワインのコルクの栓を抜く場合はコ르크 마개를 뽑다という。
  [くぎを]   (못을) 뽑다, 빼다
  [ブラウスの染みを]   (블라우스의 얼룩을) 빼다
  [風呂の水を]   (욕조의 물을) 빼다
  [肩の力を]   (어깨의 힘을) 빼다

MEMO 뽑다, 빼다, 따다

뽑다：生えているもの，刺さっているものを抜く，引き抜く，抜き取る。
빼다：中に入っていたり，または打ち込まれていたりするものを外に出す。
＊両者は互換が可能な場合とそうでない場合がある。
・虫歯を抜く
  →**충치를 (○) 뽑다, (○) 빼다**
・ポケットから手を出す
  →**호주머니에서 손을 (×) 뽑다, (○) 빼다**
따다：(缶詰を) 開ける，(栓を) 抜く。

  [前の車を]   (앞차를) 앞지르다
  [朝食を]   (아침을) 거르다
  [仕事の手を]   (일을) 거르다

▶ **抜き出す**
  [条件に合う人を]   (조건에 맞는 사람을) 고르다, 골라내다

▶ **抜き取る**
  [サンプルを]   (샘플을) 뽑다
  [人の財布から金を]   (남의 지갑에서 돈을) 훔쳐 내다

▶ 抜きん出る
［運動能力が］ 　　　　　　　　（운동 능력이）뛰어나다

ぬぐ（脱ぐ）─────────────────────
［シャツを］ 　　　　　　　　　（셔츠를）벗다
［汚れた服を］ 　　　　　　　　（더러운 옷을）벗다
［帽子を］ 　　　　　　　　　　（모자를）벗다

➥ 脱がす
［子どもの靴を］ 　　　　　　　（아이의 구두를）벗기다

➥ 脱げる
［帽子が］ 　　　　　　　　　　（모자가）벗겨지다
［片方の靴が］ 　　　　　　　　（한 쪽 구두가）벗겨지다

▶ 脱ぎ捨てる
［上着を］ 　　　　　　　　　　（웃옷을）벗어 던지다
［靴を］ 　　　　　　　　　　　（구두를）벗어 던지다

ぬぐう（拭う）────────────────────
［額の汗を］ 　　　　　　　　　（이마의 땀을）닦다, 훔치다
［ナプキンで口を］ 　　　　　　（냅킨으로 입을）닦다
［ハンカチで涙を］ 　　　　　　（손수건으로 눈물을）닦다

ぬける（抜ける）───────────────────
［髪の毛が］ 　　　　　　　　　（머리카락이）빠지다
［ワインの栓が］ 　　　　　　　（와인 뚜껑이）빠지다
［段ボール箱の底が］ 　　　　　（박스 바닥이）빠지다
［トンネルを］ 　　　　　　　　（터널을）빠져나가다
［名簿から名前が］ 　　　　　　（명단에서 이름이）빠지다
［タイヤの空気が］ 　　　　　　（타이어 바람이）빠지다
［力が］ 　　　　　　　　　　　（힘이）빠지다
［気が］ 　　　　　　　　　　　（맥이）빠지다
［疲れが］ 　　　　　　　　　　（피로가）풀리다

▶ 抜け出す
［昼休みに会社を］ 　　　　　　（점심시간에 회사를）빠져나가다
［ライオンが檻から］ 　　　　　（사자가 우리에서）도망치다*
［面白みのない生活から］ 　　（무미건조한 생활에서）탈피하다*

259

ぬすむ (盗む)

［電車の中で人の財布を］	(전철 안에서 남의 지갑을) 훔치다
［他人の文章を］	(남의 문장을) 표절하다*
［先生の目を］	(선생님의 눈을) 속이다

➥ **盗まれる**

［財布を］	(지갑을) 도둑맞다

▶ **盗み聞きする**

［他人の会話を］	(남의 대화를) 엿듣다

▶ **盗み見る**

［他人の答案を］	(남의 답안지를) 훔쳐보다

ぬる (塗る)

［白いペンキを］	(흰 페인트를) 칠하다*
［クレヨンで色を］	(크레용으로 색을) 칠하다*
［口紅を］	(립스틱을) 바르다
［傷口に薬を］	(상처에 약을) 바르다
［パンにジャムを］	(빵에 잼을) 바르다

▶ **塗りかえる**

［壁の色を］	(벽의 색을) 다시 칠하다*
［世界記録を］	(세계 기록을) 경신하다*

▶ **塗りたくる**

［顔におしろいを］	(얼굴에 분을) 처바르다

▶ **塗り潰す**

［落書きを］	(낙서를) 덧칠하다*
［間違った箇所を鉛筆で］	(틀린 부분을 연필로) 덧칠하다*

ぬらす (濡らす)

［ふきんを］	(행주를) 적시다

➥ **濡れる**

［道路が雨に］	(도로가 비에) 젖다
［下着が汗で］	(속옷이 땀에) 젖다

ねこむ

ね

ねあがりする（値上がり—）
[土地の値段が]　　　　　（땅값이）오르다, 상승하다*
➥ 値上げする
[公共料金を]　　　　　（공공요금을）인상하다*

ねがいでる（願い出る）
[上司に転勤を]　　　　（상사에게 전근을）신청하다*

ねがう（願う）
[子どもの幸福を]　　　（어린이의 행복을）바라다, 원하다*
[彼と結婚したいと]　　（그 사람과 결혼하기를）바라다, 원하다*

ねがえりをうつ（寝返りをうつ）
[ベッドで]　　　　　　（침대에서）몸을 뒤척이다, 뒤치다

ねがえる（寝返る）
[敵に]　　　　　　　　（적군 측에）돌아서다

ねかせる（寝かせる）
[子どもを]　　　　　　（아이들을）재우다
[けが人をベッドに]　　（부상자를 침대에）눕히다
[土地を]　　　　　　　（땅을）놀리다
[パン生地を]　　　　　（빵 반죽을）발효시키다*
[ワインを貯蔵庫で]　　（와인을 저장고에서）숙성시키다*

ねぎらう（労う）
[前線の兵士たちを]　　（전선의 병사들을）위로하다*

ねぎる（値切る）
[品物を8千円に]　　　（물건을 8000엔으로）깎다

ねこばばする
[会社の金を]　　　　　（회사 돈을）가로채나

ねこむ（寝込む）
[病気で]　　　　　　　（병으로）몸져눕다
[ショックで]　　　　　（충격으로）몸져눕다

　*몸져눕다：病気で寝つく，病床に就く。

261

ねさがりする（値下がり—）————————————
　　［野菜が］　　　　　　　　　　　　（야채 값이）내리다
　➥値下げする
　　［電話料金を］　　　　　　　　　　（전화 요금을）인하하다*

ねじこむ————————————————————
　　［千円札をポケットに］　　　　　　（천 엔 짜리 지폐를 주머니에）쑤셔 넣다

ねじふせる————————————————————
　　［すりを床に］　　　　　　　　　　（소매치기를）바닥에 엎어누르다

ねじまげる————————————————————
　　［釘を］　　　　　　　　　　　　　（못을）비틀어 구부리다
　　［事実を］　　　　　　　　　　　　（사실을）왜곡하다*

ねじる————————————————————————
　　［腕を］　　　　　　　　　　　　　（팔을）비틀다
　　［水道の蛇口を］　　　　　　　　　（수도꼭지를）틀다
　　［瓶のふたを］　　　　　　　　　　（병 뚜껑을）돌리다

ねそべる（寝そべる）————————————
　　［ソファーの上に］　　　　　　　　（소파 위에）드러눕다

ねたきりになる（寝たきりに—）————
　　［脳卒中で］　　　　　　　　　　　（뇌졸중으로）몸져눕다

ねたむ（妬む）————————————————
　　［他人の幸福を］　　　　　　　　　（남의 행복을）시샘하다, 시기하다*

ねっする（熱する）————————————
　　［フライパンを］　　　　　　　　　（프라이팬을）가열하다*, 데우다
　　［牛乳を］　　　　　　　　　　　　（우유를）가열하다*

ねばる（粘る）————————————————
　　［閉店まで］　　　　　　　　　　　（문 닫을 때까지）버티다
　　［最後まで］　　　　　　　　　　　（마지막까지）버티다
　▶粘りつく
　　［ガムが靴に］　　　　　　　　　　（껌이 구두에）끈적끈적 달라붙다
　　［松やにが指に］　　　　　　　　　（송진이 손가락에）끈적끈적 달라붙다

ねむる（眠る）————————————————
　　［ぐっすり］　　　　　　　　　　　（푹）자다

第2部

ねむらせる（眠らせる）

| ［赤ん坊を］ | （아기를）재우다 |

ねらう（狙う）

［的を］	（과녁을）겨누다, 겨냥하다
［獲物を］	（사냥감을）겨누다, 겨냥하다
［銃で鴨を］	（총으로 오리를）겨누다, 겨냥하다
［命を］	（목숨을）노리다
［アカデミー賞を］	（아카데미상을）노리다
［金メダルを］	（금메달을）노리다
［猫が金魚を］	（고양이가 금붕어를）노리다
［おじの財産を］	（숙부의 재산을）노리다
［プロポーズの機会を］	（프러포즈할 기회를）노리다

MEMO

・**겨누다**：目標に命中させようとして，弓・鉄砲などを構える。照準を定める。また，矢・弾などを目標物に命中させようとする。

・**노리다**：あるものを手に入れようとして，その機会をうかがう。ある事柄を目標としてめざす。

＊韓国語では，

금메달을（○）**노리다**,（×）**겨누다**

사냥감을（×）**노리다**,（○）**겨누다**

となる。一方，노리다は「目指す」，겨누다は「狙う」という意味なので，日本語で考えると，

金メダルを（○）目指す，（○）狙う

獲物を（×）目指す，（○）狙う

となり，違いがあることがわかる。単語の訳だけを丸暗記して翻訳しようとすると間違えてしまう典型的な例といえる。

ねる（寝る）

| ［毎晩 12 時に］ | （매일 저녁 12시에）자다 |
| ［うつぶせに］ | （엎드려）자다 |
| ＊仰向けに寝る：똑바로 자다 |
| ［二段ベッドで］ | （이층 침대에서）자다 |
| ［病院のベッドで］ | （병원 침대에）눕다 |

ねる（練る）──────────

［小麦粉を］	（밀가루를）반죽하다
［挨拶文を入念に］	（인사말을 꼼꼼히）다듬다
［作戦を］	（작전을）짜다

▶ **練り上げる**

| ［事業計画を］ | （사업 계획을）다듬다 |

▶ **練り歩く**

| ［仮装行列が街の中を］ | （가장행렬이 거리를）누비고 다니다 |

▶ **練り直す**

| ［構想を］ | （구상을）재검토하다* |

→ 좀 쉬어갑시다 ちょっと一息 ⑩

「温める」と「暖める」──데우다と덥히다

　みなさん, コンビニで弁当やハンバーガーを買うとレジ（계산대）で「温めますか？」と聞かれませんか。"데워 드릴까요?" "덥혀 드릴까요?" どちらでしょう。

　韓国語でも「温める」と「暖める」を使い分けます。結論から言いますと, 食べ物を「温める」ときには데우다を, 部屋などを「暖める」ときには덥히다を使います。

　温度が低い順から차다（冷たい）, 미지근하다（ぬるい）, 따뜻하다（温かい）, 뜨겁다（熱い）と形容しますが, 데우다は冷えた食べ物を温めることです。데우다は데다から来た言葉で, 火を直接あてて温かくすることを意味します。

・ 찌개를 데워서 먹었다. （チゲを温めて食べた）

・ 찬밥을 데워서 먹었다. （冷たいご飯を温めて食べた）

・ 따끈하게 데운 우유를 한 잔 마시고 잤다. （温かくした牛乳を一杯飲んでから寝た）

　このように作っておいたものが冷えてしまって再度温める時は데

우다를 使います。しかし찌개や국を最初に料理をするときには끓이다 (煮る) を使います。

お母さんが子どもを風呂に入れるとき，あまり熱くないお湯が適当です。冷たいお湯をちょうどいい温度に上げるときには덥히다を使います。덥히다は室内温度や風呂の温度を上げて暖かくすることです。덥히다は덥다の使役形で [더피다] と発音します。

・군불을 때서 안방을 덥혔다. (オンドルの火を焚いて奥座敷を暖めた)
・난로를 피워 거실 공기를 덥혔다. (暖炉を燃やして居間の空気を暖めた)
・목욕탕 물을 39도에서 41도로 덥혔다. (風呂の温度を 39 度から 41 度に上げた)

덥히다はまた，心や体を暖める時にも使います。
・수영을 하기 전에 준비운동으로 몸을 덥히세요. (水泳をする前に準備運動をして体を暖めてください)
・모닥불을 쬐어 시린 손을 덥혔다. (たき火を焚いてかじかんだ手を暖めた)
・마음을 덥혀 주는 훈훈한 이야기를 들었어요. (心暖まる話を聞きました)

では，今日のまとめにクイズを出しましょう。
[1] 엄마! 국이 다 식었어요. 다시 (데워 | 덥혀) 주세요.
[2] 아줌마, 욕탕 물이 좀 미지근한 거 같아요. 좀 더 (데워 | 덥혀) 주세요.
[3] 호호 입김을 불어 찬 우유를 (데웠어요 | 덥혔어요).
[4] 나는 재빨리 보일러를 틀어 집 안을 (데웠다 | 덥혔다).
[5] 한참을 뛰다 보니 몸이 따뜻하게 (데워졌어요 | 덥혀졌어요).

〔解答〕は p.387 を参照。☯

の

のがす （逃す）

［チャンスを］	（기회를） 놓치다
［終電を］	（막차를） 놓치다

のがれる （逃れる）

［北朝鮮から］	（북한에서） 도망치다*
［危険を］	（위험에서） 벗어나다
［戦火を］	（전화를） 피하다*

のける （退ける）

［ゴミを道路脇に］	（쓰레기를 도로 옆에） 치우다

のこす （残す）

［全財産を息子に］	（전 재산을 아들에게） 남기다
［ごはんを］	（밥을） 남기다
［母にメモを］	（어머니에게 메모를） 남기다
［後世に名を］	（후세에 이름을） 남기다
［家族を東京に］	（가족을 도쿄에） 남기다, 남겨 두다

MEMO

韓国の新聞・テレビなどのマスコミや，街中では，'D-1' 'D-10' 'D-18' などという表現をよく目にする。これは「残りあと何日」という意味で，'D-1' ならば「残りあと1日」，'D-18' ならば「残りあと18日」ということである。もともとは「作戦を開始する日」を意味する軍事用語 D-day に由来する。

のこる （残る）

［歴史に］	（역사에） 남다
［記憶に］	（기억에） 남다
［5から2を引くと3が］	（5에서 2를 빼면 3이） 남다
［卒業後も大学に］	（졸업 후에도 대학에） 남다
［山頂にはまだ雪が］	（정상에는 아직 눈이） 남다

第2部

MEMO

「残っている」は南아 있다。一方，「残っていない」は남지 않았다, 안 남았다と
過去形で表す。
・시험까지 이제 3일밖에 안 남았다. (試験まであと３日しか残っていない)

のさばる―――――
　　［悪徳政治家が］　　　　　（악덕 정치가가）설치다
のせる（乗せる）―――――
　　［駅まで車に］　　　　　（역까지 차에）태우다
　　［自転車の後ろに］　　　（자전거 뒤에）태우다
　　［赤ん坊を乳母車に］　　（갓난아기를 유모차에）태우다
のせる（載せる）―――――
　　［棚に荷物を］　　　　　（선반에 짐을）얹다
　　［車に荷物を］　　　　　（차에 짐을）싣다
　　［新聞に求人広告を］　　（신문에 구인 광고를）싣다
　　［オリンピックの記事を］（올림픽의 기사를）싣다
　　［電話帳に電話番号を］　（전화번호부에 전화번호를）올리다
のぞきこむ（覗き込む）―――――
　　［顔を］　　　　　　　　（얼굴을）들여다보다
　　［部屋の中を］　　　　　（방 안을）들여다보다
のぞく（除く）―――――
　　［スイカの種を］　　　　（수박의 씨를）빼다
　　［名簿から名前を］　　　（명단에서 이름을）빼다
　　［患者の心配を］　　　　（환자의 걱정을）없애다
　　［いくつかの点を］　　　（몇 가지 점을）제외하다*
のぞく（覗く）―――――
　　［窓の外を］　　　　　　（창밖을）내다보다
　　［部屋の中を］　　　　　（방 안을）들여다보다
　　［帰り道に本屋を］　　　（돌아오는 길에 책방에）들르다
　　［行きつけの飲み屋を］　（단골 술집에）들르다
　　［雲間から月が］　　　　（구름 사이로 달이）보이다

第2部

> **MEMO**
>
> 내다보다 : 中から外を見る，遠いところを見る，見渡す。
> ・담장 밖을 내다보다 (塀の外をのぞく)
> ・문 밖을 내다보다 (門の外をのぞく)
> ・망원경으로 산등성이 쪽을 내다보다 (望遠鏡で尾根の方を見渡す)
> ・멀리 강 건너편에 있는 집들을 내다보다 (遠く川の向こうにある家々を見渡す)
> 들여다보다 : すきま・穴・物陰など狭いところからのぞき見る。外から中を見る。
> 　　(細かく内容を) 調べてみる。
> ・오래된 우물 속을 들여다보다 (古井戸の中をのぞく)
> ・쇼윈도를 들여다보다 (ショーウインドーをのぞく)
> ・부엌 냉장고를 들여다보다 (台所の冷蔵庫をのぞく)
> ・열쇠 구멍으로 실내를 들여다보다 (鍵穴から室内をのぞき見る)
> ・지도를 들여다보다 (地図を詳しく見る)
> ・마음을 들여다보다 (心の中をのぞく)

のぞむ (望む)

[日本に定住することを]	(일본에 정착하기를) 바라다
[彼との結婚を]	(그 사람과의 결혼을) 바라다
[美しい景色を]	(아름다운 풍경을) 바라보다

のぞむ (臨む)

[難局に]	(난국에) 임하다*, 처하다*
[競技に]	(경기에) 임하다*
[選挙に]	(선거에) 임하다*
[各国首脳との会談に]	(각국 정상과의 회담에) 임하다*
[厳しい態度で]	(엄하게) 대하다*
[死に]	(죽음에) 직면하다*

のっとる (乗っ取る)

[飛行機を]	(비행기를) 납치하다*

➡ **乗っ取られる**

[飛行機が]	(비행기가) 납치당하다*

ののしる (罵る)

[人前で部下を]	(사람들 앞에서 부하를) 욕하다*

のばす (伸ばす)

［上着の丈を］	(웃옷의 기장을) 늘이다
［ズボンの裾を］	(바지 기장을) 늘이다
［ゴムひもを伸ばす］	(고무줄을) 늘리다
［輸出を］	(수출을) 늘리다, 신장시키다*
［写真を］	(사진을) 확대하다*
［曲がったピンを］	(구부러진 핀을) 펴다
［ひげを］	(수염을) 기르다
［爪を］	(손톱을) 기르다
［子どもたちの能力を］	(아이들의 능력을) 기르다
［個性を］	(개성을) 기르다
［手を］	(손을) 뻗다
［ソファーの上に足を］	(소파 위에 다리를) 뻗다
［しわを］	(주름을) 펴다
［年々記録を］	(매년 기록을) 갱신하다*

MEMO

늘이다:あるものを本来よりさらに長くする，伸ばす，範囲を広げる，増やす。
- **고무줄을 늘이다** (ゴムひもを伸ばす)
- **선을 늘이다** (線を伸ばす)
- **치수를 늘이다** (寸法を伸ばす)

늘리다:物体の広さ，体積などを本来より大きくする，範囲を広げる，(数量を)
　　増やす。
- **규모를 늘리다** (規模を大きくする)
- **집을 늘리다** (家を増築する)

のばす (延ばす)

［会期を］	(회기를) 연장하나*
［路線を］	(노선을) 연장하다*
［締め切りを］	(마감을) 미루다
［出発を1週間］	(출발을 1주일) 연기하다*
［営業時間を］	(영업 시간을) 연장하다*
［人工呼吸器で寿命を］	(인공 호흡기로 수명을) 연장시키다*

な

のびる （伸びる）

［輪ゴムが］	(고무줄이) 늘어나다
［ロープが］	(밧줄이) 늘어나다
［日が］	(해가) 길어지다
［平均寿命が］	(평균 수명이) 길어지다, 늘어나다
［そばが］	(메밀 국수가) 붇다

＊붇다がよく使われる。ふつう국수가 불었다と過去形で使われる。

［髪が］	(머리가) 길어지다, 자라다
［爪が］	(손톱이) 길어지다, 자라다
［雑草が］	(잡초가) 자라다
［背が］	(키가) 크다

＊「背が伸びた」という場合は키가 컸다。

［数学の成績が］	(수학 성적이) 오르다, 올라가다
［才能が］	(재능이) 늘다
［生産量が］	(생산량이) 늘다

＊「体がぐったりする」というときの「のびる」は녹초가 되다。

▶ **伸び悩む**

［成績が］	(성적이) 부진하다* 形
［売り上げが］	(매상이) 부진하다* 形

のびる （延びる）

［地下鉄が空港まで］	(지하철이 공항까지) 연장되다*
［道路が国境まで］	(도로가 국경까지) 뻗다
［木の枝が四方に］	(나무 가지가 사방으로) 뻗다
［出発が1週間］	(출발이 일 주일) 연기되다*
［会議が予定より］	(회의가 예정보다) 길어지다

▶ **延び延びになる**

［会議の開催が］	(회의 개최가) 자꾸 연기되다*
［手紙の返事が］	(답장이) 늦어지다

のばなしにする （野放しに—）

［犬を］	(개를) 풀어놓다

▶ **野放しになる**

［違法駐車が］	(불법 주차가) 방치되다*

のべる（述べる）
　　［自分の意見を］　　　　　（자기의 의견을）말하다
　　［真実を］　　　　　　　（진실을）말하다

のぼる（上る・登る）
　　［山の頂上に］　　　　　（산 꼭대기에）오르다
　　［白頭山に］　　　　　　（백두산에）오르다
　　［社長の地位に］　　　　（사장 자리에）오르다, 올라앉다
　　［サンマが食卓に］　　　（꽁치가 식탁에）오르다
　　［階段を］　　　　　　　（계단을）올라가다
　　［船で川を］　　　　　　（배로 강을）올라가다, 거슬러 올라가다
　　［観客の数が1万人に］　（관객 수가 만 명에）달하다*
▶ 上り詰める
　　［権力の頂点に］　　　　（권력의 정상에）오르다

のぼる（昇る）
　　［太陽が］　　　　　　　（해가）뜨다, 돋다

のむ（飲む）
　　［お茶を］　　　　　　　（차를）마시다
　　［薬を］　　　　　　　　（약을）먹다, 들다
　　［たばこを］　　　　　　（담배를）피우다
➡ 飲ませる
　　［子どもに風邪薬を］　　（아이에게 감기약을）먹이다
　　［犬に水を］　　　　　　（개에게 물을）먹이다
▶ 飲み明かす
　　［優勝を祝って］　　　　（우승을 축하하며）밤새 술을 마시다
▶ 飲み歩く
　　［毎晩］　　　　　　　　（매일 밤에）술집을 전전하다*
▶ 飲み食いする
　　［ただで］　　　　　　　（공짜로）먹고 마시다
▶ 飲み下す
　　［苦い薬を］　　　　　　（쓴 약을）삼키다
▶ 飲み込む
　　［魚の骨を］　　　　　　（생선 뼈를）삼키다

271

のむ（のみほす）

［マングースがハブを］	（몽구스가 반시뱀을）삼키다
＊반시뱀：ハブ	
［事情を］	（사정을）이해하다*
［コツを］	（요령을）파악하다, 터득하다*

▶ 飲み干す

［ビールを一気に］	（맥주를 단숨에）다 마셔 버리다

のむ（呑む）

［要求を］	（요구를）받아들이다

➡ 呑まれる

［酒に］	（술에）취하다*
［雰囲気に］	（분위기에）압도되다*
［サーファーが波に］	（서퍼가 파도에）휩쓸리다
［多くの家が濁流に］	（많은 집이 탁류에）휩쓸리다

のめりこむ（のめり込む）

［悪の道に］	（나쁜 길로）빠져들다
［新興宗教に］	（신흥 종교에）빠져들다

のる（乗る）

［タクシーに］	（택시를）타다
［エスカレーターに］	（에스컬레이터를）타다
［飛行機に］	（비행기를）타다
［ブランコに］	（그네를）타다
［気流に］	（기류를）타다
［韓流ブームに］	（한류 붐을）타다
［波に］	（상승세를）타다
［追い風に］	（순풍을）타다
［相談に］	（상담）들어 주다
［リズムに］	（리듬에）맞추다, （리듬을）타다

▶ 乗り上げる

［車が歩道に］	（차가 보도에）뛰어오르다
［タンカーが浅瀬に］	（유조선이 여울에）얹히다, 좌초하다*

▶ 乗り入れる

［車を校庭に］	（자동차를 학교 안으로）몰고 들어가다

［地下鉄が］	（지하철이) 연장되다*
［中央線に］	（중앙선으로) 연장되다*

▶ **乗り移る**

［救命ボートに］	（구명 보트로) 갈아타다
［悪霊が］	（악령이) 들리다, 씌다, 홀리다

▶ **乗り遅れる**

［時流に］	（시대에) 뒤떨어지다
［終電車に］	（막차를) 놓치다

▶ **乗り換える**

［ソウル駅でKTXに］	（서울역에서 KTX로) 갈아타다
［バスから電車に］	（버스에서 전철로) 갈아타다

▶ **乗り切る**

［難局を］	（난국을) 극복하다*
［不況を］	（불경기를) 극복하다*
［嵐を］	（폭풍우를) 뚫고 나아가다

▶ **乗り越える**

［家の塀を］	（집 담을) 뛰어넘다
［言葉の障害を］	（언어의 장벽을) 극복하다*

▶ **乗り越す**

［居眠りして一駅］	（졸다가 한 정거장을) 지나치다

▶ **乗り込む**

［タクシーに］	（택시에) 올라타다

▶ **乗り過ごす**

［本に夢中になっていて］	（책에 열중해서) 내릴 역을 지나치다

▶ **乗り捨てる**

［自転車を駅に］	（자전거를 역에) 버리다

    ＊乗り捨てられている：버려져 있다

▶ **乗り損なう**

［終電に］	（막차를) 놓치다, 못 타다

▶ **乗り出す**

［窓から身を］	（창문으로 몸을) 내밀다
［テーブルに身を］	（테이블로 몸을) 내밀다

のる（のりつぐ）

      ［大海に］   （대해로）나아가다

      ［政界に］   （정계로）나서다

      ［事業に］   （사업에）착수하다*

▶ **乗り継ぐ**

      ［仁川でパリ行きに］   （인천에서 파리행에）갈아타다, 환승하다*

▶ **乗り付ける**

      ［家の前に］   （집 앞으로）몰고 가다

▶ **乗り回す**

      ［暴走族がオートバイを］   （폭주족이 오토바이를）몰고 돌아다니다

▶ **乗り物酔いをする**

      ［車に乗ると］   （자동차를 타면）멀미하다

        *차멀미가 나다（車酔いをする）, 뱃멀미가 나다（船酔いをする）, 비행기멀미가 나다（飛行機酔いをする）라는 말이 방법도 있다.

のる（載る）───────────────────

      ［辞書に］   （사전에）등재되다*

      ［写真が雑誌に］   （사진이 잡지에）실리다

のろう（呪う）───────────────────

      ［世の中を］   （세상을）저주하다*

      ［わが身の不運を］   （자신의 불행을）저주하다*

は

はいる（入る）

[中に]	（안으로）들어가다, 들어오다
[ごみが目に]	（먼지가 눈에）들어가다
[ノックしないで部屋に]	（노크를 하지 않고 방에）들어가다
[娘が高校に]	（딸이 고등학교에）들어가다, 입학하다*
[情報が]	（정보가）들어오다
[注文した本が]	（주문한 책이）들어오다
[客船が港に]	（여객선이 항구에）들어오다
[思いがけない遺産が]	（생각지도 못한 유산이）들어오다
[ミサイル発射の情報が]	（미사일을 발사한 정보가）들어오다
[日がよく]	（볕이 잘）들다
[マラソンで3位に]	（마라톤에서 3위에）들다
[軍隊に]	（군대에）가다, 입대하다*
[交渉が山場に]	（교섭이 고비를）맞이하다
[夏休みに]	（여름 방학이）시작되다*
[つゆに]	（장마철에）접어들다

MEMO 접어들다の使い方

*접어들다는, 時間的・空間的にその時に近づく, 迫る, 入る, さしかかる。

- 성수기에 ～ （繁忙期に—）
- 갱년기에 ～ （更年期に—）
- 우기에 ～ （雨期に—）
- 사월에 ～ （4月に—）
- 이사철에 ～ （引っ越しシーズンに—）
- 하락세로 ～ （下降線をたどり始める）
- 회복기에 ～ （回復期に—）
- 사춘기에 ～ （思春期に—）
- 오솔길로 ～ （小道に—）

▶ 入っている

[封筒の中に手紙が]	（봉투 속에 편지가）들어 있다
[息子は野球部に]	（아들은 야구부에）들었다
[人工甘味料が]	（인공 감미료가）들었다

▶ 入りこむ

　　［勝手に部屋に］　　　　　　　(마음대로 방에) 들어가다

はう（這う）――――――――――――――――――――――――

　　［毛虫が葉の上を］　　　　　(송충이가 잎 위를) 기어다니다

　　［赤ん坊が床を］　　　　　　(아기가 바닥을) 기다

　　［建物の壁に蔦が］　　　　　(건물 벽에 덩굴이) 기다, 뻗다

▶ 這い上がる

　　［トカゲが木を］　　　　　　(도마뱀이 나무를) 기어오르다

　　［どん底の生活から］　　　　(밑바닥 생활에서) 기어오르다

▶ 這い這いする

　　［赤ん坊が］　　　　　　　　(아기가) 기엄기엄하다

はえる（生える）――――――――――――――――――――――

　　［雑草が］　　　　　　　　　(잡초가) 자라다

　　［ひげが］　　　　　　　　　(수염이) 나다

　　［乳歯が］　　　　　　　　　(젖니가) 나다

はえる（映える）――――――――――――――――――――――

　　［夕日に赤く］　　　　　　　(노을로 빨갛게) 물들다

　　［青い海に白いヨットが］　　(파란 바다에 하얀 요트가) 어울리다

はおる（羽織る）――――――――――――――――――――――

　　［カーディガンを］　　　　　(가디건을) 걸쳐 입다

　　　＊윗도리 (上半身に着るもの) 에는 걸쳐 입다가 사용되지만, 아랫도리 (下半身に着る・つけるもの) 에는 덧입다, 겹쳐 입다가 사용된다.

はがす（剝がす）――――――――――――――――――――――

　　［壁のポスターを］　　　　　(벽에 붙은 포스터를) 떼다, 떼내다

　　［値段のシールを］　　　　　(가격이 표시된 스티커를) 떼다, 떼내다

　　［アルバムから写真を］　　　(앨범에서 사진을) 떼다

　　［プレゼントの包み紙を］　　(선물을 싸고 있던 종이를) 벗기다

➡ 剝がれる

　　［壁のペンキが］　　　　　　(벽의 페인트가) 벗겨지다

　　［風でポスターが］　　　　　(바람에 포스터가) 떼어지다, 뜯어지다

　　［化けの皮が］　　　　　　　(가면이) 벗겨지다, (본성이) 드러나다

　　［かさぶたが］　　　　　　　(딱지가) 벗겨지다

ばかす（化かす） ──────────

➡ 化かされる

　［キツネに］　　　　　　　　　（여우에게）홀리다

はからう（計らう） ──────────

　［子息の入学に便宜を］　　　　（자식의 입학에 편의를）봐주다

はかる（測る） ──────────

　［血圧を］　　　　　　　　　　（혈압을）재다, 측정하다*

　［箱の寸法を］　　　　　　　　（상자의 크기를）재다

　［距離を巻き尺で］　　　　　　（거리를 줄자로）재다, 측정하다*

　［プールの水深を］　　　　　　（수영장의 수심을）재다, 측정하다*

　［赤ちゃんの体温を］　　　　　（아기의 체온을）재다, 측정하다*

はかる（量る） ──────────

　［毎晩体重を］　　　　　　　　（매일 밤 체중을）재다, 측정하다*

　［小麦粉の目方を］　　　　　　（밀가루 무게를）재다

はかる（計る） ──────────

　［100ｍのタイムを］　　　　　（100미터 달리기의 시간을）재다, 측정하다*

はかる（図る） ──────────

　［合理化を］　　　　　　　　　（합리화를）도모한다*, 꾀하다

　［自殺を］　　　　　　　　　　（자살을）시도하다*, 꾀하다

　［改善を］　　　　　　　　　　（개선을）시도하다*, 꾀하다

はかる（謀る） ──────────

　［悪事を］　　　　　　　　　　（나쁜 짓을）꾀하다

　［政府の転覆を］　　　　　　　（정부의 전복을）꾀하다

　［暗殺を］　　　　　　　　　　（암살을）기도하다*

はかる（諮る） ──────────

　［株主総会に］　　　　　　　　（주주 총회에）상의하다*, 자문하다*

　［専門家に］　　　　　　　　　（전문가에게）상의하다*, 자문하다*

はきけがする（吐き気が—） ──────────

　［多量の血を見て］　　　　　　（다량의 피를 보고）구역질이 나다*

はきだす（吐き出す） ──────────

　［つばを］　　　　　　　　　　（침을）내뱉다

　　　＊내뱉다 : （たん・つばを）吐き出す。

は

［タバコの煙を］　　　　　（담배 연기를) 내뿜다

［工場の煙突が煙を］　　（공장 굴뚝이 연기를) 내뿜다

　　＊내뿜다：(水・煙などを) 吹き出す，噴出する。

［感情を］　　　　　　　（감정을) 토로하다*

はぎしりする（歯軋り—）

［寝ながら］　　　　　　（자면서) 이를 갈다

はく（吐く）

［食べた物を］　　　　　（먹은 음식을) 토하다*

　　＊一時期よく「吐く」「もどす」の意味で使われていた오바이트하다が，最近ではあまり
　　使われない。

［息を］　　　　　　　　（숨을) 내쉬다

［道につばを］　　　　　（길에 침을) 뱉다

［火山が炎と煙を］　　　（화산이 불길과 연기를) 내뿜다

［蒸気機関車が煙を］　　（증기 기관차가 연기를) 내뿜다

［本音を］　　　　　　　（속마음을)토로하다(본심을)드러내다,실토하다*

　　＊실토하다：「隠していることを事実どおりに話す」こと。

［弱音を］　　　　　　　（약한 소리를) 하다

はく（履く）

［靴を］　　　　　　　　（구두를) 신다

［靴下を］　　　　　　　（양말을) 신다

［スリッパを］　　　　　（슬리퍼를) 신다

▶ 履き違える

［靴を］　　　　　　　　（구두를) 잘못 바꾸어 신다

［自由の意味を］　　　　（자유의 의미를) 오해하다*, 잘못 인식하다*

はく

［ズボンを］　　　　　　（바지를) 입다

［スカートを］　　　　　（치마를) 입다

［ジーンズを］　　　　　（청바지를) 입다

［パンツを］　　　　　　（팬티를) 입다

はく（掃く）

［ほうきで庭を］　　　　（빗자루로 정원을) 쓸다

はぐ（剥ぐ）

［杉の木の皮を］　　　　（삼나무 껍질을) 벗기다

[クマの皮を]　　　　　　（곰의 가죽을）벗기다

▶ 剝ぎ取る

[ふとんを]　　　　　　（이불을）벗기다

はぐくむ（育む）

[ひなを]　　　　　　（병아리를）품다, 품어 기르다

　＊人間がひなを飼って育てる場合は병아리를 키우다という。

[友情を]　　　　　　（우정을）키우다

[2人の愛を]　　　　　　（두 사람의 사랑을）키우다

はぐらかす

[話を]　　　　　　（말을）얼버무리다

はぐれる

[人込みの中で両親に]　　（혼잡 속에서 부모를）놓치다

はげます（励ます）

[オリンピック選手を]　　（올림픽 선수를）격려하다*

はげむ（励む）

[大学で学業に]　　　　（대학에서 학업에）힘쓰다

はける

[この田は水がよく]　　（이 논은 물이 잘）빠지다

[広告の商品が1時間で]　（광고의 상품이 한 시간만에）팔리다

はげる（禿げる）

[頭が]　　　　　　（머리가）벗겨지다

[森林火災で山が]　　　（삼림화재로）민둥산이 되다*

　＊민둥산：はげ山

はげる（剝げる）

[ベンチのペンキが]　　（벤치의 페인트가）벗겨지다

ばける（化ける）

[キツネが女に]　　　　（여우가 여자로）둔갑하다*

[中古車が新車に]　　　（중고차가 신차로）둔갑하다*

[警察官が従業員に]　　（경찰관이 종업원으로）변장하다*

[本代が酒に]　　　　　（책 값이 술로）바뀌다, 변하다*, 둔갑하다*

　＊둔갑하다：化ける, 変身する

279

はこぶ

> **MEMO** お化けは韓国語で？
>
> 「お化け」や「化け物」は直訳すると化けた物ということになるが、該当する言葉がないためにしかたなく괴물, 도깨비, 귀신, 요괴などといっている。

はこぶ（運ぶ）

［新しい部屋に家具を］	（새로운 방에 가구를）나르다
［貨物をトラックで］	（화물을 트럭으로）나르다, 운반하다*
［けが人を病院へ］	（부상자를 병원에）옮기다

　　　＊반송하다（搬送する）という語は使わない。

［事が計画どおりに］	（일이 계획대로）진행되다*
［裁判が被疑者に有利に］	（재판이 피의자에게 유리하게）진행되다*
［交渉が円滑に］	（교섭이 원활하게）진행되다*, 진척되다*

▶ 運び込む

［家具をアパートに］	（가구를 아파트에）실어 오다

➥ 運び込まれる

［救急車で急患が病院に］	（앰뷸런스로 급한 환자가 병원에）실려오다

　　　＊人の場合は、운반되다は使わない。

▶ 運び出す

［引っ越し荷物を］	（이삿짐을）실어 내다
［火事場から家財道具を］	（화재 현장에서 가재도구를）실어 내다

はさまる（挟まる）

［食べ物が歯に］	（음식 찌꺼기가 이에）끼다 / 끼이다
［足が岩のすき間に］	（발이 바위 사이에）끼다 / 끼이다

はさむ（挟む）

［本の間にしおりを］	（책 사이에 책갈피를）끼다, 끼우다
［手紙をドアのすき間に］	（편지를 문틈에）끼다, 끼우다
［脇の下に体温計を］	（겨드랑이에 체온계를）끼다, 끼우다
［パンにハムとチーズを］	（빵 사이에 햄과 치즈를）넣다

➥ 挟まれる

［ドアに指を］	（문에 손가락이）끼다 / 끼이다

第2部

MEMO 끼우다と끼이다の活用

끼우다：他動詞，すなわち目的語が必要な動詞で，「はさむ」という意味。また「誰かを仲間に加える」という意味もある。

次のように活用する。

①끼우다 ②끼웁니다 ③끼우어요 (끼워요) ④끼우었어요 (끼웠어요)

⑤끼우어서 (끼워서) ⑥끼우면 ⑦끼우는, 끼운, 끼울

끼이다：自動詞，すなわち目的語が必要ない動詞で，「はさまる」という意味。また「誰かが仲間に加わる」という意味もある。

次のように活用する。

①끼이다 ②끼입니다 ③끼이어요 (끼여요) ④끼이었어요 (끼였어요)

⑤끼이어서 (끼여서) ⑥끼이면 ⑦끼이는, 끼인, 끼일

＊「挟まれている」は끼여 있다。

・주차장은 두 빌딩 사이에 끼여 있다.

＊끼다は끼이다の縮約形。

はじく（弾く）

［算盤を］	(주판을) 튀기다
［百円玉を指で］	(100엔 짜리 동전을 손가락으로) 튀기다
［この布は水を］	(이 천은 물을) 튀기다

▶ **はじき出す**

| ［旅行の費用を］ | (여행의 비용을) 염출하다* |

はじまる（始まる）

［梅雨が］	(장마가) 시작되다*
［夏休みが］	(여름 방학이) 시작되다*
［会議が午後7時から］	(회의가 오후 7시부터) 시작되다*

はじめる（始める）

［ラーメン屋を］	(라면집을) 시작하다*
［モンゴル語の勉強を］	(몽고어의 공부를) 시작하다*
［会議を午後7時から］	(회의를 오후 7시부터) 시작하다*

はしらせる（走らせる）

［馬を］	(말을) 달리다
［車を］	(차를) 몰다
［使いを］	(심부름을) 보내다

は

はしりがきする（走り書き—）
[メモを] 　　　　　　　　　(메모를) 휘갈겨 쓰다

はしる（走る）
[運動場を全速力で] 　　　　(운동장을 전속력으로) 달리다
[車が猛スピードで] 　　　　(자동차가 맹속력으로) 달리다
[100 m を 11 秒で] 　　　　(100미터를 11초에) 달리다
[列車が時速 140 km で] 　　(열차가 시속 140킬로로) 달리다
　*달리다：人・動物にも乗り物にも用いる。「まっすぐに走る」というニュアンスがある。
[子どもが部屋の中を] 　　　(어린이가 방 안을) 뛰다
[カンガルーが草原を] 　　　(캥거루가 초원을) 뛰다
　*뛰다：「飛び跳ねる」「走り回る」というニュアンスがある。
[恐怖が背筋を] 　　　　　　(공포가 등줄기를) 타고 내려오다
[胸に激しい痛みが] 　　　　(가슴에 심한 통증이) 스쳐 가다
[感情に] 　　　　　　　　　(감정에) 치우치다
[恋人のもとへ] 　　　　　　(애인한테) 달아나다
[夜空に稲妻が] 　　　　　　(밤 하늘에 번개가) 번쩍이다
[市街地を高速道路が] 　　　(시가지를 고속도로가) 지나가다
[海岸に沿って山脈が] 　　　(해변을 따라 산맥이) 이어지다
[学生運動に] 　　　　　　　(학생 운동에) 참가하다*, 몰두하다*, 뛰어들다

はじる（恥じる）
[自分に] 　　　　　　　　　(자신을) 부끄럽게 여기다
[愚かな行いを] 　　　　　　(바보 같은 짓을) 부끄러워하다

はずかしがる（恥ずかしがる）
[人前で歌うことを] 　　　　(남들 앞에서 노래 부르는 것을) 부끄러워하다

はずかしめる（辱める）
[他人を] 　　　　　　　　　(타인을) 모욕하다*

はずす（外す）
[ドアチェーンを] 　　　　　(문고리를) 끄르다
[シートベルトを] 　　　　　(안전벨트를) 끄르다
[ワイシャツのボタンを] 　　(와이셔츠 단추를) 끄르다
[ネクタイを] 　　　　　　　(넥타이를) 풀다
[ドライバーでねじを] 　　　(드라이버로 나사를) 풀다
[入れ歯を] 　　　　　　　　(틀니를) 빼다

［眼鏡を］	(안경을) 벗다
［タイミングを］	(타이밍을) 놓치다
［的を］	(과녁을) 빗맞히다

＊과녁：標的。표적ともいう。

| ［彼をチームから］ | (그를 팀에서) 제외하다＊, 빼다 |

＊끄르다：ボタンや鍵などを外す。

はずむ (弾む)

［テニスボールが］	(테니스 공이) 튀다
［話が］	(이야기가) 활기를 띠다
［息が］	(숨이) 헐떡거리다, 가빠지다
［ボーイにチップを］	(보이한테 팁을) 많이 주다, 두둑히 주다

はずれる (外れる)

［壁からフックが］	(벽에서 훅이) 빠지다, 떨어지다
［自転車のチェーンが］	(자전거 체인이) 빠지다
［上着のボタンが］	(웃옷 단추가) 떨어지다

MEMO 웃옷과 윗옷

- **웃옷**：コート，カーディガンなど服の上に着る服。発音は［우돋］。
- **윗옷**：下着でも上着でも，上半身に着る服。発音は［위돋］。

［肩の関節が］	(어깨 관절이) 빠지다
［矢が的を］	(화살이 표적을) 빗나가다
［予想が］	(예상이) 빗나가다
［車が道を］	(차가 길을) 벗어나다
［答えが］	(답이) 안 맞다
［宝くじが］	(복권에) 안 맞다
［道に］	(도리에) 어긋나다

はたく

［顔を］	(얼굴을) 치다
［ほこりを］	(먼지를) 털다
［有り金を］	(있는 돈을) 털다

は

MEMO 털다と떨다

털다：はたく，払いのける，強く揺さぶったり道具を使ったりしてたたき落
　　とす。

・**모자 위의 눈을 털다**（帽子の上の雪をはたく）

・**이불을 털다**（布団をはたく）

떨다：直接自分の手ではたく，払い落とす，落とす。

・**눈을 떨다**（雪をはらう）

・**담뱃재를 떨다**（タバコの灰を落とす）

・**먼지를 떨다**（ゴミを払い落とす）

・**흙을 떨다**（土を払い落とす）

はたす（果たす）─────────────────

［約束を］	（약속은）지키다
［納税義務を］	（납세 의무를）지키다
［母親としての責任を］	（어머니로서의 책임을）다하다, 완수하다*
［政治家としての使命を］	（정치가로서의 사명을）다하다
［重要な役割を］	（중요한 역할을）하다
［望みを］	（소원을）이루다

MEMO 「すっかり～してしまう」

＊「動詞連用形(-아/-어)＋버리다」で表現する。

・**있는 돈을 다 써 버리다**（有り金を使い果たす）

・**봄베 산소를 다 써 버리다**（ボンベの酸素を使い果たす）

はたらく（働く）─────────────────

［1日8時間］	（하루에 여덟 시간）일하다
［物体に引力が］	（물체에 인력이）작용하다*
［盗みを］	（도둑질을）하다
［悪事を］	（나쁜 일을）저지르다

➥ **働かせる**

［夜遅くまで］	（밤늦게까지）일을 시키다

はちあわせする（鉢合わせ─）─────────────

［映画館で先生と］	（영화관에서 선생님과）딱 마주치다

はちきれる（はち切れる）
［物を入れすぎて袋が］ （물건을 너무 많이 넣어서 봉지가） 터지다

はっする（発する）
［光と熱を］ （빛과 열을） 내다
［甘い香りを］ （달콤한 향을） 내다
［警察が警告を］ （경찰이 경고를） 하다
［宗教問題に端を］ （종교문제에서） 발단이 되다

ばっする（罰する）
［喫煙をした生徒たちを］ （흡연한 학생들을） 처벌하다*
➥ 罰せられる
［盗みのかどで］ （도둑질한 죄로） 처벌당하다*

はてる（果てる）
［命が］ （목숨이） 다하다

はなす（話す）
［電話で］ （전화로） 이야기하다
［歩きながら］ （걸으면서） 이야기하다
［2人だけで］ （둘이서） 이야기하다
［夜遅くまで］ （밤 늦게까지） 이야기하다
［アメリカ生活について］ （미국 생활에 대해） 이야기하다
［もっと大きな声で］ （더 큰 목소리로） 말하다

MEMO 이야기하다, 말하다

이야기하다：童話や昔話など何かの話題について比較的長い話をすること．
　　縮約形は 얘기하다。
말하다：「言う」「しゃべる」に相当し，一方的に話すこと．

▶ 話し合う
［楽しそうに］ （즐겁게） 이야기를 나누다
［これからのことを］ （장래의 일을） 상의하다*
［雇用条件について］ （고용 조건에 대해서） 협의하다*

▶ 話しかける
［外国人に英語で］ （외국인에게 영어로） 말을 걸다

はなす（はなしこむ）

▶ 話し込む
　［友達と夜中まで］　　　（친구와 한밤중까지) 이야기에 빠지다, 이야기에 열중하다

はなす（放す）
　［母の手を］　　　　　（어머니 손을) 놓다
　［小鳥をかごから］　　　（새를 새장에서) 풀어 주다
　［公園内で犬を］　　　　（공원 내에서 개를) 풀어 놓다

▶ 放し飼いにする
　［牧場で牛を］　　　　　（목장에서 소를) 방목하다*

はなす（離す）
　［ハンドルから手を］　　（핸들에서 손을) 놓다
　［赤ん坊から目を］　　　（아기에게서 눈을) 떼다
　［ストーブを壁から］　　（스토브를 벽에서) 떼어 놓다

はなれる（放れる）
　［子が親の手から］　　　（아이가 부모의 밑에서) 독립하다*
　［犬が鎖から］　　　　　（개가 사슬에서) 풀리다 / 풀어지다

はなれる（離れる）
　［故郷を］　　　　　　　（고향을) 떠나다
　［船が港を］　　　　　　（배가 부두를) 떠나다
　［親元から］　　　　　　（부모님 곁을) 떠나다
　［家族と］　　　　　　　（가족과) 떨어지다
　［市内から少し］　　　　（시내에서 좀) 떨어지다
　［年が］　　　　　　　　（나이) 차이가 나다
　［話が本筋から］　　　　（이야기가 원래 주제에서) 멀어지다

はねる（跳ねる）
　［片足でぴょんぴょん］　（한쪽 발로 깡총깡총) 뛰다
　　＊뛰다 : ぴょんぴょんはねるような動作を伴うので，人・動物にしか用いない。
　［カエルがぴょんと］　　（개구리가 폴짝) 뛰어오르다
　［池の鯉が］　　　　　　（연못에서 잉어가) 뛰어오르다
　［足に泥が］　　　　　　（발에 진흙이) 튀다
　［天ぷら油が服に］　　　（튀김 기름이 옷에) 튀다
　［たき火の中のくりが］　（모닥불 속의 밤이) 튀다

［芝居が］　　　　　　　　　　（연극이）끝나다

MEMO 깡충과 폴짝

깡충깡충：ウサギ（토끼）のように，前足が短く後足が長い小さな動物が走る姿。小さな子どもにも使える。

껑충껑충：ノロ鹿（노루）や子牛（송아지）のように，前足と後足が両方とも長い，大きな動物が走る姿。

깡충깡충：チン（발바리）やチワワ（치와와）のように，前足と後足が両方とも短い小さな動物が走る姿。

폴짝폴짝：アオガエル（청개구리）のように，前足が短く後足が長い小さな動物が跳びはねるようす。

풀쩍풀쩍：トノサマガエル（참개구리）のように，前足が短くて後足が長い比較的大きな動物が跳びはねるようす。

▶ 跳ね上がる

［魚が勢いよく］　　　　　（물고기가 힘차게）뛰어오르다

［原油価格が］　　　　　　（원유 가격이）폭등하다*

［野菜の値段が］　　　　　（야채 값이）폭등하다*

▶ 跳ね起きる

［ベッドから］　　　　　　（침대에서）벌떡 일어나다

▶ 跳ね返る

［ボールが壁に当たって］　（공이 벽에 맞고）바운드되다

　➡ 跳ね返す

［劣勢を］　　　　　　　　（열세를）뒤엎다, 뒤엎어버리다, 만회하다*

▶ 跳ね回る

［子どもたちが雪の中を］　（아이들이 눈을 맞으며）뛰어다니다

はねる（撥ねる）

［車が人を］　　　　　　　（차가）사람을 치다

➡ はねられる

［子どもが車に］　　　　　（아이가 차에）치이다

［面接で］　　　　　　　　（면접에서）떨어지다

［不良品は検査の過程で］　（불량품은 검사 과정에서）걸러지다, 제거되다*

287

▶ はね付ける

　　［会社側が我々の提案を］　（회사 측이 우리 측의 제안을）거절하다*, 거부하다*

▶ はね飛ばす

　　［泥を］　（진흙을）튀기다

　　➥ はね飛ばされる

　　［交差点で車に］　（사거리에서 차에）치이다

▶ はねのける

　　［寝相が悪くて布団を］　（잠버릇이 나빠서）이불을 차 내다

　　［不良品を］　（불량품을）골라내다, 가려내다

　　［困難を］　（어려움을）물리치다

はばかる（憚る）────────────

　　［人目を］　（남의 눈을）꺼리다

はばたく（羽ばたく）────────────

　　［白鳥が優雅に］　（백조가 우아하게）날개치다

　　［卒業生が社会に］　（졸업생이 사회에 나가）날개짓하다, 활약하다*

はばむ（阻む）────────────

　　［探検隊の行く手を］　（탐험대의 앞길을）가로막다

　　［巨人の連覇を］　（자이언츠의 연패를）막다, 저지하다*

　　［貧しさが国の近代化を］　（가난이 나라의 근대화를）가로막다, 저해하다*

はびこる────────────

　　［犯罪が］　（범죄가）만연하다*

　　［留守の間に雑草が］　（집을 비운 사이에 잡초가）무성하게 자라다*

　　　　＊무성하다 形：生い茂っている

　　［新型コロナが全世界に］　（신종 코로나가 전세계에）만연하다*

はぶく（省く）────────────

　　［幽霊会員名を名簿から］　（유령 회원명을 명단에서）삭제하다*

　　［経費を］　（경비를）줄이다

　　［手間を］　（수고를）덜어 주다

　　［詳しい説明を］　（자세한 설명을）생략하다*

　　［敬称を］　（경칭을）생략하다*

はまる（嵌まる）────────────

　　［足にぴったり］　（발에 꼭）맞다, 들어맞다

第2部

［条件にぴったり］	（조건에 딱) 맞다
［わなに］	（덫에) 걸리다
［落とし穴に］	（함정에) 빠지다
［車がぬかるみに］	（차가 진흙탕에) 빠지다

はみだす（はみ出す）

| ［ハムがパンから］ | （햄이 빵에서) 빠져나오다 |
| ［常識の枠から］ | （상식의 틀을) 벗어나다 |

はやる

| ［子どもたちの気持ちが］ | （아이들의 마음이) 설레다 |

はやる（流行る）

［高校生の間でサッカーが］	
	（고교생 사이에서 축구가) 유행하다*
［インフルエンザが］	（독감이) 유행하다*, 퍼지다

＊「繁盛する」の意味の「はやっている」は, その라면집은 잘되다 (あのラーメン屋は, はやっている), 이 가게는 손님이 많다 (この店は, はやっている), 그 치과는 환자가 많다 (あの歯医者は, はやっている) のようにいう。

はらう（払う）

［現金で］	（현금으로) 지불하다*, 치르다, 내다
［借金を］	（빚을) 갚다
［ほこりを］	（먼지를) 털다
［注意を］	（주의를) 기울이다
［敬意を］	（경의를) 표하다*
［多くの犠牲を］	（많은 희생을) 치르다

▶ 払い込む

| ［保険料を毎月］ | （보험료를 매달) 납부하다* |
| ［電気代を銀行で］ | （전기세를 은행에서) 납부하다* |

➥ 払い込まれる

| ［年金が毎月 10 日に］ | （연금이 매월 10일에) 입금되다* |

▶ 払い下げる

| ［国有地を］ | （국유지를) 불하하다* |

➥ 払い下げられる

| ［市有地が民間に］ | （시유지가 민간에) 불하되다* |

は

はらう（はらいのける）

▷ **払いのける**

[恐怖心を] (두려움을) 훌훌 털어버리다

[机のほこりを] (책상의 먼지를) 털다

▷ **払い戻す**

[料金を] (요금을) 환불하다*

➥ **払い戻される**

[雨で入場料金が] (비로 입장료가) 환불되다*

はらう（祓う）────────────

[厄を] 액(을) 때우다

*最近では무속인（巫女）が行う굿（供え物をして踊りを踊ったり呪文・神託などを唱えたりして，村や家の安泰・病気の治癒などを祈る祭祀）が少なくなったせいで재앙을 불제하다という語はだんだん使われなくなってきている。

はらごしらえする（腹ごしらえ─）────────────

[活動に備えて] (활동에 대비하여) 배를 채워 두다

*금강산도 식후경：戦の前に腹ごしらえする

はらす（晴らす）────────────

[気分を] (기분을) 풀다

ばらす────────────

[機械を] (기계를) 분해하다*

[秘密を] (비밀을) 폭로하다*

はらばいになる（腹這いに─）────────────

[芝生の上で] (잔디 위에서) 엎드리다

ばらばらにする────────────

[ラジオを] (라디오를) 산산이 분해하다*

[死体を] (시체를) 토막 내다

ばらばらになる────────────

[兄弟が] (형제가) 뿔뿔이 헤어지다, 흩어지다

[仲のよかった友達が] (사이가 좋았던 친구들이) 뿔뿔이 흩어지다

ばらまく────────────

[選挙に勝つために金を] (선거에 이기기 위해) 돈을 뿌리다

はらむ（孕む）────────────

[危険を] (위험을) 내포하다

[可能性を] (가능성을) 품다

ひ

ひあがる（干上がる）───────────
［干ばつで田んぼが］　　　（가뭄으로 논이）바싹 마르다

ひいきにする──────────────
［あの歌手を］　　　　　（그 가수를）특히 좋아하다
　＊ひいきの店：단골집, ひいきの飲み屋：단골 술집

ひえる（冷える）──────────────
［ご飯が］　　　　　　　（밥이）식다
［外が］　　　　　　　　（밖이）추워지다
［体の芯まで］　　　　　（뼛속까지）차가워지다
［2人の仲が］　　　　　（둘이 사이가）식어 버리다

ひかえる（控える）─────────────
［健康のため酒を］　　　（건강을 위해 술을）삼가다
　＊삼가하다는 誤用とされているが，一般に広く使われている。
［電話番号を手帳に］　　（전화번호를 수첩에）적다, 메모하다
［大勢の客が］　　　　　（많은 손님들이）기다리다
　＊ふつう기다리고 있다（ひかえている）の形で。
［財界の大物が］　　　　（재계의 거물이）버티다
　＊ふつう버티고 있다（ひかえている）の形で。
［結婚式を明日に］　　　（결혼식을 내일로）앞두다

ひがむ（僻む）───────────────
［人の成功を］　　　　　（사람의 성공을）시샘하다

ひからびる──────────────────
［猛暑続きで田んぼが］　（폭염이 계속되어서 논이）바싹 마르다

ひかる（光る）───────────────
［月が］　　　　　　　　（달빛이）비치다
［星が］　　　　　　　　（별빛이）비치다, 빛나다

ひきあげる（引き上げる）──────────
［沈没船を］　　　　　　（침몰선을）끌어올리다, 인양하다*
［建築資材を丘の上まで］（건축 자재를 언덕 위까지）끌어올리다
［年金の支給を65歳に］（연금 지급을 65세로）올리다
［利率を2パーセント］　（이율을 2퍼센트）인상하다*

ひきあげる　（ひきあげる）

▶ 引き揚げる

［終戦後サハリンから］　　　（종전 후 사할린에서） 돌아오다, 귀환하다*

［米軍を沖縄から］　　　　　（미군을 오키나와에서） 철수하다*

ひきいれる　（引き入れる）—————————

［敵を味方に］　　　　　　　（적을 우리편으로） 끌어들이다

ひきうける　（引き受ける）—————————

［仕事を］　　　　　　　　　（일을） 떠맡다, 인수하다*

［部長職を］　　　　　　　　（부장직을） 떠맡다, 인수하다*

［犬の散歩を］　　　　　　　（개를 산책시키는 일을） 떠맡다

［身元を］　　　　　　　　　（신원을） 보증하다*

ひきおこす　（引き起こす）—————————

［たいへんな騒ぎを］　　　　（큰 소동을） 일으키다

［転んだおばあさんを］　　　（넘어진 할머니를） 일으키다

ひきおとす　（引き落とす）—————————

［公共料金を口座から］　　　（공공요금을 계좌에서） 자동 이체하다*

ひきかえす　（引き返す）—————————

［駅まで行って］　　　　　　（역까지 가서） 되돌아가다, 되돌아오다

ひきかえる　（引き替える・引き換える）—————————

［当たりくじと景品を］　　　（당첨 복권과 경품을） 교환하다*

ひきこもる　（引き籠もる）—————————

［引退後田舎に］　　　　　　（은퇴 후 시골에） 틀어박히다, 칩거하다*

［風邪で1週間家に］　　　　（감기로 일 주일 동안 집에） 틀어박히다

ひきさく　（引き裂く）—————————

［手紙を］　　　　　　　　　（편지를） 찢다

［2人の仲を］　　　　　　　（두 사람 사이를） 갈라놓다, 떼어놓다

ひきさげる　（引き下げる）—————————

［業績不振で賃金を］　　　　（실적 부진으로 임금을） 인하하다, 내리다*

［選挙年齢を］　　　　　　　（선거 연령을） 낮추다

➡ 引き下げられる

［携帯料金が］　　　　　　　（휴대 전화 요금이） 인하되다*

ひきしまる　（引き締まる）—————————

［気持ちが］　　　　　　　　（마음이） 긴장되다*

➥ 引き締める
　〔口元をぐっと〕　　　　　（입을 꼭） 다물다
　〔気を〕　　　　　　　　（마음을） 다잡다
　〔相場を〕　　　　　　　（시세를） 긴축하다*
　〔金融政策を〕　　　　　（금융 정책을） 긴축하다*

ひきずる（引きずる）━━━━━━
　〔怪我した足を〕　　　　（다친 다리를） 질질 끌다
　〔ガウンを床に〕　　　　（가운을 바닥에） 질질 끌다
➥ 引きずられる
　〔悪友に〕　　　　　　　（나쁜 친구한테） 질질 끌리다
▶ 引きずり込む
　〔高校生を悪の道に〕　　（고등학생을 악의 길에） 끌어들이다
▶ 引きずり出す
　〔押入れからふとんを〕　（이불장에서 이불을） 꺼내다
　　＊이불장：（布団を入れる） 탄스
▶ 引きずり回す
　〔上京した母親を一日中〕　（고향에서 온 어머니를 하루종일） 끌고 다니다

ひきだす（引き出す）━━━━━━
　〔銀行口座から５万円〕　（은행 계좌에서 5만 엔） 인출하다, 찾다*
　〔容疑者から自白を〕　　（피의자에게서 자백을） 끌어 내다
➥ 引き出される
　〔犯人によって現金が〕　（범인에 의해 현금이） 인출되다*

ひきたつ（引き立つ）━━━━━━
　〔彼女の美しさが一段と〕　（그녀의 아름다움이 한층 더） 돋보이다
➥ 引き立てる
　〔花が式場を〕　　　　　（꽃이 예식장을） 돋보이게 하다

ひきちぎる（引きちぎる）━━━━━━
　〔ノートから１ページ〕　（노트에서 한 페이지를） 찢다

ひきつぐ（引き継ぐ）━━━━━━
　〔家業を父親から〕　　　（가업을 아버지로부터） 물려받다, 이어받다

ひきつける（引き付ける）━━━━━━
　〔磁石は鉄を〕　　　　　（자석은 철을） 끌어당기다

は

〔批評家たちの目を〕 (비평가들의 눈을) 사로잡다

ひきつづく（引き続く）

〔不況が〕 (불황이) 계속되다*

ひきつる（引きつる）

〔表情が〕 (표정이) 굳어지다

ひきとめる（引き止める）

〔出発を〕 (출발을) 말리다

〔一人娘を手元に〕 (외동딸을 곁에) 두다

ひきとる（引き取る）

〔古い冷蔵庫を〕 (낡은 냉장고를) 떠맡다

〔息を〕 (숨을) 거두다

〔孤児を〕 (고아를) 데려다 키우다

ひきぬく（引き抜く）

〔釘を〕 (못을) 뽑다

〔木を根こそぎ〕 (나무를 뿌리채) 뽑다

〔ワインのコルク栓を〕 (와인 코르크 마개를) 뽑다

〔優秀な人材を〕 (우수한 인재를) 뽑다

➡引き抜かれる

〔官僚が民間会社に〕 (관료가 민간 회사에) 뽑히다

〔別の IT 会社に〕 (다른 IT 회사에) 스카우트되다

ひきのばす（引き延ばす）

〔法案の採決を〕 (법안 채결을) 지연시키다*

〔会議をずるずると〕 (회의를 질질) 끌다

▶引き伸ばす

〔結婚式の写真を〕 (결혼식 사진을) 확대하다*

ひきはなす（引き離す）

〔2 人の仲を〕 (두 사람의 사이를) 떼어놓다

〔2 位以下を大きく〕 (이 위 이하를 크게) 떼어놓다

ひきはらう（引き払う）

〔住み慣れた家を〕 (오래 살아 정든 집을) 정리하다*

ひきよせる（引き寄せる）

〔スタンドを手元に〕 (스탠드를 바로 앞으로) 끌어당기다

ひきわけになる （引き分けに—）
［試合は 3 対 3 の同点で］　（경기는 3대3의 동점으로） 비기다

ひきわたす （引き渡す）
［逃亡犯をアメリカに］　（도주범을 미국에） 인도하다, 넘겨주다*

ひく （引く）
［あごを］　（턱을） 당기다
［緊急時にレバーを］　（긴급할 때 손잡이를） 당기다
［カーテンを］　（커튼을） 치다
［綱を］　（밧줄을） 잡아당기다
［ゴジラの看板が人目を］　（고질라 간판이 사람들의 눈을） 끌다
［通行人の注意を］　（지나가는 사람들의 주의를） 끌다
［レッカー車が故障車を］　（견인차가 고장난 차를） 끌다
［母親が子どもの手を］　（어머니가 아이의 손을） 잡아 끌다
［10 から 3 を］　（10에서 3을） 빼다
［給料から税金を］　（월급에서 세금을） 제하다*
［A から B まで直線を］　（A에서 B까지 직선을） 긋다
［下線を］　（밑줄을） 치다
［辞書を］　（사전을） 찾다
［くじを］　（제비를） 뽑다
［解熱剤で熱が］　（해열제로 열이） 내리다
［鎮痛剤で腫れが］　（진통제로 부기가） 가시다
［潮が］　（물이） 빠지다

＊「潮やたまった水などが引く」ことを싸다といい,辞書にも載っているが,実際には썰물(引き潮) という語以外にはあまり使われない。ちなみに「満ち潮」は밀물。

［フライパンに油を］　（프라이팬에 기름을） 두르다
＊두르다:鍋やフライパンの表面に油を塗る, 油を引く
［川から田に水を］　（강에서 논에 물을） 대다
＊대다: (田畑に) 水を引く, 水を引き入れる。
［風邪を］　（감기가） 들다, （감기에） 걸리다
［口紅を引く］　（립스틱을） 바르다
［会社経営から手を引く］　（회사 경영으로부터 손을） 떼다

➡ 引かれる
［ピアノの音に心を］　（피아노 소리에 마음이） 끌리다

ひく

［給料から所得税が］　（월급에서 소득세가）공제되다*

ひく（弾く）

［ピアノを］　（피아노를）치다, 연주하다*

［ギターを］　（기타를）치다, 연주하다*

［伽耶琴を］　（가야금을）타다, 뜯다, 연주하다*

［バイオリンを］　（바이올린을）켜다, 연주하다*

MEMO 楽器を演奏するときの動詞

・**치다**：ピアノ，ギター，太鼓などを弾く，たたく，打つ。

・**타다**：가야금（伽耶琴），거문고（韓国琴），비파（琵琶），수금（竪琴・ハープ）など，弦を張った楽器を上から押さえつけたりはじいたりして音を出す場合に使われる。

・**켜다**：바이올린（バイオリン），비올라（ビオラ），첼로（チェロ）など，弦を弓で擦って音を出す楽器に使われる。

ひく（挽く）

［コーヒー豆を］　（커피 원두를）갈다

［とうもろこしを］　（옥수수를）갈다

［材木をのこぎりで］　（목재를 톱으로）켜다, 자르다

＊켜다：木をのこぎりで切断する。

ひく（轢く）

［猫を車で］　（차로 고양이를）치다

➡ **ひかれる**

［オートバイに］　（오토바이에）치이다

［子どもが電車に］　（어린이가 전철에）치이다

▶ **ひき逃げする**

＝뺑소니를 치다

＊「ひき逃げされる」は 뺑소니를 당하다。

ひそむ（潜む）

［泥棒が茂みに］　（도둑이 수풀 속에）숨다

➡ **ひそめる**

［物陰に身を］　（그늘에 몸을）숨기다

ひそめる　(顰める)

[眉を]　　　　　　　　　　　(눈살을) 찌푸리다

ひたす　(浸す)

[パンを牛乳に]　　　　　　(빵을 우유에) 적시다

[清水に足を]　　　　　　　(맑은 샘물에 발을) 잠그다

[ガーゼを消毒液に]　　　　(거즈를 소독액에) 담그다, 적시다

➥ **浸る**

[濁流に線路が]　　　　　　(탁류에 선로가) 잠기다

[勝利の喜びに]　　　　　　(승리의 기쁨에) 잠기다

[楽しい思い出に]　　　　　(즐거운 추억에) 잠기다

ひっかかる　(引っ掛かる)

[釣り糸が何かに]　　　　　(낚싯줄이 뭔가에) 걸리다

[電柱にたこが]　　　　　　(전봇대에 연이) 걸리다

　　＊電柱：전신주とも言うが，전주はあまり使われない。

[ズボンが釘に]　　　　　　(바지가 못에) 걸리다

[魚の小骨がのどに]　　　　(생선 가시가 목에) 걸리다

[雑誌が税関検査に]　　　　(잡지가 세관 검사에) 걸리다

[うまい儲け話に]　　　　　(교묘한 돈벌이 이야기에) 걸려들다

ひっかく　(引っ掻く)

[孫の手で背中を]　　　　　(효자손으로 등을) 긁다

　　＊효자손〈孝子손〉：孫の手

[フォークでテーブルを]　　(포크로 테이블을) 긁다

➥ **ひっかかれる**

[猫に手を]　　　　　　　　(고양이가 손을) 할퀴다

　　＊韓国語では受身の表現はできない。할퀴다：傷ができるほどにひっかく。

▶ **ひっかき回す**

[空き巣が家の中を]　　　　(빈집 털이가 집안을) 뒤지다

[株価を操作して市場を]　　(주가를 조작하여 장을) 혼란시키다*

ひっかける　(引っ掛ける)

[コートを洋服掛けに]　　　(외투를 옷걸이에) 걸다

[スカートを釘に]　　　　　(스커트가 못에) 걸리다

[上着を軽く]　　　　　　　(재킷을 가볍게) 걸치다

　　＊걸치다：服や身につけるものを，すばやく着たりかけたりする。

は

ひっかける（ひっかけられる）

［焼酎を一杯］　　　　　　　（소주를 한 잔） 걸치다

 *日本語で「一杯引っかける」というのと同じ感覚で使われる。

［誤って通行人に水を］　　　（잘못하여 통행인에게 물을） 끼얹다

 *끼얹다：(水・粉などを) 振り掛ける，浴びせる

➥ **ひっかけられる**

［ダンプに泥水を］　　　　　（덤프차가 흙탕물을） 뒤집어 쓰다

 *韓国語では受身の表現はできない。

ひっくりかえす（ひっくり返す）────────

［目玉焼きを］　　　　　　　（계란 프라이를） 뒤집다

 *계란 후라이は間違った表現だが，一般的に使われている。달걀 프라이ともいうが，日本でも NHK がかたくなに日本語を守っているように，韓国でも放送用語では漢字語の계란より달걀がよく使われている（しかし달걀の一般的な使用頻度は계란の半分以下である）。

［従来の学説を］　　　　　　（종래의 학설을） 뒤엎다

［食事中にグラスを］　　　　（식사 중에 유리잔을） 넘어뜨리다

➥ **ひっくり返る**

［ベッドに仰向けに］　　　　（침대에 천정을 보고） 눕다, （침대에 똑바로） 눕다

［すべって仰向けに］　　　　（미끄러져 뒤로） 넘어지다

［新型コロナで世の中が］　　（신종 코로나로） 세상이 뒤집히다

［捕手のエラーで試合が］　　（포수의 실수로 경기가） 역전되다*

MEMO　넘어지다, 엎어지다, 쓰러지다, 자빠지다

넘어지다：人や物が倒れる，転ぶ。

・**가구가 넘어지다**（家具が倒れる）

・**건물이 넘어지다**（建物が倒れる）

・**나무가 넘어지다**（木が倒れる）

・**자전거가 넘어지다**（自転車が倒れる）

엎어지다：人が（前に）転ぶ，ひっくり返る，うつぶせになる，倒れる。

・**아이가 엎어지다**（子どもが転ぶ）

・**얼음판에 엎어지다**（氷の上でひっくり返る）

・**쓰레기통이 엎어지다**（ごみ箱が倒れる）

쓰러지다：人や物が倒れる。過労など健康上の理由で倒れる。

・**태풍 때문에 나무가 쓰러지다**（台風で木が倒れる）

・과로로 쓰러지다 (過労で倒れる)

・뇌졸중으로 쓰러지다 (脳卒中で倒れる)

자빠지다：ぶざまな格好で，前，または横に倒れる，ひっくり返る。

・바나나 껍질을 밟아 맨땅에 자빠지다 (バナナの皮を踏んで地面にひっくり返る)

・바닥이 미끄러져 자빠지다 (床がツルツルしていてひっくり返る)

びっくりする─────────────
［彼が離婚したと聞いて］　(그가 이혼했다고 듣고) 깜짝 놀라다

［急に大きな音がして］　(갑자기 큰 소리가 나서) 놀라다

［ゴキブリを見て］　(바퀴벌레를 보고) 기겁하다*

ひっこす（引っ越す）─────────
［職場の近くに］　(직장에서 가까운 곳으로) 이사하다*, 이사를 가다*

［都心のマンションに］　(도심지에 있는 아파트로) 이사하다*, 이사를 가다*

ひっこむ（引っ込む）─────────
［書斎に］　(서재에) 틀어박히다

［いなかに］　(고향에) 틀어박히다

［自分の部屋に］　(자기 방에) 틀어박히다

［寝不足で目が］　(수면 부족으로 눈이) 쑥 들어가다, 푹 꺼지다

［ダイエットで腹が少し］　(다이어트로 배가 조금) 들어가다

➥ **ひっこめる**

［慌てて手を］　(얼른 손을) 빼다

［カメが甲羅の中に首を］　(거북이가 등딱지 속으로) 목을 움츠리다

［提案を］　(제안을) 철회하다*, 취소하다*

ひったくる───────────────
［スリがカバンを］　(소매치기가 가방을) 낚아채다

ひっぱたく（引っ叩く）─────────
［頬を］　(뺨을) 세게 때리다

ひっぱる（引っ張る）─────────
［ひもを］　(끈을) 당기다

［輪ゴムを強く］　(고무줄을 세게) 잡아당기다

［優秀な人材を会社に］　(우수한 인재를 회사에) 끌어들이다

は

ひっぱる（ひっぱりだす）

▶ 引っ張り出す

［タンスから冬物を］　　　（장롱에서 겨울옷을）꺼내다, 끄집어내다

［市長選挙に］　　　　　（시장선거에）추대하다*

▶ 引っ張り込む

［誘拐犯が子どもを車に］　（유괴범이 어린이를 차에）잡아끌다

ひとめぼれする（一目惚れする）────────────

　　　　　　　　　　　　　＝한눈에 반하다, 첫눈에 반하다

ひとやすみする（一休みする）────────────

［少し疲れたので］　　　　（조금 피곤하니까）잠깐 쉬다

ひとりじめする（独り占めする）────────────

［弟が菓子を］　　　　　（동생이 과자를）독차지하다*

ひとりだちする（独り立ちする）────────────

［高校を卒業して］　　　（고등학교를 졸업해서）독립하다*, 자립하다*,
　　　　　　　　　　　　　홀로서기하다

ひねくれる────────────

［両親の不和が原因で］　　（부모의 불화가 원인으로）비뚤어지다

ひねる（捻る）

［体操をしていて腰を］　　（체조를 하다가 허리를）비틀다

［転んで足首を］　　　　（넘어져서 발목을）삐다

［蛇口を］　　　　　　　（수도꼭지를）돌리다, 틀다

［頭を］　　　　　　　　（머리를）짜내다

▶ ひねり出す

［小遣いから2万円を］　　（용돈에서 2만 엔을）염출하다*

［何とか旅費を］　　　　（겨우 여비를）염출하다*

ひびく（響く）────────────

［ホールに歌声が］　　　（홀에 노랫소리가）울려 퍼지다

［騒音が下の階に］　　　（소음이 아래층에）울려 퍼지다

［ストレスが健康に］　　　（스트레스가 건강에）영향을 주다

［物価の上昇が家計に］　　（물가 상승이 가계에）영향을 미치다

ひやかす（冷やかす）────────────

［仲のいい友達を］　　　（사이가 좋은 친구를）놀리다, 희롱하다*

ひやす（冷やす）────────────────

〔冷蔵庫でビールを〕　　（냉장고에서 맥주를) 차게 하다

〔氷で頭を〕　　（얼음으로 머리를) 식히다

ひらく（開く）────────────────

〔教科書の４ページを〕　（교과서 4페이지를) 펴다

〔新聞を〕　　（신문을) 펴다

〔足を少し〕　　（다리를 조금) 벌리다

〔先頭走者との間が〕　　（선두 주자와의 사이가) 벌어지다

〔駅前にレストランを〕　（역앞에 레스토랑을) 열다

〔国交を〕　　（국교를) 열다

〔新入生歓迎会を〕　　（신입생 환영회를) 열다, 개최하다*

〔銀行に口座を〕　　（은행에 계좌를) 개설하다*

〔荒れ地を〕　　（황무지를) 개척하다*, 개간하다*

➥ **開かれる**

〔国宝展が博物館で〕　　（국보전이 박물관에서) 열리다

〔政治家になる道が〕　　（정치가가 될 길이) 열리다

ひらきなおる（開き直る）────────

〔急に〕　　（갑자기) 태도를 바꾸다

ひらける（開ける）────────────

〔文明が〕　　（문명이) 발전하다*

〔雄大な景色が眼下に〕　（웅대한 경치가 눈 아래로) 펼쳐지다

〔運が〕　　（운이) 트이다

〔視界が〕　　（시야가) 트이다

〔活路が〕　　（활로가) 트이다

ひらめく（閃く）────────────

〔遠くで稲妻が〕　　（멀리서 번개가) 번쩍거리다

〔名案が〕　　（명안이) 번쩍 떠오르다

ひるむ（怯む）────────────

〔上司に対して〕　　（상사에게) 기가 죽다

〔とっさの出来事に〕　　（순식간에 일어난 일에) 뒷걸음질 치다

ひろう（拾う）────────────

〔ごみを〕　　（쓰레기를) 줍다

［タクシーを］	(택시를) 잡다
［客を］	(손님을) 태우다

ひろがる（広がる）

［火事が町中に］	(화재가 마을 전체로) 번지다
［うわさが一瞬にして］	(소문이 순식간에) 퍼지다
［風邪がクラス全体に］	(감기가 학급 전체에) 퍼지다
［にきびが］	(여드름이) 퍼지다

MEMO 번지다, 퍼지다

번지다：伝播する，だんだんと広がる，広まる。「染みる」「にじむ」に近い。
一点を中心として広がるようす。
- **산불이 크게 번지다**（山火事が大きく広がる）
- **전염병이 번지다**（伝染病が広がる）

퍼지다：広がる。번지다に比べて広がる速度や範囲が広い。(酒・毒などが体中に)
まわる。(皮膚病や傷などが) 広がる。
- **신종 코로나가 도시 전체로 퍼지다**（新型コロナが都市全体に広がる）
- **독이 퍼지다**（毒が体にまわる）
- **향기가 퍼지다**（香りが広がる）
- **부스럼이 퍼지다**（おできが広がる）

［知識が］	(지식이) 넓어지다
［川幅が少しずつ］	(강폭이 조금씩) 넓어지다
［目の前に海が］	(눈앞에 바다가) 펼쳐지다
［澄んだ水と白い砂浜が］	(맑은 물과 하얀 백사장이) 펼쳐지다

＊펼쳐지다：目の前の空間一杯に広がる。

➥ 広げる

［新聞を］	(신문을) 펼치다
［羽を］	(날개를) 펼치다
［道幅を］	(도로의 폭을) 넓히다, 확장하다＊
［観光分野に事業を］	(관광 분야에 사업을) 넓히다, 확장하다＊
［手を大きく］	(팔을 크게) 벌리다

＊벌리다：(手足などを) 広げる。間隔を広げる。

ひろまる（広まる）

［うわさが］	(소문이) 퍼지다
［ニュースが国中に］	(뉴스기 나라 전체에) 퍼지다
［スマホが老人にまで］	(스마트폰이 노인에게까지) 보급되다*

➥ **広める**

［うわさを］	(소문을) 퍼뜨리다
［知識を］	(지식을) 넓히다, 전파하다*
［仏教を］	(불교를) 포교하다*, 보급시키다*

ひんする（瀕する）

| ［与党は分裂の危機に］ | (여당은 분열의 위기에) 직면하다* |

ふ

ふうじる（封じる）
〔口を〕　　　　　　　　　（입을）막다, 봉하다*
〔逃げ道を〕　　　　　　　（도망갈 길을）막다, 봉쇄하다*

ふえる（増える）
〔人口が急速に〕　　　　　（인구가 급속하게）늘어나다, 증가하다*
〔体重が３キロも〕　　　　（체중이 3킬로나）늘다
〔売り上げが２倍に〕　　　（매상이 두 배로）늘다
➥ **増やす**
〔人員を〕　　　　　　　　（인원수을）늘리다
〔支出を〕　　　　　　　　（지출을）늘리다
〔株式投資で財産を〕　　　（주식 투자로 재산을）늘리다

ふかす（蒸かす）
〔さつまいもを〕　　　　　（고구마를）찌다

ふかす（吹かす）
〔たばこを〕　　　　　　　（담배를）피우다
〔エンジンを〕　　　　　　＝엑셀을 밟다, 알피엠을 올리다
　＊알피엠（rpm）：１分間の回転数。英語の revolutions per minute または rotations per minute の略。

ふかまる（深まる）
〔秋が〕　　　　　　　　　（가을이）깊어지다
〔両国の相互理解が〕　　　（양국의 상호 이해가）깊어지다
➥ **深める**
〔話し合いで理解を〕　　　（이야기를 나눔으로써 이해를）깊게 하다
〔友情を〕　　　　　　　　（우정을）돈독히 하다
〔自信を〕　　　　　　　　（자신감을）키우다

ふく（吹く）
〔風が〕　　　　　　　　　（바람이）불다
〔笛を〕　　　　　　　　　（피리를）불다
〔トランペットを〕　　　　（트럼펫을）불다
▶ **吹き上げる**
〔風が枯れ葉を〕　　　　　（바람이 마른 잎을）날리다

▶ **吹き荒れる**

［一晩中嵐が］　　　　　　　（하룻밤 내내 폭풍우가) 휘몰아치다

▶ **吹き返す**

［息を］　　　　　　　　　　＝소생하다*

▶ **吹きかける**

［息を］　　　　　　　　　　(숨을) 내뿜다

［霧を］　　　　　　　　　　(물을) 내뿜다

▶ **吹き消す**

［ろうそくを］　　　　　　　(촛불을) 불어서 끄다

▶ **吹きこぼれる**

［なべが］　　　　　　　　　(냄비가) 끓어 넘치다

▶ **吹き込む**

［窓から風が］　　　　　　　(창으로부터) 바람이 들이치다

＊들이치다 : (雨・風・雪などが激しく中に) 吹き込む。햇빛이 들이치다, 햇살이 들이치다,
달빛이 들이치다のように「差し込む」の意味もある。

［風船に息を］　　　　　　　(풍선에 바람을) 불어넣다

［悪い考えを］　　　　　　　(나쁜 생각을) 불어넣다

［スタジオで新曲を］　　　　(스튜디오에서 신곡을) 녹음하다*

▶ **吹き出す**

［傷口から血が］　　　　　　(상처에서 피가) 뿜어 나오다, 솟구치다

＊뿜어 나오다 : 大量出血した場合。ふつうは피가 나다という。

［額から汗が］　　　　　　　(이마에서 땀이) 솟다

▶ **吹きつける**

［靴に防水スプレーを］　　　(구두에 방수 스프레이를) 뿌리다

［冷たい風が］　　　　　　　(찬바람이) 휘몰아치다

▶ **吹き飛ばされる**

［強風で看板が］　　　　　　(강풍으로 간판이) 날아가다

［帽子が風で］　　　　　　　(모자가 바람에) 날아가다

ふく (拭く)───────────────────

［鏡をきれいに］　　　　　　(거울을 깨끗하게) 닦다

［ティッシュで泥を］　　　　(티슈로 진흙을) 닦다

［ふきんで皿を］　　　　　　(행주로 접시를) 닦다

［ハンカチで涙を］　　　　　(손수건으로 눈물을) 닦다, 훔치다

［額の汗を］　　　　　　　（이마의 땀을）닦다, 훔치다

MEMO 닦다と훔치다の違い

닦다：垢，ほこり，さび，泥など汚いものを拭き落とす。

・**이를 닦다**（歯を磨く）

・**구두를 닦다**（靴を磨く）

・**방바닥을 걸레로 닦다**（床をぞうきんがけする）

훔치다：水気や垢などが付いたものを拭いてきれいにする。最近では닦다を使う人が多い。

・**땀을 훔치다**（汗を拭く，ぬぐう）

・**손수건으로 눈물을 훔치다**（ハンカチで涙を拭く，ぬぐう）

・**걸레로 방 안을 훔치다**（ぞうきんで部屋の中を拭く）

▶ **拭き取る**

［机のほこりを］　　　　（상의 먼지를）닦아 내다

ふく（噴く）────────────

［くじらが潮を］　　　　（고래가 물을）내뿜다

［火山が大量の溶岩を］　（화산이 대량의 용암을）내뿜다

▶ **噴き出す**

［温泉が］　　　　　　　（온천이）솟다, 솟구치다

［火山が煙を］　　　　　（화산이 연기를）내뿜다

ふくむ（含む）────────────

［紅茶はカフェインを］　（홍차는 카페인을）함유하다*

［口に水を］　　　　　　（입에 물을）머금다

➥ **含まれる**

［表示価格に消費税が］　（표시 가격에 소비세가）포함되다*

➥ **含める**

［授業料に教材費を］　　（등록비에 교재비를）포함하다*

ふくらむ（膨らむ）────────────

［桜のつぼみが］　　　　（벚꽃의 꽃봉오리가）부풀다

［希望に胸が］　　　　　（희망에 가슴이）부풀다

［財布が小銭で］　　　　（지갑이 잔돈으로）불룩해지다

［貿易黒字が］　　　　　（무역 흑자가）늘어나다

第2部

→ **膨らませる**

[風船を]　(풍선을) 부풀리다

[空気入れで浮き輪を]　(공기펌프로 주부를) 부풀리다

[希望で胸を]　(희망에 가슴을) 부풀리다, 부풀게 하다

→ **膨れる**

[大豆が水分を吸って]　(콩이 수분을 빨아들여) 부풀다, 붇다

[やけどのあとが]　(불에 덴 자리가) 부풀다

[蚊に刺されたところが]　(모기에 물린 곳이) 불룩해지다

[借金が雪だるま式に]　(빚이 눈덩이처럼) 늘어나다

ふける（耽る）

[研究に]　(연구에) 몰두하다*

[毎晩テレビゲームに]　(매일 밤 텔레비전 게임에) 열중하다*

[物思いに]　(생각에) 빠지다

[妄想に]　(망상에) 빠지다

[ギャンブルに]　(도박에) 빠지다

ふさがる（塞がる）

[排水管がごみで]　(배수관이 쓰레기로) 막히다

[傷が]　(상처가) 아물다

→ **塞ぐ**

[轟音に耳を]　(굉음에 귀를) 막다

[大きな岩が道を]　(큰 바위가 길을) 막다

[壁のひびを漆喰で]　(벽의 금을 회반죽으로) 메우다

▶ **塞ぎ込む**

[失恋して気分が]　(실연당하고 기분이) 울적해지다*

ふせぐ（防ぐ）

[敵の攻撃を]　(적의 공격을) 막다

[犯罪を]　(범죄를) 막다

[伝染病を]　(전염병을) 막다, 예방하다*

[虫歯を]　(충치를) 예방하다

[事故を未然に]　(사고를 미연에) 예방하다*

ふせる（伏せる）

[顔を]　(얼굴을) 숙이다

ふたまたをかける

〔目を〕	(눈을) 내리깔다, 내리뜨다
〔地面に体を〕	(땅에 몸을) 엎드리다
〔コップを食卓の上に〕	(컵을 식탁 위에) 엎어 놓다
〔病気で〕	(병으로) 눕다

ふたまたをかける（二股をかける）―――――――――――――――

〔入社試験で〕	(입사시험에) 양다리를 걸치다

＊男女関係でも使われる。

ぶちこわす（ぶち壊す）――――――――――――――――――――

〔いすで窓を〕	(의자로 창문을) 때려 부수다, 깨뜨리다, 깨부수다
〔計画を〕	(계획을) 깨뜨리다, 망치다

ふちどる（縁取る）―――――――――――――――――――――

〔袖口をレースで〕	(소맷부리를 레이스로) 테를 두르다

ぶちぬく（ぶち抜く）――――――――――――――――――――

〔弾丸が窓ガラスを〕	(총알이 창유리를) 꿰뚫다
〔マンションの2部屋を〕	(아파트의 두 방을) 하나로 트다

＊韓国の아파트は日本でいう「マンション」に相当することが多い。

ぶちまける――――――――――――――――――――――――

〔バケツの水を〕	(양동이 물을) 쏟뜨리다, 쏟다

＊쏟다：容器の中の液体や粉などを一度に空ける，ぶちまける。不注意などで液体をこぼす。

〔上司への不満を〕	(상사에 대한 불만을) 털어놓다, 쏟아 놓다

＊털어놓다：胸中にある秘密や考えを隠さずに言う。

〔政府への怒りを〕	(정부에 대한 분노를) 터뜨리다

＊터뜨리다：爆発させる。

ぶつ――――――――――――――――――――――――――――

〔子どものお尻を〕	(아이의 엉덩이를) 때리다
〔弟をげんこつで〕	(남동생을 주먹으로) 때리다
〔演説を〕	(연설을) 늘어놓다

ふっかける―――――――――――――――――――――――――

〔けんかを〕	(싸움을) 걸다
〔法外な値段を〕	(터무니없는 가격을) 요구하다＊, 부르다

ふつかよいをする（二日酔いを―）―――――――――――――――

〔飲み過ぎて〕	(과음해서) 숙취하다＊

ぶつかる

［2 台の車が正面から］	(두 대의 자동차가 정면으로) 부딪치다, 충돌하다*
［乗用車がトラックに］	(승용차가 트럭에) 부딪치다, 충돌하다*
［酔っぱらいが通行人に］	(술주정꾼이 통행인에게) 부딪치다
［デモ隊が警官隊と］	(시위대가 경찰대와) 충돌하다*

MEMO

부딪치다는, 辞書には「強くぶつかる」「勢いよくぶつかる」という意味が載っているが，単に「ぶつかる」の意味で使われていることが多い。また，「ぶつかる」の意味で부딪다という語が辞書に載っているが，ふつうは使われない。なお，부딪치다と부딪히다は能動態と受動態の関係にあるが，使い方は曖昧である。能動, 受動の意味をはっきりさせずに使う時には부딪치다で十分である。

［たびたび困難に］	(번번히 곤란에) 부닥치다
［計画が壁に］	(계획이 벽에) 부닥치다
［大気が山に］	(대기가 산에) 부닥치다

*부닥치다 : ある状況や局面にぶつかる，直面する。

［上司と意見が］	(상사와 의견이) 충돌하다*
［進路のことで父親と］	(진로 문제로 아버지와) 대립하다*
［日本と韓国が初戦で］	(일본과 한국이 첫경기에서) 맞붙다
［問題に正面から］	(문제에 정면으로) 맞서다
［コンサートと試験が］	(콘서트와 시험이) 겹치다
［日曜日と祭日が］	(일요일과 경축일이) 겹치다

→ **ぶつける**

［車をガードレールに］	(차를 가드레일에) 부딪치다
［机の角に頭を］	(책상 모서리에 머리를) 부딪치다
［野良犬に石を］	(들개에게 돌을) 던지다
［自分の考えを］	(자기 생각을) 터뜨리다
［やり場のない怒りを］	(터뜨릴 데가 없는 분노를) 터뜨리다

ふとる（太る）

［1 か月で 2 キロ］	(한 달에 2킬로) 살이 찌다

ふむ（踏む）

［犬の糞を］	(개 똥을) 밟다

ふむ（ふまれる）

［アクセルを］　　　　　　　（액셀을） 밟다

［初めて韓国の土を］　　　　（처음으로 한국 땅을） 밟다

［10歳のとき初舞台を］　　（열 살 때 첫무대를） 밟다

➡ **踏まれる**

［電車の中で足を］　　　　　（전철 안에서 발을） 밟히다

▶ **踏み入れる**

［未開の地に足を］　　　　　（미개척지에） 발을 내딛다

▶ **踏み切る**

［ようやく結婚に］　　　　　（드디어 결혼하기로） 결심하다*

［組合がとうとうストに］　　（조합이 기어코 파업에） 나서다

▶ **踏み込む**

［警察が暴力団事務所に］　　（경찰이 폭력단 사무소에） 뛰어들다

▶ **踏み倒す**

［借金を］　　　　　　　　　（빚을） 떼어먹다

▶ **踏み出す**

［社会人として第一歩を］　　（사회인으로서 첫걸음을） 내디디다, 내딛다

　＊내딛다는 내디디다의 縮約形。ただし 내딛었다, 내딛어のように活用させるのは間違いで、
　　내디디었다(내디뎠다), 내디디어(내디뎌) のように活用させる。

▶ **踏み付ける**

［芝生を靴で］　　　　　　　（잔디를 구두로） 짓밟다

　＊짓- は「やたら」「ひどく」という意味の接頭語。짓누르다（押さえつける）, 짓부수다（ぶ
　　ち壊す）, 짓씹다（噛み砕く）, 짓이기다（乱暴にこね回す, かき混ぜる）, 짓찧다（強く
　　搗き砕く）, 짓뭉개다（尻や足で踏みつぶす）などがある。

▶ **踏みつぶす**

［ありを足で］　　　　　　　（개미를 발로） 짓뭉개다

▶ **踏みとどまる**

［子どものため離婚を］　　　（아이를 위해 이혼을） 단념하다*

▶ **踏みにじる**

［友達の好意を］　　　　　　（친구의 호의를） 짓밟다

　➡ **踏みにじられる**

［独裁者によって人権が］　　（독재자에 의해 인권이） 짓밟히다

▶ **踏み外す**

［階段から足を］　　　　　　（계단에서 발을） 헛디디다

| [人の道を] | (사람의 도리에서) 벗어나다 |

ふやかす

| [豆を水に浸けて] | (콩을 물에 담가서) 불리다 |

➥ **ふやける**

| [水に浸かって手が] | (물에 젖어서 손이) 붇다 |
| [時間がたつにつれ麺が] | (시간이 갈수록 면이) 퍼지다 |

ぶらさがる (ぶら下がる)

[鉄棒に]	(철봉에) 매달리다
[かきの実が枝に]	(감 열매가 가지에) 매달리다
[天井にシャンデリアが]	(천장에 샹들리에가) 매달리다

➥ **ぶら下げる**

[猫の首に鈴を]	(고양이의 목에 방울을) 달다
[洗濯物をひもに]	(빨래를 줄에) 걸다
[フックにコートを]	(후크에 코트를) 걸다

ふらつく

| [病気で] | (아파서) 비실거리다 |

ふんする (扮する)

| [魔法使いに] | (마법사로) 분장하다* |

$$\boxed{\land}$$

へこたれる

［何度も失敗して］　　　　（몇 번이나 실패하여）주저않다

へこむ（凹む）

［木にぶつかって車が］　　（차가 나무를 들이받아）우그러지다, 찌그러지다

［バケツが内側に］　　　　（양동이가 안으로）우그러지다, 찌그러지다

　＊우그러지다：物体の底がへこむ，くぼむ。ふつうはうぐ러져 있다（へこんでいる）の形で使われる。

　＊찌그러지다：つぶれてゆがむ，ぺちゃんこになる。

［地震で地面が大きく］　　（지진으로 땅이 크게）꺼지다

［入試に失敗して］　　　　（입시에 실패해）마음이 위축되다*, 기가 죽다

➡ **へこませる**

［車を電柱にぶつけて］　　（차를 전봇대에 부딪쳐서）차체를 우그러뜨리다

［腹を］　　　　　　　　　（뱃살을）빼다

へしおる（へし折る）

［強風が木の枝を］　　　　（강풍이 나뭇가지를）꺾다

へだてる（隔てる）

［海峡を］　　　　　　　　（해협을）사이에 두다

［待合室をカーテンで］　　（대합실을 커튼으로）칸막이하다

へたばる

［連日の残業で］　　　　　（연일의 잔업으로）녹초가 되다

へつらう（諂う）

［上司に］　　　　　　　　（상사에게）아첨하다*

［先生に］　　　　　　　　（선생님께）아첨하다*

へりくだる

［上司に対して］　　　　　（상사에게）겸손하게 대하다*

へる（減る）

［子どもの数が］　　　　　（아이들의 수가）줄다

［人口が半分に］　　　　　（인구가 반으로）줄다

［体重が3キロ］　　　　　（체중이 3킬로）줄다

［店の売り上げが］　　　　（가게의 매상이）적어지다, 줄다

［靴のかかとが］　　　　　（구두 굽이）닳다

312

［腹が］　　　　　　　　　　(배가) 고프다

＊「腹が減った」は ˝배가 고파.˝ と現在形で表す。

➥ 減らす

［従業員の数を］　　　　　(종업원 수를) 줄이다

［国防費を］　　　　　　　(국방비를) 줄이다

［支出を］　　　　　　　　(지출을) 줄이다

［たばこを］　　　　　　　(담배를) 줄이다

［体重を］　　　　　　　　(체중을) 줄이다

へる（経る）

［長い年月を］　　　　　　(긴 세월이) 흐르다, 지나다, 경과하다*

［大阪を］　　　　　　　　(오사카를) 지나다, 거치다, 통과하다*

［予選を］　　　　　　　　(예선을) 통과하다*

［様々な職業を］　　　　　(여러 가지 직업을) 거치다, 겪다

は

ほ

ほうる（放る）

［ボールを］ (공을) 던지다

［コインを］ (동전을) 던지다

▶ **放っておく**

［そのまま］ (그대로) 놓아두다, 내버려 두다

［本をいすの上に］ (책을 의자 위에) 놓아두다

▶ **放り上げる**

［ボールを］ (볼을) 높이 던지다

▶ **放り込む**

［空き缶をごみ箱に］ (빈 깡통을 쓰레기통에) 집어 던지다

▶ **放り出す**

［仕事を］ (일을) 내팽개치다, 내던지다, 집어치우다

［学業を］ (학업을) 포기하다*, 내팽개치다, 내던지다, 집어치우다

［家族を］ (가족을) , 내팽개치다, 내던지다

［かばんを］ (가방을) 내팽개치다, 내던지다

　＊内팽개치다, 내던지다, 집어치우다, すべて「放り出す」という意味。집어치우다は「やっていたことや，これからやろうとしていたことを止めてしまう」。

➡ **放り出される**

［車の外に］ (차 밖으로) 튕겨져 나가다

▶ **放り投げる**

［書類を外に］ (서류를 밖으로) 내던지다

ほえる（吠える）

［犬が子どもに］ (개가 아이에게) 짖다

［ライオンが檻の中で］ (사자가 우리 안에서) 으르렁거리다, 울부짖다

ぼかす

［真相を］ (진상을) 얼버무리다

［写真の背景を］ (사진의 배경을) 흐리게 하다

　＊映像の分野ではアウトフォーシングという。

［白髪染めで白髪を］ (염색약으로 새치를) 염색하다*

ほぐす

〔緊張を〕	(긴장을) 풀다
〔肩のこりを〕	(뭉친 어깨를) 풀다
〔もつれた糸を〕	(엉킨 실을) 풀다
〔魚の身を〕	(생선의 살을) 발라내다

＊발라내다 : (皮・殻などをむいて) 中身を取り出す。この場合は，魚の身をえり分ける。

➥ ほぐれる

〔気持ちがしだいに〕	(마음이 점차) 풀리다

ぼける

〔年を取って頭が〕	(나이를 먹어서) 노망이 나다, 노망이 들다
〔写真が〕	(사진이) 흐리다 形, 흐릿하다 形

＊흐리다, 흐릿하다 : はっきりしない，かすんでいる，ぼんやりしている

ほこる (誇る)

〔最新の技術力を〕	(최신 기술력을) 자랑하다
〔自分の才能を〕	(자기의 재능을) 뽐내다

ほころびる

〔ズボンのすそが〕	(바지 자락이) 터지다
〔梅のつぼみが〕	(매화 봉오리가) 피어나다

ほしがる (欲しがる)

〔妹が姉のカバンを〕	(여동생이 언니의 가방을) 갖고 싶어하다

ほじくる

〔鼻くそを〕	(코딱지를) 후비다
〔人の秘密を〕	(남의 비밀을) 후비다, 들추어내다

＊후비다 : (穴などを) ほじくる，ほじる

〔歯を〕	(이를) 쑤시다

＊쑤시다 : (穴などを棒や串で) ほじくる，つっつく。이쑤시개는 楊枝のこと。

ほす (干す)

〔洗濯物を〕	(빨래를) 말리다, 널다

➥ 干される

〔仕事を〕	(일거리를) 받지 못하다

ほそめる (細める)

〔目を〕	(눈을) 가늘게 뜨다

は

ほそる（細る）
[食が]　　　　　　　　（식사량이) 줄어들다

ほったらかす（放ったらかす）
[宿題を]　　　　　　　（숙제를) 거들떠보지도 않다

　　*거들떠보다:関心をもって目を向ける。否定の表現とともに用いられて「見向きもしない」「無視する」。

[子どもを]　　　　　　（아이를) 내팽개치다

　　*내팽개치다:投げ捨てる，放り出す，かなぐり捨てる

[家族を]　　　　　　　（가족을) 내버려두다

　　*내버려두다:ほったらかす，放置する，見捨てる，見放す

ほつれる
[髪が]　　　　　　　　（머리가) 흐트러지다
[針の縫い目が]　　　　（바늘 땀이) 풀어지다
[着物の裾が]　　　　　（옷의 끝자락이) 터지다

ほてる
[顔が]　　　　　　　　（얼굴이) 달아오르다, 뜨거워지다
[熱で体が]　　　　　　（열로 몸이) 달아오르다, 뜨거워지다

　　*달아오르다:顔などがほてる，赤くなる。

ほどく（解く）
[靴ひもを]　　　　　　（구두끈을) 풀다
[引っ越し荷物を]　　　（이삿짐을) 풀다

　➥ **ほどける**
[リボンが]　　　　　　（리본이) 풀리다
[靴ひもが]　　　　　　（구두끈이) 풀리다

ほどこす（施す）
[恵まれない人に慈善を]　（어렵게 사는 사람에게 자선을) 베풀다
[救急患者に手当てを]　　（구급 환자에게 처치를) 하다

　　*手の施しようがない:손을 쓸 수가 없다, 대책이 없다

ほとばしる
[傷口から血が]　　　　（상처에서 피가) 쏟아져 나오다
[マンホールから水が]　（맨홀로부터 물이) 솟구치다, 솟아오르다

　　*「ほとばしる」を辞書で引くと용솟음치다という語が載っているが，これは깨끗한 샘물，온천물などきれいな水や，용기, 힘, 기운など肯定的な語に使われる。

ほのめかす

［犯行をそれとなく］   (범행을 넌지시) 비추다

    *넌지시：遠回しに，暗に，それとなく。

［退任の意向を］   (퇴임할 의향을) 암시하다*

ほほえむ

［幸運の女神が］   (행운의 여신이) 미소를 짓다

ほめる

［先生が学生の絵を］   (선생님이 학생의 그림을) 칭찬하다*

➥ **ほめられる**

［作品が評論家たちに］   (작품이 평론가들에게) 칭찬받다*

ぼやく

［人生が味気ないと］   (삶이 팍팍하다고) 투덜거리다

ぼやける

［涙で視界が］   (눈물로 눈앞이) 흐려지다

［テレビの画像が］   (텔레비전 화상이) 흐려지다

［小さな字が］   (작은 글씨가) 흐리게 보이다

［年のせいで記憶が］   (나이 탓으로 기억이) 희미해지다*, 애매해지다*

ほる（掘る）

［庭に穴を］   (정원에 구멍을) 파다

［山にトンネルを］   (산에 터널을) 파다

［さつまいもを］   (고구마를) 캐다, 파다

［石炭を］   (석탄을) 파내다, 캐다, 파다

MEMO 캐다와 파다의 차이

・**캐다**：土の中にあるものを掘り出す (금을 캐다 / 석탄을 캐다 / 나물을 캐다 / 약초를 캐다 / 감자를 캐다).

・**파다**：①地面や洞窟などを掘る (구덩이를 파다 / 구멍을 파다 / 땅굴을 파다).
    ②固い物を削って図や文字などを刻む (비석을 파다 / 글씨를 파다 / 인장을 파다).

▶ **掘り起こす**

［土を］   (땅을) 일구다

［事件の真相を］   (사건의 진상을) 캐내다

［埋もれた人材を］   (숨겨진 인재를) 발굴하다*

ほる（ほりかえす）

　　▶ 掘り返す
　　　［水道工事のため道路を］　（수도 공사로 도로를）파헤치다
　　▶ 掘り下げる
　　　［この問題をもっと］　　（이 문제를 더욱）파고들다
　　▶ 掘り出す
　　　［隠された財宝を］　　　（감추어진 보물을）발굴하다

ほる（彫る）────────────────────
　　　［木を］　　　　　　　　（나무를）깎다
　　　［木の幹に名前を］　　　（나무줄기에 이름을）새기다
　　　［指輪にイニシャルを］　（반지에 이니셜을）새기다

ぼる──────────────────────────
　　　　　　　　　　　　　　　＝바가지를 씌우다
　　➥ ぼられる
　　　［悪徳バーで］　　　　　（악덕 바에서）바가지를 썼다

ほれる（惚れる）──────────────────
　　　［歌手に一目で］　　　　（가수에게 한눈에）반하다
　　　［人柄に］　　　　　　　（인품에）반하다, （인품이）마음에 들다
　　　［能力に］　　　　　　　（능력이）마음에 들다

ほろびる（滅びる）────────────────
　　　［王朝が］　　　　　　　（왕조가）멸망하다*, 망하다*
　　　［人類が］　　　　　　　（인류가）멸망하다*
　　　［恐竜が］　　　　　　　（공룡이）멸종하다*
　　➥ 滅ぼす──────────────────────
　　　［新羅が高麗を］　　　　（신라가 고려를）멸망시키다*
　　　［ギャンブルで身を］　　（도박으로 자신을）망치다*

ま

まいる（参る）───────────────

　［夏の暑さに］　　　　　　（여름 더위에）질리다, 몸이 견디지 못하다, 지
　　　　　　　　　　　　　치다, 맥을 못 추다

　［先祖の墓に］　　　　　　（조상 묘에）성묘하다

まう（舞う）───────────────

　［軽やかに舞を］　　　　　（가볍게 춤을）추다

　［木の葉が風に］　　　　　（나뭇잎이 바람에）흩날리다

まえうりする（前売り─）───────────

　［チケットを］　　　　　　（티켓을）예매하다*

　　　*チケットを前売りで買うことも예매하다という（매の漢字が違う）。

まえかがみになる（前屈みに─）──────

　［靴をはこうと］　　　　　（구두를 신으려고）앞으로 구부리다, 구부정하다

まえがりする（前借り─）──────────

　［退職金を］　　　　　　　（퇴직금을）가불하다*

　［給料から50万ウォン］　（월급에서 50만 원을）가불하다*, 전차하다*

　　　*가불하다는「仮払いする」ではなく「前借りする」。

まえだおしする（前倒し─）─────────

　［公共事業を］　　　　　　（공공사업을）앞당겨 실시하다*

まえばらいする（前払い─）─────────

　［勘定を］　　　　　　　　（계산을）선불하다*

　［家賃を6か月分］　　　　（집세를 6개월분）선불하다*

まかす（負かす）──────────────

　［相手チームを5点差で］　（상대 팀을 5점 차로）이기다

　［議論で相手を］　　　　　（토론에서 상대를）굴복시키다*

まかせる（任せる）─────────────

　［新入社員に仕事を］　　　（신입사원에게 일을）맡기다

　［安心して子どもを］　　　（안심하고 아이를）맡기다

　［店を息子に］　　　　　　（가게를 아들한테）맡기다

　［運を天に］　　　　　　　（운을 하늘에）맡기다

　［想像に］　　　　　　　　（상상에）맡기다

　　　*「ご想像にお任せします」は상상에 맡기겠습니다.

　　　　［ゆったりといすに身を］　（느긋하게 의자에 몸을) 기대어 앉다

まかなう （賄う）――――――――――――――――――――――

　　　　［給料で家計を］　　　　（월급으로 가계를) 꾸려 나가다

　　　　［旅費を貯金で］　　　　（여비를 저금으로) 마련하다

まがる （曲がる）――――――――――――――――――――――

　　　　［暑さでレールが］　　　（더위로 레일이) 비뚤어지다

　　　　［道が S 字に］　　　　 （도로가 S자형으로) 굽다

　　　　［性格が］　　　　　　　（성격이) 비뚤어지다

　　　　　＊「曲がっている」は，ふつう비뚤어져 있다, 굽어 있다という。

　　　　［左に］　　　　　　　　（왼쪽으로) 돌다

　▶ 曲げる

　　　　［針金を］　　　　　　　（철사를) 구부리다

　　　　［体を］　　　　　　　　（몸을) 구부리다

　　　　　＊구부리다：片側に曲げる (다리를 / 무릎을 / 허리를 / 팔을 구부리다)。

　　　　［信念を］　　　　　　　（신념을) 굽히다

　　　　［自説を］　　　　　　　（자기의 주장을) 굽히다

　　　　　＊굽히다：굽다の使役形。片側に曲げる (몸을 앞으로 굽히다 / 고개를 옆으로 굽히다)。自分
　　　　　の意見や主張などを曲げる (견해를 / 고집을 / 뜻을 / 생각을 / 의견을 굽히다)。

　　　　［事実を］　　　　　　　（사실을) 왜곡하다*

まく （巻く）――――――――――――――――――――――――

　　　　［フィルムを］　　　　　（필름을) 감다

　　　　［ネジを］　　　　　　　（태엽을) 감다

　　　　［ござをぐるぐる］　　　（돗자리를 돌돌) 말다

　　　　［鉢巻きを］　　　　　　（머리띠를) 두르다

MEMO 감다, 말다, 두르다의 違い

감다 : 薄く平たいもので巻く。
- **테이프를 감다** （テープを巻く）
- **붕대로 감다** （包帯を巻く）
- **반창고를 감다** （絆創膏を巻く）

말다 : 薄く広いものを転がしてくるくる巻く。
- **수건을 말다** （手ぬぐいを丸める）
- **족자를 말다** （掛け軸を丸める）
- **김밥을 말다** （海苔巻きを巻く）

두르다 : 襟巻き，帯，チマなどを巻く，巻きつける。
- **목도리를 두르다** （マフラーを巻く）
- **치마를 두르다** （スカートを巻く）

▶ **巻き上げる**

　［ワイヤーで網を］　　　　（와이어로 그물을) 감아 올리다

　［突風が黄砂を］　　　　（돌풍이 황사를) 회오리쳐 올리다

　［不良が少年から金を］　（불량배가 소년한테서 돈을) 빼앗다, 갈취하다*

▶ **巻き起こす**

　［一大センセーションを］　（일대 센세이션을) 불러일으키다

　［笑いの渦を］　　　　　（웃음바다를) 일으키다

▶ **巻き返す**

　［勢力を］　　　　　　（세력을) 회복하다*, 만회하다*

▶ **巻き込む**

　［子どもを犯罪に］　　　（어린이를 범죄에) 끌어들이다

　➥ **巻き込まれる**

　［交通渋滞に］　　　　　（교통 정체에) 말려들다

　［夫婦げんかに］　　　　（부부싸움에) 말려들다

▶ **巻きつく**

　［ヘビが木の枝に］　　　（뱀이 나뭇가지에) 휘감기다

　➥ **巻きつける**

　［包帯をぐるぐる］　　　（붕대를) 칭칭 휘감다

　［ロープを木に］　　　　（밧줄을 나무에) 휘감다

まく（まきもどす）

▶ 巻き戻す

［テープを］　　　　　　　　（테이프를）되감다

＊ビデオテープやカセットテープなどを，録画・録音を始めた時点まで巻いて戻すこと。
これらのメディアの衰退とともに，この語はあまり使われなくなった。

まぎれる（紛れる）───────────────

［書類がどこかに］　　　　　（서류가 어딘가）뒤섞이다

［音楽を聞くと気が］　　　　（음악을 들으면 기분이）풀리다

［どさくさに］　　　　　　　（혼잡한 틈을）타다

MEMO

上の例のように，タ다には，「機会を利用する」「機会に乗じる」という意味
もある。

・**밤을 타서 달아나다**（闇に紛れて逃走する）

・**방심한 틈을 타다**（油断したすきを突く）

➡ 紛らす・紛らわす

［ガムを噛んで気を］　　　　（껌을 씹어 기분을）달래다

［悲しみを酒で］　　　　　　（슬픔을 술로）달래다

▶ 紛れ込む

［手紙が書類の中に］　　　　（편지가 서류 속에）섞이다

［犯人が人込みに］　　　　　（범인이 인파에）섞여 들다

まく（播く・蒔く）───────────────

［畑にダイコンの種を］　　　（밭에 무씨를）뿌리다

まく（撒く）───────────────

［花壇に水を］　　　　　　　（화단에 물을）뿌리다

［畑に肥料を］　　　　　　　（밭에 비료를）뿌리다

［屋上からビラを］　　　　　（옥상에서 전단을）뿌리다

［芝生に除草剤を］　　　　　（잔디밭에 제초제를）뿌리다, 살포하다*

▶ 撒き散らす

［遺骨を海に］　　　　　　　（유골을 바다에）흩뿌리다

まくしたてる（まくし立てる）───────────────

［息もつかずに］　　　　　　（숨도 안 쉬고）지껄이다, 지껄여대다

まくる（捲る）

［そでを］	(소매를) 걷다, 걷어올리다
［スカートを］	(치마를) 걷다, 걷어올리다
［ズボンのすそを］	(바짓자락을) 걷다, 걷어올리다

  ＊걷어올리다는 「まくりあげる」.

➥ まくれる

［スカートが］	(스커트가) 걷어올라가다

まける（負ける）

［試合に］	(경기에서) 지다
［裁判に］	(재판에) 지다
［3 対 2 で］	(3대 2로) 지다
［2 点差で］	(2점 차로) 지다
［競馬で 10 万円］	(경마에서 10만 엔) 잃다
［暑さに］	(더위를) 타다

  ＊타다には「刺激や作用に鋭敏に反応する」「暑さ,寒さに負ける」という別の意味がある。
  옻을 타다 (うるしにかぶれる) / 부끄럼을 타다 (恥ずかしがる) / 간지럼을 타다 (くすぐったがる) / 여름을 타다 (夏ばてする)。

［誘惑に］	(유혹에) 넘어가다
［7 万円の品を 5 万円に］	(7만 엔 하는 것을 5만으로) 깎다

まさる（勝る・優る）

［性能面で］	(성능 면에서) 뛰어나다
［知識の豊富さで］	(지식의 풍부함에서) 이기다

まざる（混ざる）

［不純物が］	(불순물이) 섞이다
［2 つの種類が］	(두 개의 종류가) 섞이다
［紅茶にミルクが］	(홍차에 우유가) 섞이다

  ＊「混じる」より混合比が大きい感じがある。섞어 있다는 「混ざっている」.

➥ 混ぜる

［黄色と青色を］	(노란색과 파란색을) 섞다
［小麦粉にバターを］	(밀가루에 버터를) 섞다
［酢とオリーブオイルを］	(식초와 올리브오일을) 섞다
［ご飯をスープに］	(밥을 국물에) 말다

  ＊韓国では一般にご飯をスープの中に入れて食べる。

まざる（かきまぜる）

▶ かき混ぜる

　　［卵の黄身と砂糖を］　　　（달걀 노른자와 설탕을） 뒤섞다

▶ 混じる・交じる

　　［酒に水が］　　　　　　　（술에 물이） 섞이다

　　［赤に黄色が］　　　　　　（빨간색에 노란색이） 섞이다

　　［外国人の血が］　　　　　（외국인의 피가） 섞이다

　　［白髪が］　　　　　　　　（흰 머리카락이） 섞이다

　　＊「混じっている」は섞여 있다。

まじわる（交わる）────────────────

　　［2本の直線は点Pで］　　（두 직선은 점 P에서） 교차하다*

　　［線路と国道が］　　　　　（선로와 국도가） 교차하다

　　［悪い友達と］　　　　　　（나쁜 친구와） 사귀다, 교제하다

▶ 交える

　　［ジョークを］　　　　　　（우스갯소리를） 섞다

　　［子どもを討論に］　　　　（어린이를 토론에） 섞다, 끼게 하다

　　［仕事に私情を］　　　　　（일에 사적인 감정을） 섞다, 개입시키다*

ます（増す）────────────────

　　［韓国に対する親しみが］　（한국에 대한 친근감이） 늘다

　　［映画に対する興味が］　　（영화에 대해 관심이） 늘다

　　［予防接種の重要性が］　　（예방접종의 중요성이） 커지다

　　［大雨で川の水かさが］　　（큰비로 강물이） 불어나다

　　＊불어나다：増える，増す，膨れ上がる。

　　［車がしだいに速度を］　　（자동차가 점점 속도를） 올리다

またがしする（又貸し—）────────────────

　　［部屋を人に］　　　　　　（방을 다른 사람에게） 전대하다*

　　［借りた本を］　　　　　　（빌린 책을） 전대하다*

またがる（跨がる）────────────────

　　［馬に］　　　　　　　　　（말에） 올라타다

　　［2つの国に］　　　　　　（두 나라에） 걸치다

　　＊「またがっている」は걸쳐 있다。

まつ（待つ）────────────────

　　［友達が来るのを］　　　　（친구가 오기를） 기다리다

324

　　　　〔並んで順番を〕　　　　　　（줄을 서서 차례를) 기다리다

　　　　〔飛行機の到着を〕　　　　　（비행기 도착을) 기다리다

　　　　〔取引先からの電話を〕　　　（거래처의 전화를) 기다리다

➥ **待たせる**

　　　　〔長い間〕　　　　　　　　　（오랫동안) 기다리게 하다

　　　　〔タクシーを入り口で〕　　　（택시를 입구에) 대기시키다*

▶ **待ち合わせる**

　　　　〔ホテルのロビーで〕　　　　（호텔 로비에서) 만나기로 하다

▶ **待ち受ける**

　　　　〔報道陣が首相の到着を〕　　（보도진이 수상의 도착을) 기다리다

▶ **待ち兼ねる**

　　　　〔孫が遊びにくるのを〕　　　（손자가 놀러 오는 것을) 몹시 기다리다, 학수고
　　　　　　　　　　　　　　　　　　대하다*

▶ **待ち構える**

　　　　〔レポーターが女優を〕　　　（리포터가 여배우를) 기다리다

▶ **待ちくたびれる**

　　　　〔自分の番を〕　　　　　　　（자기 차례를) 기다리다 지치다

▶ **待ち焦がれる**

　　　　〔恋人からの手紙を〕　　　　（애인의 편지를) 애타게 기다리다

▶ **待ち望む**

　　　　〔スターの来日を〕　　　　　（스타가 일본에 오기를) 고대하다*

　　　　〔北の家族との再会を〕　　　（북의 가족과의 상봉을) 고대하다*

▶ **待ち伏せする**

　　　　〔藪の中でスパイを〕　　　　（수풀 속에서 간첩을) 매복하고 기다리다

　　　　＊매복하다：相手の状況をうかがったり突然攻撃しようとしたりして，ある場所にこっそ
　　　　　りと隠れる。

▶ **待ちぼうけを食わされる**

　　　　〔恋人に 1 時間も〕　　　　　（애인한테 한 시간이나) 바람 맞다

▶ **待ちわびる**

　　　　〔合格発表を〕　　　　　　　（합격 발표를) 고대하다

まちがえる（間違える）────────────────

　　　　〔計算を〕　　　　　　　　　（계산을) 틀리다

まつる

［テストで答えを］	(시험에서 답을) 틀리다
［電話番号を］	(전화번호가) 틀리다

　＊「間違えておかけですよ」は，ふつう전화번호가 틀렸습니다. と過去形でいう。

［道を］	(길을) 잘못 들다
［電車を］	(전철을) 잘못 타다
［シャンプーとリンスを］	(샴푸와 린스를) 잘못 알다

まつる（祭る・祀る）

［先祖の霊を］	(조상의 혼령을) 모시다

▶ **祭り上げる**

［魚屋の店主を町内会長に］	
	(생선가게 주인을 동장으로) 치켜세우다

まつわりつく

［スカートが足に］	(스커트가 다리에) 휘감기다
［子どもが母親に］	(아이가 어머니에게) 달라붙다

まとまる

［必要な資料が］	(필요한 자료가) 모아지다
［クラスの提案が］	(반의 제안이) 모아지다, 정리되다*
［考えが］	(생각이) 정리되다*

　＊「まとまっている」は 정리되어 있다。

［交渉が］	(교섭이) 성립되다*
［大手企業との取引が］	(대기업과의 거래가) 성립되다*
［両家の縁談が］	(양가의 혼담이) 이루어지다
［双方の意見が］	(쌍방의 의견이) 일치하다*

▶ **まとめる**

［荷物を］	(짐을) 챙기다
［チームを］	(팀을) 뭉치게 하다
［契約を］	(계약을) 성립시키다*
［交渉を］	(교섭을) 성립시키다*
［もめごとを］	(말썽을) 해결하다*
［随筆を１冊の本に］	(수필을 한 권의 책으로) 모으다
［自分の考えを］	(자신의 생각을) 정리하다*
［教科書の要点を］	(교과서의 요점을) 정리하다*

［みんなの意見を］　　　　（모두의 의견을） 조정하다*

まどわされる（惑わされる）

［うわさに］　　　　　　　（소문에） 현혹되다*

［目先の利益に］　　　　　（눈앞의 이익에） 현혹되다*, 속다

まなぶ（学ぶ）

［語学を］　　　　　　　　（어학을） 배우다, 공부하다*

［方程式の解き方を］　　　（방정식 푸는 법을） 배우다, 공부하다*

［大学で経済学を］　　　　（대학에서 경제학을） 배우다, 공부하다*

まにあう（間に合う）

［会議に］　　　　　　　　（회의 시간에） 늦지 않다

［終電に］　　　　　　　　（막차 시간에） 늦지 않다, （막차를） 잘 타다

［10時の特急に］　　　　　（열 시 특급을） 잘 타다

［当分これで］　　　　　　（당분간 이걸로） 족하다*形, 충분하다*形

▶ 間に合わせる

［昼食をそばで］　　　　　（점심을 국수로） 때우다

［あすの朝までに］　　　　（내일 아침까지） 끝내다, 끝마치다

まぬかれる（免れる）

［危うく死を］　　　　　　（아슬아슬하게 죽음을） 면하다*

［かろうじて災難を］　　　（겨우 재난을） 면하다*

［厳罰を］　　　　　　　　（엄벌을） 면하다*

［責任を］　　　　　　　　（책임을） 모면하다*

［幸運にも事故を］　　　　（운좋게 사고를） 모면하다*

まねく（招く）

［パーティーに友達を］　　（파티에 친구를） 초대하다*

［財務の専門家を顧問に］　（재무 전문가를 고문으로） 초빙하다*

［国民の批判を］　　　　　（국민의 비판을） 초래하다*

［わき見運転が大事故を］　（한눈팔기 운전이 큰 사고를） 초래하다*

［何気ない一言が災いを］　（무심코 던진 한마디가 재난을） 불러일으키다

［誤解を］　　　　　　　　（오해를） 불러일으키다

　　＊불러일으키다 : 引き起こす，呼び起こす，呼び覚ます。

➡ 招かれる

［教授として大学に］　　　（교수로서 대학에） 초빙되다*

327

　　　　　［アメリカ政府に］　　　（미국 정부에）초대되다*

　▶ **手招きする**

　　　　　［こちらに来るように］　　（이쪽으로 오도록）손짓하여 부르다

まねる（真似る）

　　　　　［発音を］　　　　　　　（발음을）따르다

　　　　　［手本を］　　　　　　　（보기를）따르다

　　　　　［人の絵を］　　　　　　（남의 그림을）모방하다*

　　　　　［人の歌い方を］　　　　（남의 창법을）흉내내다

まびく（間引く）

　　　　　［ダイコンを］　　　　　（무를）솎다, 솎아내다

　　　　　［バスの運行を］　　　　（버스 운행을）줄이다

まみれる

　　　　　　　　　　　　　　　　＝투성이다

MEMO

-투성이는, 名詞に付いて「～だらけ」「～みどろ」「～まみれ」という意味を表す接尾辞である。

・**피투성이가 되다**（血まみれになる）

・**먼지투성이가 되다**（ほこりまみれになる）

・**상처투성이가 되다**（傷だらけになる）

・**주름투성이가 되다**（しわくちゃになる）

・**흙투성이가 되다**（泥だらけになる）

まもる（守る）

　　　　　［一塁を］　　　　　　　（1루를）지키다

　　　　　［約束を］　　　　　　　（약속을）지키다

　　　　　［長い間沈黙を］　　　　（긴 시간 침묵을）지키다

　　　　　［制限速度を］　　　　　（제한 속도를）지키다

　　　　　［洪水から町を］　　　　（홍수로부터 마을을）지키다

　　　　　［昔からの伝統を］　　　（예로부터의 전통을）지키다

　　　　　［皮膚を紫外線から］　　（피부를 자외선으로부터）지키다

　　　　　［先生の忠告を］　　　　（선생님 충고를）듣다

第2部

まよう （迷う）

［路地で］	(골목에서) 헤매다
［判断に］	(판단이) 흔들리다, (판단을) 선뜻 내리지 못 하다
［山の中で道に］	(산 속에서 길을) 잃다, 헤매다
［土地を買おうかどうか］	(땅을 살까 말까) 망설이다
［何を注文しようか］	(뭘 주문할지) 고민하다*, 망설이다

➡ 迷わす

［若者を］	(젊은이를) 현혹하다, 매혹하다*

まるあらいする （丸洗い—）

［布団を］	(이불을) 통째로 빨다

まるあんきする （丸暗記—）

［歴史の年号を］	(역사의 연호를) 그대로 외다, 통째로 외우다

まるがりにする （丸刈りに—）

［髪を］	(머리를) 빡빡 깎다, 삭발하다*

まるのみにする （丸のみに—）

［蛇がカエルを］	(뱀이 개구리를) 통째로 삼키다

まるはだかになる （丸裸に—）

	＝알몸이 되다
［事業に失敗して］	(사업에 실패해서) 빈털터리가 되다

まるめこむ （丸め込む）

［父を］	(아버지를) 구슬리다

＊구슬리다：甘言でそれとなく相手の心を動かす，口説き落とす，おだてあげる。

まるもうけする （丸儲け—）

［株の売買で］	(주식 매매로) 크게 벌다, 대박이 나다

まるやけになる （丸焼けに—）

［火事で］	(화재로) 몽땅 타 버리다

まわる （回る）

［左に］	(왼쪽으로) 돌다
［太陽の周りを］	(태양 주위를) 돌다
［衛星が地球の周りを］	(위성이 지구 주위를) 돌다
［骨董品店を］	(골동품 가게를) 돌다

まわる（まわす）

［酒が］	（술기운이) 돌다
［モーターが電気で］	（모터가 전기로) 회전하다*
［舌がよく］	（혀가 잘) 돌아가다

➥ **回す**

［首を］	（목을) 돌리다
［ハンドルを］	（핸들을) 돌리다
［地球儀を］	（지구의를) 돌리다
［洗濯機を］	（세탁기를) 돌리다
［請求書を経理部に］	（청구서를 경리부에) 보내다

まんびきする（万引き—）────────────────

| ［本を］ | （책을) 훔치다 |

み

みあいする （見合い―）
　　［上司の紹介で］　　　　　　　（상사의 소개로） 맞선을 보다

みあげる （見上げる）
　　［丘を］　　　　　　　　　　　（언덕을） 올려다보다
　　［星を］　　　　　　　　　　　（별을） 올려다보다
　　［青空を］　　　　　　　　　　（푸른 하늘을） 올려다보다
　　［木のてっぺんを］　　　　　　（나무 꼭대기를） 올려다보다
　　　＊올려다보다 : 仰ぎ見る。

みあわせる （見合わせる）
　　［互いに顔を］　　　　　　　　（서로 얼굴을） 마주보다
　　［出発を］　　　　　　　　　　（출발을） 미루다, 중지하다*
　　［運転を］　　　　　　　　　　（운행을） 일시 중지하다*

みいだす （見出す）
　　［解決策を］　　　　　　　　　（해결책을） 찾아내다

みいる （見入る）
　　［机の上の写真にじっと］　（상 위의 사진을） 눈여겨보다, 주시하다*

みうしなう （見失う）
　　［人込みの中で母親を］　（붐비는 사람들 속에서 어머니를） 놓치다

みえかくれする （見え隠れ―）
　　［波間にヨットが］　　　　　　（파도 사이에 요트가） 어른거리다
　　［月が木の間に］　　　　　　　（달이 나무 사이로） 어른거리다
　　　＊어른거리다 : 見え隠れする，ちらつく，ちらちらする。

みえる （見える）
　　［肉眼で］　　　　　　　　　　（육안으로） 보이다
　　［対馬から釜山が］　　　　　　（대마도에서 부산이） 보이다
　　［ねこは夜でも目が］　　　　　（고양이는 밤에도 눈이） 보이다
　　［弟は頭がよさそうに］　　　　（남동생은 머리가 좋아） 보이다
　　［うちの母親は若く］　　　　　（우리 어머니는 젊어） 보이다

みおくる （見送る）
　　［夫が会社に行くのを］　　　　（남편이 회사 가는 것을） 배웅하다

みおとす

[お客様を玄関まで]　　(손님을 현관까지) 배웅하다

[軍隊に入る友達を]　　(군에 입대하는 친구를) 전송하다*

　　*전송하다 : 礼を尽くして見送る。

[彼女の乗った列車を]　(여자친구가 탄 열차를) 지켜보다

　　*지켜보다 : じっと見る。

[法案の提出を]　　　　(법안의 제출을) 보류하다*

[新入社員の採用を]　　(신입 사원 채용을) 중지하다*, 보류하다*

みおとす (見落とす)──────

[重大な誤りを]　　　　(중대한 실수를) 간과하다*

[重要な証拠を]　　　　(중요한 증거를) 빠뜨리다

みおぼえがある (見覚えがある)──────

[この筆跡に]　　　　　(이 필적을) 본 기억이 있다

[指名手配の写真に]　　(지명 수배의 사진은) 본 기억이 있다

みおろす (見下ろす)──────

[湖を見下ろす]　　　　(호수를) 내려다보다

[上から下を]　　　　　(위에서 아래를) 내려다보다

みかえす (見返す)──────

[答案を提出する前に]　(답안지를 제출하기 전에) 다시 보다, 재확인하다*

[偉くなって友達を]　　(성공해서 친구를) 놀라게 하다

みかぎる (見限る)──────

[優柔不断な彼氏を]　　(우유부단한 남자친구와) 인연을 끊다

みがく (磨く)──────

[靴をぴかぴかに]　　　(구두를 반짝반짝) 닦다

[寝る前に歯を]　　　　(자기 전에 이를) 닦다

[レンズを]　　　　　　(렌즈를) 닦다

[ピアノの腕を]　　　　(피아노 솜씨를) 닦다, 연마하다*

[銀のスプーンを]　　　(은 숟가락을) 윤내다, 광(을) 내다

[刃物を]　　　　　　　(칼을) 갈다

[自分自身を]　　　　　(자기 자신을) 갈다

みかける (見かける)──────

[スーパーで彼女を]　　(슈퍼마켓에서 남자 친구를) 보다

みがまえる（身構える）―――――――――――――――――
　　［木刀を持って］　　　　　（목검을 쥐고）자세를 취하다*

みきわめる（見極める）―――――――――――――――――
　　［話の真偽を］　　　　　（이야기의 진위를）가려내다
　　　＊가려내다：善惡을 明らかにする，ただす，突きとめる。
　　［事の成り行きを］　　　（일의 경과를）끝까지 지켜보다, 확인하다*

みくだす（見下す）―――――――――――――――――――
　　［成績の悪い人間を］　　（성적이 나쁜 사람을）깔보다, 업신여기다

みくびる（見くびる）――――――――――――――――――
　　［他のチームを］　　　　（다른 팀을）얕보다
　　［子どもの才能を］　　　（아이의 재능을）얕보다

みくらべる（見比べる）――――――――――――――――
　　［Ａ と Ｂ を］　　　　　（A와 B를）비교해 보다
　　［見本と実物を］　　　　（견본과 실물을）견주어 보다
　　　＊견주다：比べる，比較する，にらみ合わせる。

みこす（見越す）――――――――――――――――――――
　　［10 年先を］　　　　　（10년 앞을）내다보다
　　［地価の上昇を］　　　　（땅값의 상승을）예측하다*

みこむ（見込む）――――――――――――――――――――
　　［旅費を 10 万円と］　　（여비를 10만 엔으로）예상하다*
　�　**見込まれる**
　　［50 万人以上の人出が］　（50만 명 이상의 인파가）예상되다*
　　［需要は拡大するものと］　（수요는 확대될 것으로）전망되다*
　　［上司に］　　　　　　　（상사에게）신뢰받다*

みさだめる（見定める）――――――――――――――――
　　［成り行きを］　　　　　（경과를）확인하다*

みじたくする（身支度―）―――――――――――――――
　　［急いで］　　　　　　　（서둘러）몸치장을 하다

みすえる（見据える）――――――――――――――――――
　　［将来をしっかり］　　　（장래를 꼼꼼히）내다보다
　　　＊내다보다：将来のことを見通す，見抜く，見越す。

333

みすごす（見過ごす）
［事実を］　　　　　　　（사실을）간과하다*
［問題の本質を］　　　　（문제의 본질을）간과하다*

みすてる（見捨てる）
［家族を］　　　　　　　（가족을）버리다
［医者が患者を］　　　　（의사가 환자를）돌보지 않다

みずあびする（水浴び—）
［川で］　　　　　　　　（개울로）미역을 감다

みずびたしになる（水浸しに—）
［台所の床が］　　　　　（부엌 바닥이）물에 잠기다

みずぶくれになる（水膨れに—）
［やけどの跡が］　　　　（화상 입은 데에）물집이 생기다

みずましする（水増し—）
［経費を］　　　　　　　（경비를）불리다, 과대하다*, 뻥튀기하다

MEMO
뻥튀기とは米，じゃがいも，とうもろこしなどを圧力がまに入れ，加熱させて作った駄菓子。製造の際に容積がふくらみ「ポン（뻥）」という大きな音とともに「弾ける（튀다）」ことから뻥튀기と呼ばれる。米の場合には元の10倍程度にまで体積が膨らむことから뻥튀기하다は，「（比喩的に）事実を大きく膨らませる」ことを意味する。

みせる（見せる）
［パスポートを］　　　　（여권을）보이다
［小さいころの写真を］　（어렸을 때의 사진을）보이다
［政局が新たな展開を］　（정국이 새로운 전개를）보이다
［医者に］　　　　　　　＝진찰을 받다, 병원에 가다

▶ 見せつける
［豊富な財力を］　　　　（풍부한 재력을）과시하다*
［新婚生活を］　　　　　（신혼생활을）과시하다*

▶ 見せびらかす
［ダイヤの指輪を］　　　（다이아몬드 반지를）자랑스럽게 보이다, 과시하다*

　[新しいおもちゃを]　（새로운 장난감을）자랑삼아 보이다, 과시하다*

みそこなう （見損なう）
　[ドラマの最終回を]　（드라마의 최종회를）못 보다, 놓치다
　[彼氏を]　（남자친구를）잘못 보다

みたす （満たす）
　[コップに水を]　（컵에 물을）채우다
　[欲望を]　（욕망을）채우다
　[空腹を]　（공복을）채우다
　[条件を]　（조건을）충족시키다*

みだす （乱す）
　[心を]　（마음을）어지럽히다
　[風紀を]　（풍기를）어지럽히다
　[治安を]　（치안을）어지럽히다
　[列を]　（열을）흐트리다
　[髪を]　（머리카락을）흐트리다

みだれる （乱れる）
　[脈が]　（맥이）흐트러지다
　[精神状態が]　（정신 상태가）흐트러지다
　[風で髪が]　（바람으로 머리카락이）흐트러지다
　[風紀が]　（풍기가）문란해지다*
　[生活が]　（생활이）문란해지다*
　[豪雪のためにダイヤが]　（폭설로 열차 운행에）차질이 빚어지다
　＊빚어지다 : （어떤 事態가）만들어지다, 초래되다.

みたてる （見立てる）
　[ネクタイを]　（넥타이를）고르다
　[岩を山に]　（바위를 산으로）치다, 가정하다*, 비기다
　[桜の化をかすみに]　（벚꽃을 안개에）비기다
　＊비기다 : 빗대다, 견주다.

みちがえる （見違える）
　[知らない人を友達と]　（모르는 사람을 친구로）잘못 보다, 몰라보다

みちびく （導く）
［チームを優勝へと］　（팀을 우승으로） 이끌다
［事業を失敗へと］　（사업을 실패로） 이끌다

みちる （満ちる）
［自信に］　（자신에） 차다
［ばらの香りが部屋中に］　（장미 향기가 방에） 가득 차다
［月が］　（달이） 차다
［潮が］　（밀물이） 차다

みつくろう （見繕う）
［晩ご飯のおかずを］　（저녁 반찬을） 적당히 고르다

みつける （見つける）
［仕事を］　（일자리를） 찾다
［問題の解決法を］　（문제의 해결법을） 찾다
［捜していた本を］　（찾고 있던 책을） 찾아내다
［偶然，新星座を］　（우연히 새로운 별자리를） 발견하다*

➥ 見つかる
［先生にいたずらが］　（선생님에게 못된 장난이） 들키다
［万引きの現場を］　（훔치는 현장을） 들키다
［なくした財布が］　（잃었던 지갑를） 찾다
［間違いが］　（잘못이） 발견되다*
［恐竜の化石が］　（공룡의 화석이） 발견되다*

みつめる （見つめる）
［顔を］　（얼굴을） 응시하다*
［写真をじっと］　（사진을 가만히） 응시하다*

みつもる （見積もる）
［引越しの費用を安く］　（이사 비용을 싸게） 어림잡다
［修理代を少なく］　（수리비를 적게） 어림잡다

みとおす（見通す）━━━━━━━━━━━━━━━━━

　［将来を］　　　　　　　　（장래를）내다보다

　［10 年先まで］　　　　　（10년 앞까지）내다보다

　［景気の動向を］　　　　（경기의 동향을）내다보다, 전망하다*

▶ **見通せる**

　［遠くまで］　　　　　　（멀리까지）내다보이다

みとどける（見届ける）━━━━━━━━━━━━━━

　［父の臨終を］　　　　　（아버지의 임종을）끝까지 지켜보다

　［子どもが車に乗るのを］　（아이가 차를 타는 것을）확인하다*

みとめる（認める）━━━━━━━━━━━━━━━

　［妹の文才を］　　　　　（여동생의 글재주를）인정하다*

　［自分の間違いを］　　　（자기의 잘못을）인정하다*

　［経営者としての手腕を］　（경영자로서의 수완을）인정하다*

　［バイク通学を］　　　　（오토바이 통학을）허가하다*

➡ **認められる**

　［今までの努力が］　　　（지금까지의 노력이）인정받다*

　［満場一致で］　　　　　（만장일치로）인정받다*

　［システムに異状が］　　（시스템에 이상이）발견되다*

みとれる（見とれる）━━━━━━━━━━━━━━

　［絵のような風景に］　　（그림같은 풍경을）넋을 잃고 바라보다

　［美しいスイスの山々に］　（아름다운 스위스의 산들을）넋을 잃고 바라보다

みなおす（見直す）━━━━━━━━━━━━━━━

　［計画を］　　　　　　　（계획을）재검토하다*

　［答案をもう一度］　　　（답안지를 다시 한 번）보다

　［父親を］　　　　　　　（아버지를）달리 보게 되다

みなぎる━━━━━━━━━━━━━━━━━━━

　［全身に力が］　　　　　（온몸에 힘이）넘쳐흐르다

　［若い血潮が］　　　　　（젊은 피가）넘쳐흐르다

みなげする（身投げ―）━━━━━━━━━━━━━

　［マンションの屋上から］　（아파트 옥상에서）투신하다*

　　＊「飛び降り自殺」も「飛び込み自殺」も投신 자살という。

みなごろしにする （皆殺しに―）
［強盗が一家を］　　　　　（강도가 일가를） 몰살하다*
［兵士たちが民間人を］　　（병사들이 민간인을） 몰살하다*

みなす （見做す）
［承諾したものと］　　　　（승낙한 것으로） 간주하다*
［契約はなかったものと］　（계약은 없었던 것으로） 보다
［2人は共犯者だと］　　　（두 사람은 공범자라고） 보다, 간주하다*

みならう （見習う）
［人のよいところを］　　　（남의 좋은 점을） 본받다

みぬく （見抜く）
［夫のうそを］　　　　　　（남편의 거짓말을） 알아차리다
［敵の計略を］　　　　　　（적의 계략을） 간파하다*
［人の心を］　　　　　　　（사람의 마음을） 꿰뚫어 보다, 간파하다*

みのがす （見逃す）
［ドラマの最初の部分を］　（드라마 첫부분을） 못 보다
［バッターがサインを］　　（타자가 사인을） 놓치다
［好機を］　　　　　　　　（호기를） 놓치다
［部下の不正を］　　　　　（부하의 부정을） 묵인하다*, 간과하다*

みはからう （見計らう）
［ころ合いを］　　　　　　（적당한 시간을） 감안하다*

みはなす （見放す）
［医者が患者を］　　　　　（의사가 환자를） 포기하다*

➥ 見放される
［親に］　　　　　　　　　（부모에게） 버림당하다*

みはらす （見晴らす）
［ホテルの部屋から湖を］　（호텔의 방에서 호수를） 내다보다

▶ 見晴らせる
［ホテルの部屋から湖が］　（호텔의 방에서 호수가） 내다보이다

みはる （見張る）
［警察が門の前で犯人を］　（경찰이 문 앞에서 범인을） 감시하다*
［目を］　　　　　　　　　（눈을） 부릅뜨다

　　＊부릅뜨다：目を大きく開く。

みぶるいする （身震い—）
[寒さで]　　　　　　　　　　（추위에） 몸을 떨다
[事故現場の惨状を見て]　（사고 현장의 참상을 보고） 몸서리치다

みまう （見舞う）
[入院中の祖母を]　　　　（입원 중의 할머니를） 문병하다*
[地震の被災地を]　　　　（지진의 피해지를） 위문하다*
➥ 見舞われる
[災難に]　　　　　　　　（재난이） 덮치다
[台風に]　　　　　　　　（태풍이） 강타하다*

みまもる （見守る）
[病人の様子を]　　　　　（환자의 상태를） 지켜보다
[事の成り行きを]　　　　（사태의 추이를） 지켜보다

みまわす （見回す）
[室内を]　　　　　　　　（실내를） 둘러보다
▶ 見回る
[警備員が建物内を]　　（경비원이 건물 내를） 순찰하다*
[社長が工場を]　　　　（사장이 공장을） 시찰하다*

みやぶる （見破る）
[敵の計略を]　　　　　　（적의 계략을） 간파하다*
[スパイの正体を]　　　　（간첩의 정체를） 알아차리다
[夫の話がうそだと]　　（남편의 이야기가 거짓이라는 것을） 알아차리다
　　*알아차리다 : 気づく，見破る，見抜く。

みる （見る）
[鏡を]　　　　　　　　　（거울을） 보다
[新聞を]　　　　　　　　（신문을） 보다
[掲示板を]　　　　　　　（게시판을） 보다
[スープの味を]　　　　　（수프 맛을） 보다
[辞書を]　　　　　　　　（사전을） 찾다
[両親の面倒を]　　　　　（부모를） 돌보다

みる （診る）
[医者が患者を]　　　　　（의사가 환자를） 보다, 진찰하다*
　　*医者に診てもらう : 의사에게 진찰받다

みわける（見分ける）————————————————

［本物と偽物とを］　　　　（진짜와 가짜를）가리다, 분간하다*

みわたす（見渡す）————————————————

［聴衆を］　　　　　　　　（청중을）둘러보다

［会場を］　　　　　　　　（회장을）둘러보다

［展望台から東京湾を］　　（전망대에서 도쿄만을）바라보다, 건너보다

→ 좀 쉬어갑시다 ちょっと一息 ⑪

大便を見る !?——「見る」だけじゃない보다の意味

　韓国・国立国語院の調査によると，韓国人の言語生活の中で一番使用頻度の高い動詞は하다，次いで되다，보다，가다，오다……との順となっています。하다，되다は当然の結果だと思われますが，보다が上位に来ているのは，その使い方の多様さと，「～てみる」のように複合動詞として使われることが多いためだと思われます。

　私は川崎で内科の個人クリニックを開業していますが，韓国語でも診察をしていますので，日本語があまり得意ではない韓国人の患者さんがひっきりなしにやって来ます。

　ある日，「先生，最近大便をあまりよく見ないですが……」と，韓国人の女性患者さんが片言の日本語で訴えてきました。日本語で話しかけられると，こちらもつられて思考が「日本語脳」になってしまいます。「『大便をよく見ない』って和式の便所なのかなぁ？」などと思いつつ，診察をしていくうちに，はたと思い当たりました。「大便をよく見ない」というのは「便秘」のことだったのです。韓国語では「便が出る」「排便をする」というのを대변을 보다ということに気がついて内心大笑いをしました。

　この보다という動詞はくせもので，成田空港の税関で "잘 봐 주세요."（どうか大目にみてください）と言うつもりの韓国人観光客が「どうか，よく見てください」と言ったばかりに，いろいろと課税されたという笑えない話があります。☯

第2部

む

むかう（向かう）

〔会社へ〕 (회사에) 가다

〔ソウルから釜山に〕 (서울에서 부산으로) 향하다*

〔救急車が事故現場に〕 (구급차가 사고 현장으로) 향하다*

〔病気が快方に〕 =병이 차도를 보이다

＊차도：病気の回復の程度。차도가 있다 / 없다, 차도를 보이다のように使う。

▶ 向かい合う

〔互いの席が〕 (서로) 마주 보고 앉다

＊向かい合ってテーブルにつく：마주 보고 테이블에 앉다

〔銀行と郵便局が〕 (은행과 우체국이) 마주 대하다*

むかえる（迎える）

〔空港で友人を〕 (공항에서 친구를) 마중하다

＊「迎えに行く」「出迎える」は，마중 나가다(도쿄역까지 손님을 마중 나가다)。

〔笑顔で〕 (웃으면서) 환영하다*

〔専門家を〕 (전문가를) 초청하다*

〔新会員を〕 (새 멤버를) 맞아들이다

〔新年を〕 (신년을) 맞이하다

〔21 世紀を〕 (21세기를) 맞이하다

〔18 歳の誕生日を〕 (열여덟 살 생일을) 맞이하다

〔交渉が重大な局面を〕 (교섭이 중대한 국면을) 맞이하다

➥ 迎えられる

〔韓国で熱狂的に〕 (한국에서 열광적으로) 환영받다*

▶ 迎え入れる

〔世界各国から留学生を〕 (세계 각국에서 유학생을) 맞아들이다

〔韓国からのお客さんを〕 (한국에서 온 손님을) 환영하다*

▶ 迎え撃つ

〔国籍不明機を〕 (국적 불명의 비행기를) 요격하다*

むかつく

〔彼の冗談に〕 (그 사람의 농담에) 화가 치밀다

〔飲み過ぎて胃が〕 (과음 때문에 속이) 메슥거리다

むく

［その発言を聞いて胸が］　（그 발언을 듣고 가슴이) 메슥거리다

むく (向く)

［後ろを］　　　　　　（뒤를) 보다, 향하다*

［まっすぐ前を］　　　（바로 앞을) 보다

［下を］　　　　　　　=고개를 숙이다

［そっぽを］　　　　　=외면하다*

　　＊（号令の）「左向け, 左！」：좌향, 좌！

［気が］　　　　　　　（마음이) 내키다

［運が］　　　　　　　（운이) 트이다

MEMO　意味の違う「向いている」

方向を表す場合の「向いている」は，向해 있다を使う。
・**창문은 정원으로 향해 있다**（窓は庭を向いている）
・**방은 바다 쪽을 향해 있다**（部屋は海の方を向いている）
適性を表す場合の「向いている／いない」は，잘 맞다 / 맞지 않다を使う。
・**그녀는 선생님이 잘 맞다**（彼女には先生が向いている）
・**이 책은 중학생에게 맞지 않다**（この本は中学生に向いていない）

▶ 向ける

［顔を少しこちらに］　　（얼굴을 조금 이쪽으로) 돌리다

［環境問題に目を］　　　（환경 문제에 눈을) 돌리다

［挙動不審な男に注意を］　（거동이 수상한 남자에게 주의를) 기울이다

［刑事が犯人に銃を］　　（형사가 범인에게 총을) 겨누다

［近所の公園へ足を］　　（근처 공원으로 발길을) 향하다*

むく (剝く)

［りんごを］　　　　　　（사과를) 깎다

［クリを］　　　　　　　（밤을) 깎다

［ミカンを］　　　　　　（귤을) 까다

［タマネギを］　　　　　（양파를) 까다, 벗기다

MEMO　깎다, 까다と벗기다

깎다：りんご・なしなど，皮を刃物を使ってむく（배를 깎다）。

까다：くるみ・ゆで卵の殻や，にんにく・たまねぎの皮などを，手を使ってむく（호두를 / 마늘을 / 전달걀을 / 군달걀을 까다）。

　　＊生卵を割る場合は깨다。

벗기다：果物などの皮をむく，獣の皮を剥ぐ（감자 껍질을 벗기다 / 쇠 가죽을 벗기다）。

➡ **剝ける**

　　［背中の皮が］　　　　　　　　　（등 껍질이）벗겨지다

▶ **剝き出しにする**

　　［闘争心を］　　　　　　　　　　（투쟁심을）드러내다

　　［憎悪を］　　　　　　　　　　　（증오를）드러내다

　➡ **剝き出しになる**

　　［本性が］　　　　　　　　　　　（본성이）드러나다

　　［背中が］　　　　　　　　　　　（등이）노출되다*

むくいる（報いる）

　　［父母の恩に］　　　　　　　　　（부모의 은혜에）보답하다*

　➡ **報われる**

　　［努力がやっと］　　　　　　　　（노력이 드디어）보답받다, 결실을 보다*

むくむ

　　［寝不足で顔が］　　　　　　　　（수면 부족으로）얼굴이 붓다

　　＊むくんでいるは부어 있다。

むさぼる（貪る）

　　［悪徳商法で暴利を］　　　　　　（악덕 상법으로 폭리를）취하다*

　　［食べ物を］　　　　　　　　　　（음식을）탐하다*

　　＊むさぼり読む：탐독하다*

むしかえす（蒸し返す）

　　［議論を］　　　　　　　　　　　（논의를）되풀이하다, 다시 꺼내다

　➡ **蒸し返される**

　　［一度解決した問題が］　　　　　（한번 해결된 문제가）되풀이되다, 다시 거론되다*

ま

むしずがはしる （虫酸が走る）
［あいつの顔を見ると］　　（저 녀석 얼굴을 보면） 신물이 나다

むしばむ （蝕む）
［過度の飲酒が健康を］　　（과도한 음주가 건강을） 해치다*
［がんが体を］　　　　　（암이 몸을） 좀먹다
　*좀먹다：「シミが食う」。比喩的に「少しずつ損害を及ぼす」。

むす （蒸す）
［じゃがいもを］　　　　　（감자를） 찌다
［天気が］　　　　　　　　（날씨가） 무덥다 形

� **蒸らす**
［ご飯を］　　　　　　　　（밥을） 뜸 들이다

� **蒸れる**
［足が］　　　　　　　　　（발에） 땀이 나고 화끈거리다
［ご飯が］　　　　　　　　（밥이） 뜸 들다

むずかる
［赤ん坊が］　　　　　　　（아기가） 보채다
　*보채다：「うるさくせがむ」「ねだる」。

むすぶ （結ぶ）
［靴のひもを］　　　　　　（구두 끈을） 매다
［ネクタイを］　　　　　　（넥타이를） 매다
［釜山と大邱を］　　　　　（부산과 대구를） 잇다
　*「結んでいる」は잇고 있다。
［契約を］　　　　　　　　（계약을） 맺다
［自由貿易協定を］　　　　（자유 무역 협정을） 맺다, 체결하다*
［長年の努力が実を］　　　（오랜 노력이） 열매를 맺다, 결실되다*
［口を固く］　　　　　　　（입을 굳게） 다물다

� **結ばれる**
［全社がコンピュータで］　（전 회사가 컴퓨터로） 연결되다*
　*この場合の「結ばれている」は연결되고 있다。
［友好関係が］　　　　　　（우호 관계가） 맺어지다
［深い友情で］　　　　　　（깊은 우정으로） 맺어지다
　*この場合の「結ばれている」は맺어져 있다。

第2部

▶ **結びつく**

　［幼い日の記憶と］　　　　（어릴 적 기억과） 결부되다*

　［一瞬の油断が大事故に］　（한 순간의 방심이 큰 사고로） 이어지다, 연결되다*

　　＊この場合の「結びついている」は結부되어 있다, 연결되어 있다.

▶ **結びつける**

　［ロープを枝に］　　　　　（밧줄을 나뭇가지에） 묶다

　［理論と実際を］　　　　　（이론과 실제를） 결부시키다*

　［運命が2人を］　　　　　（운명이 두 사람을） 결합시키다*

むせぶ ──────────────────────

　［涙に］　　　　　　　　　（눈물로） 목이 메다

　▶ **むせび泣く**

　　　　　　　　　　　　　　＝흐느껴 울다, 목메어 울다

むせる ───────────────────────

　［タバコの煙に］　　　　　（담배 연기에） 숨이 막히다

　▶ **むせかえる**

　［強い香水のにおいに］　　（독한 향수 냄새에） 숨이 막히다

むだあしをふむ（無駄足をふむ） ──────────

　［何度も］　　　　　　　　（몇 번이나） 헛걸음을 치다

むだづかいする（無駄遣い—） ─────────────

　［金を］　　　　　　　　　（돈을） 낭비하다, 허비하다

むだばなしをする（無駄話を—） ───────────

　［道で］　　　　　　　　　（길가에서） 잡담을 하다

むちうつ（鞭打つ） ─────────────────

　［罪人を］　　　　　　　　（죄인을） 채찍질하다

　［老体に］　　　　　　　　（노구의 몸을） 이끌다, 채찍질하다

むなさわぎがする（胸騒ぎが—） ───────────

　［何となく］　　　　　　　（왠지 모르게） 가슴이 두근거리다

むねやけがする（胸焼けが—） ────────────

　［食べ過ぎて］　　　　　　（과식해서） 체하다*, 속이 거북하다 形

　　＊거북하다：体の調子が悪い，苦しい。

むらがる

むらがる（群がる）──────────

［特売場に買い物客が］　　（특매장에 쇼핑객들이）모여들다

［ハエが腐った魚に］　　（파리가 썩은 생선에）모여들다

▶ **群れる**

［電線にスズメが］　　（전선에 참새가）떼를 짓다

め

めいじる（命じる）

　〔生徒会長を〕　　　　　（학생회장으로）임명하다*

　〔生徒に1週間の停学を〕　（학생에게 1주일간의 정학을）명하다*

➥ **命じられる**

　〔部長に〕　　　　　　　（부장으로）임명되다*

めいじる（銘じる）

　〔先輩の忠告を肝に〕　　（선배의 충고를）명심하다*

めいる（滅入る）

　〔雨の日は気が〕　　　　（비 오는 날에는）우울해지다*

めうつりする（目移りする）

　〔いろいろなパソコンに〕　（여러 가지 컴퓨터에）눈길이 쏠리다

めかす（粧す）

　〔流行の服を着て〕　　　（유행의 옷을 입고）멋을 부리다, 모양을 내다

めぐまれる（恵まれる）

　〔地下資源に〕　　　　　（지하자원이）풍부하다* 形

　＊「生まれながらに～に恵まれている」というときには타고나다を使う（아름다운 목소리를 타고나다 / 놀라운 기억력을 타고나다）。

めぐむ（恵む）

　〔貧しい人にお金を〕　　（가난한 사람에게 돈을）베풀다, 주다

めくる

　〔雑誌のページを〕　　　（잡지의 페이지를）넘기다

　〔カードを〕　　　　　　（카드를）뒤집다, 젖히다

　〔壁紙を〕　　　　　　　（벽지를）벗기다

めぐる（巡る）

　〔アジア各地を〕　　　　（아시아 각지를）돌다

　〔酸素が体内を〕　　　　（산소가 체내를）순환하다*

➥ **巡らす・巡らせる**

　〔周囲に高い塀を〕　　　（주위에 높은 담을）두르다

　〔策を〕　　　　　　　　（계책을）꾸미다, 궁리하다*

　〔旅行の計画に思いを〕　（여행의 계획을）꾸미다

ま

めぐる（めぐりあう）

▶ 巡り合う
　　〔大学で夫となる男性に〕　　（대학에서 남편이 될 남성을) 우연히 만나다

めげる ───────────
　　〔試験に落ちて〕　　（시험에 떨어져서) 풀이 죽다

MEMO

「～にもめげずに」は，（～을 / 를）무릅쓰고 の形で使われることが多い。
- 역경을 무릅쓰고 성공했다
- 더위를 무릅쓰고 마감일까지 공사를 마쳤다

めざす（目指す） ───────────
　　〔ゴールを〕　　（골을) 향하다*
　　〔優勝を〕　　（우승을) 목표로 하다, 노리다, 향하다*
　　〔一国の首相を〕　　（일국의 수상을) 목표로 하다, 노리다
　　〔法案の完全な撤廃を〕　　（법안의 완전한 철폐를) 지향하다*

めざめる（目覚める） ───────────
　　〔夢から〕　　（꿈에서) 깨어나다
　　〔クマが冬眠から〕　　（곰이 동면에서) 깨어나다
　　〔文学に〕　　（문학에) 눈뜨다
　　〔性に〕　　（성에) 눈뜨다

めされる（召される） ───────────
　　〔神のもとに〕　　＝죽다, 돌아가다, 신의 부르심을 받다

めしあがる（召し上がる） ───────────
　　〔夕食を〕　　（저녁 진지를) 드시다, 잡수시다

めだつ（目立つ） ───────────
　　〔空席が〕　　（빈자리가) 눈에 띄다
　　〔白いものが〕　　（흰머리가) 눈에 띄다
　　〔人込みの中でも〕　　（많은 사람들 사이에서도) 눈에 띄다
　　〔クラスの中でひときわ〕　　（반에서 유달리) 눈에 띄다

めでる（愛でる） ───────────
　　〔花を〕　　（꽃을) 사랑하다
　　〔自然を〕　　（자연을) 사랑하다, 즐기다

めばえる (芽生える)
　　［草木が］　　　　　　　　(초목이) 싹트다, 움트다

　　［愛が］　　　　　　　　　(사랑이) 싹트다, 움트다

　▶ 芽吹く
　　［庭の草花が］　　　　　　(정원의 풀꽃이) 싹트다, 움트다

めりこむ (めり込む)
　　［タイヤがぬかるみに］　　(타이어가 진창에) 빠지다

めんくらう (面食らう)
　　［予期せぬ質問に］　　　　(예기치 못한 질문에) 당황하다*

めんする (面する)
　　［内戦の危機に］　　　　　(내전의 위기에) 직면하다*

　　＊「面している」は，면하고 있다 (湖に～：호수에 면하고 있다)。

も

もうける（儲ける）────────────────

  ［新しい事業で大金を］　　　（새 사업으로 큰돈을）벌다

  ［株を売って 200 万円］　　（주식을 팔아 200만 엔）벌다

➡ **儲かる**

  ［商売が］　　　　　　　　（장사가）잘 되다

  ［取引で 500 万円］　　　（거래로 500만 엔）벌다

もうける（設ける）────────────────

  ［祭壇を］　　　　　　　　（제단을）차리다

  ［ソウルに事務所を］　　　（서울에 사무실을）설치하다*, 차리다

  ［規則を］　　　　　　　　（규칙을）제정하다*

  ［輸入制限を］　　　　　　（수입 제한을）제정하다*

  ［口実を］　　　　　　　　（핑계를）만들다

  ［弁明の機会を］　　　　　（변명의 기회를）마련하다, 만들다

  ［一席］　　　　　　　　　（술자리를）마련하다

➡ **設けられる**

  ［事故調査委員会が］　　　（사고 조사 위원회가）설치되다*

  ［優先席が］　　　　　　　（노약자 배려석이）설치되다*

    ＊「設けられている」は설치되어 있다。

もうす（申す）────────────────

  ［先生にお礼を］　　　　　（선생님께 말씀을）드리다

▶ **申し合わせる**

  ［採決に従うことを］　　　（채결을 따를 것을）약속하다*, 합의하다*

▶ **申し入れる**

  ［政府に援助を］　　　　　（정부에 원조를）제의하다*

  ［銀行に融資を］　　　　　（은행에 대출을）요청하다*, 요구하다*

  ［原発の建設撤回を］　　　（원전 건설을 철회하도록）요청하다*, 신청하다*

▶ **申し受ける**

  ［送料は実費を］　　　　　（송료는 실비를）받다

▶ **申し送る**

  ［前任者から新任者に］　　（전임자로부터 신임자에게）전달하다*, 인계하다*

▶ 申し込む

［奨学金を］　　　　　　　　(장학금을) 신청하다*

［デートを］　　　　　　　　(데이트를) 신청하다*

［恋人に結婚を］　　　　　　(애인에게) 청혼하다*, 프로포즈하다

［面会を］　　　　　　　　　(면회를) 신청하다*

［銀行にローンを］　　　　　(은행에 대부를) 신청하다*

▶ 申し立てる

［決定に異議を］　　　　　　(결정에 이의를) 제기하다*

［警察にアリバイを］　　　　(경찰에 알리바이를) 주장하다*

［被告人が無罪を］　　　　　(피고인이 무죄를) 주장하다*

▶ 申し出る

［被災者への支援を］　　　　(이재민에 대한 지원을) 제의하다*, 제안하다*

▶ 申し渡す

［3日間の停学を］　　　　　(3일간의 정학을) 통고하다*

［禁錮3年を］　　　　　　　(금고 3년을) 선고하다*

もえる（燃える）

［小屋が］　　　　　　　　　(오두막집이) 불타다

＊「燃えている」は불타고 있다.

➡ 燃やす

［落葉を］　　　　　　　　　(낙엽을) 태우다

［音楽に情熱を］　　　　　　(음악에 정열을) 불태우다

▶ 燃え上がる

［火が一気に］　　　　　　　(불이 단숨에) 타오르다

▶ 燃え移る

［火が隣家に］　　　　　　　(불길이 옆집으로) 옮겨붙다, 번지다

▶ 燃え尽きる

［ろうそくの火が］　　　　　(촛불이) 다 타 버리다

［気力が］　　　　　　　　　(기력이) 소진되다*

▶ 燃え広がる

［火が山全体に］　　　　　　(불길이 산 전체로) 번지다

もがく

［息苦しくて］　　　　　　　(숨이 차서) 발버둥치다

〔水から這い上がろうと〕 (물에서 기어오르려고) 발버둥치다

もぐ

〔木からりんごを〕 (나무에서 사과를) 따다

➡ **もげる**

〔人形の手が〕 (인형 손이) 떨어지다, 빠지다

▶ **もぎ取る**

〔人形の首を〕 (인형 목을) 비틀어 떼다, 잡아떼다

〔強盗の手からナイフを〕 (강도 손에서 칼을) 빼앗다, 낚아채다

もぐる（潜る）

〔水に〕 (물 속에) 들어가다, (물 속으로) 잠수하다*

＊「水に潜ったり出たりして遊ぶ」ことを자맥질하다という。

〔海に〕 (바다에) 잠수하다*

〔麻薬組織が地下に〕 (마약조직이 지하로) 숨다, 잠입하다*, 잠적하다*

〔寒くてふとんに〕 (추워서 이불 속에) 들어가다, 기어들다

▶ **潜り込む**

〔ベッドに〕 (침대로) 기어들다, 숨어들다

〔床下に〕 (바닥 밑에) 기어들다, 숨어들다

〔組織の中にスパイが〕 (조직 안에 간첩이) 잠입하다*

もくろむ

〔大事業を〕 (대사업을) 계획하다*, 꿈꾸다, 꾀하다

〔一攫千金を〕 (일확천금을) 계획하다*, 꿈꾸다, 꾀하다

もじる

〔有名な小説の題名を〕 (유명한 소설의 제목을) 들다, 빌리다, 대다, 인용하다*

もだえる（悶える）

〔恋に〕 (사랑에) 번민하다*

〔患者が苦しみに〕 (환자가 괴로움에) 몸부림치다

もたげる

〔つくしが頭を〕 (쇠뜨기가 머리를) 쳐들다

もたつく

〔婚約の儀式が〕 (약혼의 의식이) 잘 안 되다, 굽질리다

＊굽질리다：物事などの手はずが狂って順調に運ばなくなる，こじれる，もたつく。

もたらす————————————————————————

［生活に大きな変化を］　　　（생활에 큰 변화를）가져오다

［台風が大きな被害を］　　　（태풍이 큰 피해를）초래하다*

もたれる————————————————————————

［壁に］　　　　　　　　　（벽에）기대다

［窓辺に］　　　　　　　　（창가에）기대다

［いすに］　　　　　　　　（의자에）기대다

［胃が］　　　　　　　　　（속이）더부룩하다 形, 답답하다

　＊더부룩하다 : 消化がうまくできない。

▶ もたせ掛ける

［体をソファーに］　　　　（몸을 소파에）기대다

［はしごを壁に］　　　　　（사다리를 벽에）기대다

➥ もたれ掛かる

［いすに］　　　　　　　　（의자에）기대다

［親の収入に］　　　　　　（부모의 수입에）의지하다*

もちいる（用いる）————————————————————

［治療に新しい方法を］　　（치료에 새로운 방법을）채용하다*, 쓰다

［編集にコンピュータを］　（편집에 컴퓨터를）사용하다*, 쓰다

➥ 用いられる

［メートル法が広く］　　　（미터법이 널리）사용되다*, 쓰이다

もつ（持つ）————————————————————————

［外車を2台］　　　　　　（외제차를 두 대）가지다, 소유하다*

　＊この場合の「持っている」は가지고 있다, 소유하고 있다。

［核兵器を］　　　　　　　（핵무기를）보유하다*

　＊この場合の「持っている」は보유하고 있다。

［マラソンの世界記録を］　（마라톤의 세계기록을）보유하다*

［手に本を2冊］　　　　　（손에 책 두 권을）들다

　＊この場合の「持っている」は, 들고 있다。

［箸を］　　　　　　　　　（젓가락을）쥐다

　＊쥐다 : 握る, つかむ, しっかりと持つ

［大金を］　　　　　　　　（큰돈을）지니다

　＊p.360［ちょっと一息］参照

［恨みを］　　　　　　　　（원한을）품다

もつ（もたせる）

［クラスを］	（반을）맡다
［責任を］	（책임을）지다
［交通費を］	（교통비를）부담하다*

MEMO そのほかの「持つ」

가다
・배터리는 앞으로 2시간은 가다
　（バッテリーは，あと 2 時間は持つ）
・회는 냉장고에 넣어 두면 내일까지 가다
　（さしみは冷蔵庫に入れておけばあしたまで持つ）

견디다
・암이 이렇게 퍼지고 있어서는 여름까지 견디지 못할 것이다
　（がんがこれだけ広がっていては夏まで持たないだろう）
・이만큼 식량이 있으면 일주일은 견딜 수 있겠다
　（これだけ食糧があれば 1 週間は持つだろう）
・연일의 잔업으로 몸이 견디지 못하다
　（連日の残業で体が持たない）

지탱하다
・그 회사는 그가 지탱하고 있는 거나 마찬가지다
　（あの会社は彼で持っているようなものだ）

지속되다
・이 날씨는 주말까지 지속될 것 같다
　（この天気は週末まで持ちそうだ）

➡ 持たせる

［夫に荷物を］	（남편에게 짐을）들게 하다, 들리다
［妻の実家に土産を］	（친정에 선물을）들리다
［子どもに責任を］	（아이에게 책임을）지게 하다
［気を］	（기대를）가지게 하다

▶ 持ち上げる

| ［重い荷物を］ | （무거운 짐을）들어 올리다, 쳐들다 |

　＊「おだてる」の意味の「持ち上げる」は치켜세우다（우리는 그를 치켜세워 학생회장에 입후 보시켰다）。

➡ 持ち上がる

| ［困ったことが］ | （난처한 일이）일어나다 |

　　［やっかいなことが］　　　（귀찮은 일이）일어나다, 벌어지다

▶ **持ち歩く**

　　［ノートパソコンを］　　　（노트북을）들고 다니다

▶ **持ち帰る**

　　［ピザを家に］　　　　　（피자를 집에）들고 가다, 가지고 가다

　　［仕事を家に］　　　　　（일을 집에）가져가다, 가져오다

▶ **持ちかける**

　　［もうけ話を］　　　　　（돈벌이가 되는 이야기를）꺼내다, 가져오다

▶ **持ち崩す**

　　［ギャンブルで身を］　　　（노름으로 신세를）망치다

▶ **持ちこたえる**

　　［救援物資の到着まで］　　（구원 물자가 도착할 때까지）버티다

▶ **持ち込む**

　　［仕事を家庭に］　　　　（일을 가정에）가져 가다, 가져 오다

　　［パソコンを機内に］　　　（컴퓨터를 기내에）반입하다*

　　［図書館に食べ物を］　　　（도서관에 음식물을）반입하다*

　　［覚醒剤を日本に］　　　　（각성제를 일본에）반입하다*

　　　　*반입하다：物の大きさにかかわらず，ほかのところから物を「持ち込む」。

　　［市役所に苦情を］　　　　（시청에 민원을）제기하다*, 넣다

　　［延長戦に］　　　　　　　（연장전으로）끌고 가다

　　［裁判に］　　　　　　　　（재판으로）넘기다

　　［法案を廃案に］　　　　　（법안을 폐기하게）만들다

▶ **持ち去る**

　　［机の上にあった資料を］　（책상 위에 있던 자료를）가지고 가다

　　［泥棒が宝石類をすべて］　（도둑이 보석류 전부를）가지고 달아나다

▶ **持ち出す**

　　［非常の際家財を］　　　　（비상시에 가재도구를）반출하다*, 빼내다, 들
　　　　　　　　　　　　　　어내다

　　［結婚話を］　　　　　　　（혼담을）꺼내다

　　［ベランダにいすを］　　　（베란다에 의자를）꺼내다, 들고 나가다

　　［店の金をだまって］　　　（가게의 돈을）빼돌리다

　　［会費の不足分を］　　　　（회비의 모자란 분을）부담하다*

もつ（もちなおす）

　▶持ち直す
　　［右手から左手に］　　　　（오른손에서 왼손으로）바꾸어 들다
　　［景気が］　　　　　　　　（경기가）회복되다*
　　［患者の病状が］　　　　　（환자가）회복되가*
　▶持ち寄る
　　［食べ物を］　　　　　　　（먹을 것을）각자 가지고 모이다
　▶持って行く
　　［傘を］　　　　　　　　　（우산을）가지고 가다, 가져가다
　　［小包を郵便局まで］　　　（소포를 우체국까지）가지고 가다, 가져가다
　▶持って来る
　　［新聞を］　　　　　　　　（신문을）가지고 오다, 가져오다

もつれる―――――――――――――――――――――――――
　　［髪の毛が］　　　　　　　（머리카락이）엉클어지다
　　［話が］　　　　　　　　　（이야기가）얽히다, 엉키다
　　［事件が複雑に］　　　　　（사건이 복잡하게）얽히다, 엉키다
　　［足が］　　　　　　　　　（발이）꼬이다
　　［舌が］　　　　　　　　　（혀가）꼬이다, 꼬부라지다

もてあそぶ（弄ぶ）―――――――――――――――――――――
　　［ハンカチを］　　　　　　（손수건을）가지고 놀다, 만지작거리다
　　［人の気持ちを］　　　　　（남의 마음을）가지고 놀다, 희롱하다*

もてあます（持て余す）―――――――――――――――――――
　　［暇を］　　　　　　　　　（한가한 시간을）주체 못하다
　　［思春期の娘を］　　　　　（사춘기인 딸을）주체 못하다
　　　＊「持て余している」は주체 못하고 있다. 주체는「手に負えないこと」。

もてなす―――――――――――――――――――――――――
　　［手作りの料理で客を］　　（손수 만든 요리로 손님을）대접하다*, 환대하다*

もてはやす―――――――――――――――――――――――――
　　［二世議員を］　　　　　　（이세 의원을）추켜올리다

もてる―――――――――――――――――――――――――
　　［弟は年上の女性に］　　　（남동생은 연상의 여성에게）인기가 있다

もとづく（基づく）―――――――――――――――――――――
　　［史実に］　　　　　　　　（사실에）입각하다*

[理論に] (이론에) 의거하다*

[自分の信念に] (자기의 신념에) 의거하다*

[個人的な経験に] (개인적인 경험에) 기인하다*

もとめる （求める）

[専門家の意見を] (전문가의 의견을) 청하다*

[パスポートの提示を] (여권 제시를) 요청하다*

[大声をあげて助けを] (큰 소리를 치며 도움을) 구하다*, 요청하다*

[知事に辞職を] (지사에게 사직을) 요구하다*

[若くて有能な人材を] (젊고 유능한 인재를) 찾다

➥ 求められる

[専門家としての意見を] (전문가로서의 의견이) 요구되다*

もどる （戻る）

[韓国に] (한국에) 돌아가다

[アメリカから] (미국에서) 돌아오다

[振り出しに] (원점으로) 되돌아가다

[来た道を] (오던 길을) 되돌아가다

[忘れ物を取りに家に] (잊어버린 물건을 가지러 집으로) 되돌아가다

[祖父の意識が] (할아버지의 의식이) 회복되다*

[記憶が] (기억이) 되살아나다

➥ 戻す

[話をもとに] (이야기를 처음으로) 돌리다, 되돌리다

[もとの場所に] (원래 있던 자리에) 되돌리다

[釣った魚を海に] (잡은 물고기를 바다에) 풀어 주다

[乾燥わかめを水で] (마른 미역을 물에) 불리다

[時計の針を5分] (시계 침을 5분) 뒤로 돌리다

[食べたものを全部] (먹은 것을 전부) 토하다*

➥ 戻される

[計画が白紙に] (계획이 백지로) 돌아가다

もむ （揉む）

[母の肩を] (어머니의 어깨를) 주무르다

[息子のことで気を] (아들 일로) 애태우다

[キュウリを塩で] (오이를 소금으로) 문지르다

357

もむ（もまれる）

→ **揉まれる**

［ラッシュの人波に］　　　（출퇴근길의 인파에) 부대끼다, 휩쓸리다

*러시아워という語はあるが，あまり使われない。会社員ならば출근길, 퇴근길, 学生ならば
등굣길, 하굣길などという。

［人生の荒波に］　　　　（인생의 거친 파도에) 시달리다

▶ **揉み合う**

［与野党の議員が］　　　（여야당 의원들이) 몸싸움을 벌이다, 부딪치다

▶ **揉みくちゃにする**

［手の中の紙を］　　　　（손 안에 있는 종이를) 구기다

→ **揉みくちゃになる**

［満員電車で］　　　　　（만원 전철에서) 밀치락달치락 시달리다

*전차（電車）と表記すると戦車と混同されるので，ふつう전철を使う。

▶ **揉み消す**

［たばこの火を］　　　　（담배 불을) 비벼 끄다

［スキャンダルを］　　　（스캔들을) 무마하다*, 뭉개 버리다

▶ **揉める**

［つまらない問題で］　　（하찮은 문제를 가지고) 옥신각신하다

［相続権のことで兄弟が］（상속권을 가지고 형제들이) 옥신각신하다

もらう（貰う）

［母親から小遣いを］　　（어머니한테서 용돈을) 받다

［友達から手紙を］　　　（친구한테서 편지를) 받다

［コンテストで１等賞を］（콘테스트에서 1등상을) 받다

MEMO

韓国語は基本的に受動態をあまり使わないので，「～してもらう」は，韓国語
にはうまく訳せない。無理に –받다を使って訳すとぎこちない韓国語になって
しまうので，多くの場合，主語に合わせて能動態に変えて表現するとよい。

・弟に髪を切ってもらう：남동생이 내 머리를 잘라 주다

・熱があるので医者に診てもらう：열이 나서 의사 선생님이 진찰해 주시다

　　*この場合は의사 선생님께 진찰 받다という表現も可能。

・母親に宿題を手伝ってもらう：어머니가 숙제를 도와 주시다

・近くにいた人に写真を撮ってもらう：근처에 있던 사람에게 사진을 찍어 달라
　고 부탁하다

・先輩におごってもらう：선배가 나에게 밥을 사 주다

もる（漏る）——————————————————————

［天井から雨が］ （천정에서 빗물이) 새다

➥**漏れる**

［蛇口から水が］ （수도꼭지에서 물이) 새다

［タンクから石油が］ （탱크에서 석유가) 새다

［すき間から明かりが］ （틈새에서 빛이) 새다

［計画が相手に］ （계획이 상대에게) 새다, 누설되다*

［名前が名簿から］ （이름이 명단에서) 빠지다, 누락되다*

➥**漏らす**

［小便を］ （오줌을) 싸다

［秘密を］ （비밀을) 누설하다*

［情報を］ （정보를) 누설하다*

［本音を］ （본심을) 입 밖에 내다, 말하다

［不満を］ （불만을) 말하다

［ため息を］ （한숨을) 쉬다

もる（盛る）——————————————————————

［皿に果物を］ （접시에 과일을) 담다

［ご飯を茶碗に］ （밥을 공기에) 담다

［堤防に土を］ （둑에 흙을) 쌓아 올리다

▶**盛り上がる**

［津波の影響で海面が］ （쓰나미의 영향으로 해면이) 부풀어 오르다

［液状化現象で地面が］ （액상화현상으로 땅이) 불룩하다

［宴会が］ （연회가) 고조되다*

➥**盛り上げる**

［オリンピックを］ （올림픽을) 고조시키다*

▶**盛り返す**

［人気を］ （인기를) 만회하다*, 회복하다*

［台風が勢力を］ （태풍이 세력을) 만회하다*

▶**盛り込む**

［種々な機能を］ （갖가지 기능을) 담다

▶**盛り付ける**

［さしみを大皿に］ （생선회를 대접시에) 담다

ま

ハンカチ持った？——가지다と지니다

みなさんは가지다と지니다をどのように使い分けますか。ハンカチは가지다ですか，それとも지니다ですか。では定期券は，お金は……？

가지다は会話体でよく使われ，一時的に持っているものに対して使います。ですからハンカチや，定期券，お金はすべて가지다です。

・외삼촌은 아주 좋은 차를 가졌어요.
　（おじさんはとてもいい車を持っています）
・영어 선생님은 많은 원서를 가지고 계셔요.
　（英語の先生はたくさんの洋書を持っています）
・언니는 예쁜 옷을 많이 가지고 있어요.
　（姉はきれいな服をたくさん持っています）

車や本，服などは常にあるものではなく，なくなったり，増えたりするものです。このように，永遠にではなく，一時的に所有できるものについては가지다を使います。

一方，지니다は書き言葉でよく使われるやや硬い表現で，특성（特性），재주（才能），기운（気勢），아름다움（美しさ）のような，人に付いて回る性格や性質に対してよく使われます。

・우리 할머니는 예순이 넘는 지금까지 젊음을 지니고 있어요.
　（うちの祖母は60を過ぎた今でも若さを保っています）
・고산 식물은 공기가 희박한 곳에서도 잘 자라는 특성을 지니고 있다.
　（高山植物は空気の薄いところでもよく育つ性質を持っている）

このように，지니다は目に見えない「ある特性」がある場合に使われる傾向があります。

ただし，身分証，鍵，携帯電話，財布のような身の回りの物に対しても使えることは使えます。

· 집이 빌 수 있으니 열쇠를 항상 지니고 다녀라.

　　(家を留守にするときがあるので，いつも鍵を持っていなさい)〔母親が子ど
　　もに〕

· 애야, 혹시 돈이 필요할지 모르니 비상금을 지니고 다녀라.

　　(ひょっとしてお金が必要になるかも知れないので，非常用のお金を持って
　　いなさい)〔父親が子どもに〕

　　上の例のように、目上の人が年下に語りかけるときには지니다が
しっくりきます。また書き言葉などでも지니다がよく使われます。
ふだんの友達との会話で지니다を使うとちょっと場違いに聞こえま
す。話し言葉では가지다，書き言葉では지니다と覚えておくといい
でしょう。

やく (焼く)

[落ち葉を]	(낙엽을) 태우다
[陶器を]	(도자기를) 굽다
[炭火で肉を]	(숯불에 고기를) 굽다
[ガスレンジで魚を]	(가스레인지로) 생선을 굽다
[感謝祭に七面鳥を]	(감사절에 칠면조를) 굽다

＊「肌を焼く」は선탠을 하다, 피부를 그을리다.

➥ 焼ける

[家が火事で]	(집이 화재로) 타다, (집에 불이) 나다
[火事で全財産が]	(화재로 전재산이) 타다, 타 버리다
[パンがこんがりと]	(빵이 노릇노릇하게) 구워지다
[七面鳥がいい具合に]	(칠면조가 잘) 구워지다
[顔が日に]	(얼굴이 햇빛에) 타다

＊「肌が日に焼ける」は피부가 햇빛에 타다. 타다는 比較的短い時間の間に「焼ける」, 그을리다는 長時間の間に「焼ける」.

[カーテンの色が]	(커튼 색이) 바래다
[鉄が真っ赤に]	(철이 새빨갛게) 달구어지다
[空が夕日で真っ赤に]	(하늘이 노을로) 새빨개지다, 붉게 물들다

▶ 焼き付ける

[ネガを]	(필름을) 현상하다*
[目に]	(눈에) 새겨지다
[脳裏に]	(뇌리에) 새겨지다

▶ 焼け落ちる

[文化財が放火で]	(문화재가 방화로) 불타 내려앉다, 전소되다*, 잿더미가 되다

▶ 焼けくそになる

[入試に落ちて]	(입시에 떨어져서) 자포자기가 되다

▶ 焼け死ぬ

[逃げ遅れた老人が]	(미처 피하지 못한 노인이) 소사되다*, 불에 타 죽다

▶ 焼け出される
　[空襲で]　　　　　　　　　(공습으로) 집을 잃다

▶ 焼け残る
　[町の一角だけが]　　　　(동네 한 구역만이) 타다 남다

やく（妬く）──────────
　[2人の仲を]　　　　　　(두사람의 사이를) 질투하다*, 시기하다*

やくす（訳す）──────────
　[英語を中国語に]　　　　(영어를 중국어로) 번역하다, 옮기다

やくだつ（役立つ）──────────
　[この本は TOPIK に]　　(이 책은 토픽에) 도움이 되다

➥ 役立てる
　[勉強したことを仕事に]　(공부한 것을 일에) 유용하게 쓰다, (잘) 써먹다

　➥ 役立てられる
　[募金が被災者のために]　(모금이 이재민을 위해서) 도움이 되다, 유익하
　　　　　　　　　　　　게 쓰이다

やけどをする──────────
　[火遊びをして]　　　　　(불장난을 해서) 화상을 입다, 데다
　＊데다 : 軽いやけどをする

やけ飲みをする──────────
　[恋人に振られて]　　　　(애인에게 차여서) 홧술을 마시다

やける（妬ける）──────────
　[2人の仲のよさに]　　　(둘이 사이가 좋아서) 질투가 나다

やしなう（養う）──────────
　[稼いだ金で家族を]　　　(번 돈으로 가족을) 부양하다*
　[体力を]　　　　　　　　(체력을) 기르다
　[読書の習慣を]　　　　　(독서의 습관을) 기르다
　[絵を見る目を]　　　　　(그림을 보는 눈을) 기르다

➥ 養ってもらう
　[失業して妻に]　　　　　(실업해서) 아내에게 부양받다*

やじる──────────
　[反対党の演説を]　　　　(반대당의 연설을) 야유하다*

やじる（やじられる）

➥ やじられる

　　［聴衆に］　　　　　　　　　（청중으로부터）야유를 받다

やすむ（休む）────────────────────

　　［公園の木陰で］　　　　　　（공원의 나무 그늘에서）쉬다

　　［湖に行く途中で］　　　　　（호수까지 가는 도중에서）쉬다

　　［家に帰って］　　　　　　　（집에 돌아가서）쉬다

　　［週末は家でゆっくり］　　　（주말은 집에서 푹）쉬다, 휴식하다*

　　［風邪で学校を］　　　　　　（감기에 걸려서 학교를）쉬다, 결석하다*

> **MEMO**
>
> 号令の「休め！」は 쉬어！。「休んでいる」は 쉬고 있다。「寝る」意味の「休む」
> は 자다, 주무시다（敬語）。
> 「お休みなさい」はいくつかの表現があるが, 敬意の高い順に, 안녕히 주무세
> 요 / 편히 쉬세요 / 잘 자 となる。

➥ 休ませる

　　［熱のため息子に学校を］　（아들이 열이 나서 학교를）쉬게 하다

　　［機械を］　　　　　　　　　（기계를）놀리다

　　［畑を］　　　　　　　　　　（밭을）놀리다, 묵히다

　　　＊묵히다：長い間ほうっておく, 放置する, 寝かす。

▶ 休まる

　　［体が］　　　　　　　　　　（피로가）풀리다

　　［気が］　　　　　　　　　　（마음이）편안해지다*

▶ 休める

　　［体を］　　　　　　　　　　（몸을）쉬다

　　［仕事の手を］　　　　　　　（일손을）쉬다, 멈추다

　　［鳥が木で羽を］　　　　　　（새가 나무에 앉아 날개를）쉬다

　　　＊この場合「休めている」は 쉬고 있다。

　　［頭を］　　　　　　　　　　（머리를）식히다

やせる（痩せる）────────────────────

　　［1 か月で 5 キロ］　　　　　（한 달에 5킬로）빠지다

　　［体ががりがりに］　　　　　（몸이 빼빼）마르다

　　　＊体型が「やせている」は 몸이 빼빼 말랐다のように, 過去形で表現する。

    ［土地が］   （땅이）메마르다 形

▶ やせ衰える

    ［胃がんで体がひどく］   （위암으로 몸이 홀쭉하게）여위다, 수척해지다*,
                                          쇠약해지다*

     *여위다：やせ衰える，やせ細る，ひどくやつれる。

▶ やせ細る

    ［栄養失調で］   （영양실조로）홀쭉해지다, 바싹 마르다

やつあたりする（八つ当たり─）

    ［妹はいつも母に］   （여동생은 언제나 어머니에게）화풀이하다

やっつける

    ［敵を］   （적을）쳐부수다, 패배시키다*

    ［きょう中にこの仕事を］ （오늘 중으로 이 일을）해치우다

     *해치우다：仕上げる，片づける。

やっていく（やって行く）

    ［だれとでもうまく］   （누구와도 잘）해 나가다

    ［一人で店を］   （혼자서 가게를）해 나가다

    ［月50万ウォンで］   （월 50만 원으로）살아가다

やってくる（やって来る）

    ［久し振りに昔の友達が］ （오래간만에 옛 친구가）찾아오다

    ［暖かい季節が］   （따뜻한 계절이）찾아오다, 다가오다

やってみる

    ［ともかく］   （아무튼）해 보다

    ［何が何でも］   （무슨 일이 있어도）해 보다

やつれる

    ［心労のあまり］   （마음고생이 심해서）수척해지다*, 초췌해지다*

    ［長患いですっかり］   （오랫동안의 병으로 완전히）여위다

やとう（雇う）

    ［アルバイトを］   （아르바생을）고용하다*, 쓰다

⇨ 雇われる

    ［臨時に］   （임시로）고용되다*

    ［事務員として］   （사무원으로）고용되다*

▶ 雇い入れる

    ［プログラマーを］   （프로그래머를）새로 고용하다*

やらわ

やぶる

やぶる（破る）

［手紙をびりびりに］	（편지를 짝짝）찢다
［強盗が金庫を］	（강도가 금고를）부수다

＊泥棒が窓を破って侵入する：도둑이 창문을 깨고 집에 들어오다

［長い沈黙を］	（긴 침묵을）깨다
［皇室の伝統を］	（황실의 전통을）깨다
［記録を］	（기록을）깨다
［約束を］	（약속을）어기다, 깨다
［規則を］	（규칙을）어기다
［韓国が中国を2対1で］	（한국이 중국을 2대 1로）물리치다
［警察の包囲網を］	（경찰의 포위망을）뚫다

➡ 破れる

［ズボンの尻が］	（바지 엉덩이가）찢어지다
［靴下が］	（양말이）해어지다

＊해어지다：擦り切れて穴が開く，破れる

［血管が］	（혈관이）터지다
［試合の均衡が］	（시합의 균형이）깨지다
［教師になる夢が］	（교사가 되는 꿈이）깨지다
［恋に］	（사랑에）실패하다*

やぶれる（敗れる）

［決勝戦で］	（결승전에서）지다

やむ（止む）

［雨が］	（비가）멎다, 멈추다, 그치다
［ピアノの音が］	（피아노 소리가）멈추다, 그치다

やめる（止める）

［新聞の購読を］	（신문의 구독을）중지하다*
［ピアノのレッスンを］	（피아노의 레슨을）그만두다
［悪い習慣を］	（나쁜 습관을）끊다
［たばこを］	（담배를）끊다, 그만두다

やめる（辞める）

［国会議員を］	（국회 의원을）그만두다, 물러나다

＊물러나다：後退する，退く

| ［仕事を］ | （일을）그만두다 |
| ［大学を］ | （대학을）그만두다 |

やる─────────────────────────

［宿題を］	（숙제를）하다
［好きなことを］	（하고 싶은 것을）하다
［放課後に野球を］	（수업을 마치고 야구를）하다
［子どもを大学に］	（아이를 대학에）보내다
［小遣いを］	（용돈을）주다
［花に水を］	（꽃에 물을）주다

➥ **やられる**

［台風に］	（태풍 피해를）입다
［完全に］	（완전히）당하다*
［暑さに］	（더위를）먹다, 타다

▶ **やらかす**

| ［大失敗を］ | （큰 실수를）저지르다 |

▶ **やりあう**

| ［公衆の面前で］ | （사람들 면전에서）다투다 |

▶ **やりかける**

| ［仕事を］ | （일을）하다 말다 |

▶ **やり繰りする**

| ［安月給で家計を］ | （싼 월급으로 가계를）꾸려 나가다 |
| ［時間を］ | （시간을）변통하다* |

▶ **やりこなす**

| ［難しい任務を］ | （어려운 임무를）해내다 |

▶ **やり込める**

| ［難しい質問で先生を］ | （어려운 질문으로 선생님을）곤혹스럽게 하다 |
| ［鋭い質問で大臣を］ | （날카로운 질문으로 장관을）몰아대다 |

➥ **やり込められる**

| ［孫に］ | （손자에게）꼼짝 못하게 당하다* |

▶ **やり過ぎる**

| ［仕事を］ | （일을）너무 많이 하다 |

やる（やりすごす）

▶ **やり過ごす**
［電車を何台も］　　　　　（전철을 몇 대나）지나쳐 보내다

▶ **やり損なう**
［肝心なところで］　　　　（아주 중요한 곳에서）잘못하다, 실패하다*, 실수하다*

▶ **やりっ放しにする**
［仕事を］　　　　　　　　（일을）하다가 내팽개치다

▶ **やり遂げる**
［任務を立派に］　　　　　（임무를 훌륭하게）해내다, 완수하다*

▶ **やり取りする**
［海外の友達と手紙を］　　（해외 친구와 편지를）주고받다

▶ **やり直す**
［人生を］　　　　　　　　（인생을）다시 시작하다*
［もう一度］　　　　　　　（다시 한번）시작하다*
［一から］　　　　　　　　（처음부터）다시 하다

▶ **やり抜く**
［仕事を最後まで］　　　　（일을 마지막까지）해내다

やわらぐ（和らぐ）──────────
［寒さが］　　　　　　　　（추위가）풀리다
［悲しみが］　　　　　　　（슬픔이）가라앉다
［日差しが］　　　　　　　（햇살이）온화해지다*
［薬で痛みが］　　　　　　（약으로 통증이）가라앉다, 완화되다*
［態度が］　　　　　　　　（태도가）부드러워지다, 누그러지다

➥ **和らげる**
［衝突時の衝撃を］　　　　（충돌시의 충격을）완화시키다*
［痛みを］　　　　　　　　（통증을）가라앉히다, 완화하다*
［怒りを］　　　　　　　　（화를）풀리게 하다

ゆ

ゆう（結う）
- ［髪を］ (머리를) 묶다
➡ **結わえる**
- ［ネクタイを］ (넥타이를) 매다
- ［縄で薪を］ (줄로 장작을) 매다, 묶다
- ［古新聞をひもで］ (헌 신문지를 끈으로) 매다, 묶다
  - ＊묶다 : (物を) くくる, 束ねる, ゆわえる, 一つにまとめる, 縛る
  - ＊매다 : (ひもなどを) 結ぶ, 締める

ゆがく（湯がく）
- ［ほうれんそうを］ (시금치를) 데치다

ゆがむ（歪む）
- ［激痛で顔が］ (너무 아파서 얼굴이) 일그러지다
- ［テレビの画面が］ (텔레비전 화면이) 삐뚤어지다, 일그러지다
- ［衝突でガードレールが］ (충돌로 가드레일이) 삐뚤어지다, 휘다
- ［拘留生活で心が］ (구류 생활로 마음이) 삐뚤어지다, 삐딱해지다
- ［地震で家が］ (지진으로 집이) 휘다, 기울어지다, 삐뚤어지다
➡ **ゆがめる**
- ［苦痛で顔を］ (고통으로 얼굴을) 일그러뜨리다
- ［事実を］ (사실을) 왜곡하다*
- ［家庭環境が弟の性格を］ (가정 환경이 동생의 성격을) 일그러뜨리다

ゆする（揺する）
- ［ひざを］ (무릎을) 흔들다
- ［栗の木を］ (밤나무를) 흔들다
  - ＊「貧乏揺すりをする」は다리를 달달 떨다
➡ **揺さぶる**
- ［足元を］ (발밑을) 흔들다
- ［彼の一言が僕の心を］ (그의 한마디가 내 마음을) 흔들다
- ［政界を］ (정계을) 뒤흔들다
  - ＊뒤- : (おもに動詞に付いて)「ひどく」「しきりに」「やたらに」という意味を表す接頭辞。

ゆする
- ［友達から金を］ (친구에게서 돈을) 갈취하다, 등치다

ゆする（ゆすられる）

> ➥ ゆすられる
> [不良たちに金を]　　　　　　（불량배들에게 돈을）뜯기다, 빼앗기다

ゆずる（譲る）─────────────────

[財産を子どもに]　　　　　　（재산을 자식에게）양도하다*, 물려주다
[息子に会社を]　　　　　　　（아들에게 회사를）넘겨주다, 물려주다
[老人に席を]　　　　　　　　（노인에게 자리를）양보하다*
[小さくなった服を弟に]　　　（작아진 옷을 동생에게）주다, 넘겨주다

> ▶ 譲り合う
> [席を]　　　　　　　　　　　（자리를 서로）양보하다*

> ▶ 譲り受ける
> [蔵書を]　　　　　　　　　　（장서를）양도받다*
> [父親の地盤を]　　　　　　　（아버지의 지반을）물려받다
> [格安の値段で]　　　　　　　（저렴한 가격으로）양도받다*

> ▶ 譲り渡す
> [権利を無償で]　　　　　　　（권리를 무상으로）양도하다*, 넘겨주다

ゆだねる（委ねる）─────────────────

[判断を上司に]　　　　　　　（판단을 상사에게）맡기다
[運命に身を]　　　　　　　　（운명에 몸을）맡기다

ゆでる（茹でる）─────────────────

[卵を]　　　　　　　　　　　（달걀을）삶다
[野菜をさっと]　　　　　　　（채소를 살짝）데치다

ゆめみる（夢見る）─────────────────

[未来の芸術家を]　　　　　　（미래의 예술가를）꿈꾸다

ゆるす（許す）─────────────────

[結婚を]　　　　　　　　　　（결혼을）허락하다*
[わがままを]　　　　　　　　（제멋대로인 행동을）용서하다*
[自他ともに]　　　　　　　　（자타가）인정하다*
[相手チームに得点を]　　　　（상대팀에 득점을）허용하다*

ゆるむ（緩む）─────────────────

[ねじが]　　　　　　　　　　（나사가）헐거워지다
[運動靴のひもが]　　　　　　（운동화 끈이）느슨해지다
[試験が終わって気が]　　　　（시험이 끝나서 긴장이）풀리다, 해이해지다*

［厳しい寒さが］	（극심한 추위가）누그러지다, 풀리다
［思わず口元が］	（자기도 모르게 입이）벌어지다
［長雨で地盤が］	（장마로 지반이）약해지다*

➥ **緩める**

［気を］	（긴장을）풀다
［ネクタイを］	（넥타이를）느슨하게 하다
［瓶のふたを］	（병의 뚜껑을）헐겁게 하다
［スピードを］	（속도를）늦추다, 줄이다
［敵に対する警戒を］	（적에 대한 경계를）완화하다*, 느슨하게 하다

ゆれる（揺れる）

［決心が］	（결심이）흔들리다
［地震で地面が］	（지진으로 땅이）흔들리다
［時計の振り子が］	（시계 진자가）흔들리다
［木の葉がそよ風に］	（나뭇잎이 산들바람에）흔들리다
［政界がスキャンダルに］	（정계가 스캔들로）흔들리다
［ピサの斜塔が風に］	（피사의 사탑이 바람에）휘청거리다

➥ **揺らす**

［ぶらんこを］	（그네를）흔들다
［木の枝を］	（나뭇가지를）흔들다

▶ **揺らぐ**

［決心が］	（결심이）흔들리다
［保守党の地盤が］	（보수당의 지반이）흔들리다
［市長としての自信が］	（시장으로서의 자신감이）흔들리다

▶ **揺り動かす**

［巨体を］	（거구를）뒤흔들다
［大地を］	（대지를）뒤흔들다

▶ **揺るがす**

［全世界を］	（전 세계를）뒤흔들다

やらわ

よ

よう（酔う）
［酒に］　　　　　　　　　（술에）취하다*
［勝利の栄光に］　　　　　（승리의 영광에）취하다*, 도취하다*
［パーティーの雰囲気に］　（파티 분위기에）도취하다*

＊車に酔う：차 멀미를 하다, 차 멀미가 나다（p.274「乗り物酔いする」参照）
＊酔い潰れる：곤드레만드레가 되다

よくばる（欲張る）
［あれもこれもと］　　　　（이것 저것）욕심을 부리다, 욕심을 내다

よける
［水たまりを］　　　　　　（물 웅덩이를）피하다*
［障害物を］　　　　　　　（장애물을）피하다*
［逆走車を］　　　　　　　（역주행 차를）피하다*

よこぎる（横切る）
［台風が本州を］　　　　　（태풍이 혼슈를）가로지르다
［鉄道が湖を］　　　　　　（철도가 호수를）가로지르다
［道を］　　　　　　　　　（길을）횡단하다*

よこす
［年賀状を］　　　　　　　（연하장을）보내오다
［書類を取りに使いを］　　（서류를 가지러 심부름꾼을）보내다

よごす（汚す）
［手あかで本を］　　　　　（손때로 책을）더럽히다
［ソースをこぼして服を］　（소스를 흘려서 옷을）더럽히다
［生活排水が海を］　　　　（생활 하수가 바다를）더럽히다, 오염시키다*

＊생활 폐수라는 語も使われているが頻度は低い。

➡ 汚れる
［下水のたれ流しで海が］　（오폐수를 방류하여 바다가）더러워지다, 오염
　　　　　　　　　　　　　되다*
［車の排気ガスで空気が］　（차의 배기가스로 공기가）더러워지다, 오염되다*

> **MEMO**
>
> 더러워지다는 どちらかというと身の回りのものに使われる。
> ・몸이 더러워지다 （体が汚れる）
> ・손이 더러워지다 （手が汚れる）
> ・신발이 더러워지다 （履き物が汚れる）
> ・옷이 더러워지다 （服が汚れる）

よこすべりする （横滑り―）
〔凍った道で車が〕　（빙판길에서 차가） 옆으로 미끄러지다
〔法務大臣が外務大臣に〕　（법무장관이 외무장관으로） 자리를 옮기다

よこたわる （横たわる）
〔芝生に〕　（잔디밭에） 드러눕다
〔ソファーに〕　（소파에） 드러눕다
〔険しい山脈が南北に〕　（험한 산맥이 남북으로） 뻗어 있다, 가로놓이다
〔前途に多くの困難が〕　（앞길에 많은 곤란이） 가로놓이다, 가로막다
　　＊가로놓여 있다 : 横たわっている

よこたえる （横たえる）
〔赤ん坊をベッドに〕　（아기를 침대에） 눕히다

よこどりする （横取り―）
〔他人の財産を〕　（남의 재산을） 가로채다
〔親友の恋人を〕　（친한 친구의 애인을） 가로채다

よこながしする （横流し―）
〔贓物を〕　（장물을） 부정 유출하다*
〔配給品を〕　（배급품을） 부정 유출하다*, 빼돌리다, 삥땅하다 俗
〔闇物資を〕　（암거래되는 물자를） 부정 유출하다*

よこやりをいれる （横槍を入れる）
〔私たちの独立計画に〕　（우리의 독립 계획에） 참견하다*, 간섭하다*

よじのぼる （よじ登る）
〔崖を〕　（벼랑을） 기어오르다
〔木のてっぺんに〕　（나무 꼭대기에） 기어오르다

やらわ

よじれる

よじれる───────────────
［イヤホンのコードが］　（이어폰 코드가）꼬이다

よせる（寄せる）───────────────
［家具を隅に］　（가구를 구석에）붙이다
［車を道端に］　（차를 길가에）붙이다
［いすをそばに］　（의자를 자기 옆으로）당기다
［浜辺に波が］　（바닷가에 파도가）밀려오다

▶ **寄せ集める**
［ごみを］　（쓰레기를）긁어모으다, 그러모으다

よそう───────────────
［ご飯を］　（밥을）푸다, 담다

よそおう（装う）───────────────
［店内を若者向けに］　（가게를 젊은 사람들에게 맞게）장식하다*, 꾸미다
［絹のドレスで］　（비단 드레스를）차려입다
［無関心を］　（무관심한）체하다
［警官を］　（경찰관을）가장하다*, （경찰로）위장하다*, 경찰인 체하다
［平静を］　（태연한）체하다, （평정심을）위장하다*

よどむ───────────────
［池の水が］　（연못 물이）괴다
［空気が］　（공기가）탁해지다*

よにげする（夜逃げ—）───────────────
［借金がかさんで］　（빚이 쌓여서）야반도주하다*

よぶ（呼ぶ）───────────────
［名前を］　（이름을）부르다
［救急車を］　（구급차를）부르다
［ウエーターを］　（웨이터를）부르다
［結婚式に友人を］　（결혼식에 친구들을）부르다, 초대하다*
［助けを］　（구조를）청하다, 요청하다*
［大きな反響を］　（큰 반향을）불러일으키다
［人々の共感を］　（사람들의 공감을）불러일으키다
［人気を］　（인기를）모으다, 끌다

➥ **呼ばれる**

［校長室に］　　　　　　　　（교장실로）불리다

［沖縄は東洋のハワイと］　（오키나와는 동양의 하와이라고）불리다

［幼いときから天才と］　　（어릴 적부터 천재라）불리다

［パーティーに］　　　　　（파티에）초대받다*

▶ **呼び集める**

［先生が生徒たちを］　　　（선생님이 학생들을）불러 모으다

▶ **呼び入れる**

［子どもたちを家の中に］　（애들을 집 안으로）불러들이다

▶ **呼び起こす**

［オリンピックの感動を］　（올림픽의 감동을）불러일으키다

▶ **呼び掛ける**

［市民に情報提供を］　　　（시민에게 정보 제공을）호소하다*

▶ **呼び出す**

［友達を駅前の喫茶店に］　（친구를 역전의 커피숍에）불러내다, 호출하다*

［検事が被疑者を］　　　　（검사가 피의자를）불러들이다

　➥ **呼び出される**

［法廷に］　　　　　　　　（법정에）소환되다*

［先輩に駅前に］　　　　　（선배에게 역앞에）호출되다*

▶ **呼び止める**

［警官が不審者を］　　　　（경찰이 수상한 사람을）불러 세우다

▶ **呼びつける**

［学生を職員室に］　　　　（학생을 교무실로）불러들이다

▶ **呼び戻す**

［急用で家に子どもを］　　（급한 일로 집에 어린이를）불러들이다

［遠い記憶を］　　　　　　（먼 기억을）되돌리다, 되찾다

▶ **呼び寄せる**

［外国駐在大使を本国に］　（외국 주재 대사를 본국으로）불러들이다

［任地に家族を］　　　　　（부임지에 가족을）불러들이다

［笛で小鳥を］　　　　　　（피리로 작은 새를）불러모으다

MEMO

불러들이다には「国家の事務を執行する機関からの命令」など「上からの力が働いている」というニュアンスがある。

- **검찰로 불러들이다** (検察に呼ばれる)
- **대사관으로 불러들이다**(大使館に呼ばれる)
- **법원으로 불러들이다**(裁判所に呼ばれる)
- **본국에 불러들이다**(本国に呼ばれる)

よみがえる（蘇る・甦る）

［死んだ人が］	(죽은 사람이) 소생하다*
［幼い頃の記憶が］	(어렸을 때 기억이) 되살아나다
［伝統工芸が現代に］	(전통공예가 현대에) 되살아나다

よむ（読む）

［本を］	(책을) 읽다
［地図を］	(지도를) 읽다
［お経を］	(불경을) 읽다, 외우다

MEMO

외우다の縮約形は외다。외우다には，「話や文を記憶しておいて，一字一句間違えないようにそのまま言う」という意味がある。暗記する。

- **구구단을 외우다** (九九をそらんじる)
- **기도문을 외우다** (祈禱文を［覚えて］唱える)
- **대본을 외우다** (台本を［覚えて］言う)
- **대사를 외우다** (せりふを［覚えて］言う)

［新聞で］	(신문에서) 읽다
［飛ばして］	(건너뛰고) 읽다
［ざっと］	(대충) 읽다
［声を出して］	(소리를 내서) 읽다
［人の心を］	(사람의 마음을) 읽다
［空気を］	(분위기를) 파악하다*, 알아차리다

＊알아차리다：雰囲気を推察してあらかじめ知る，気づく，見破る，見抜く。

▶ **読み上げる**

［新入生の名前を］ （신입생 이름을) 부르다

［一晩かかって本を］ （밤새 걸려서 책을) 다 읽다, 독파하다*

▶ **読み返す**

［原稿を何度も］ （원고를 몇 번이나) 읽다

▶ **読みこなす**

［東野圭吾を原書で］ （히가시노 게이고를 원서로) 읽다, 새겨읽다

▶ **読み込む**

［暗記するほど台本を］ （암기할 만큼 대본을) 읽다, 되풀이해 읽다

［データをディスクに］ （데이터를 디스크에) 저장하다*

▶ **読み通す**

［大河小説を一気に］ （대하 소설을 단번에) 끝까지 다 읽다, 완독하다*

▶ **読み取る**

［表情から苦悩を］ （표정으로부터 고뇌를) 알아차리다, 헤아리다*,
짐작하다*

［話し手の真意を］ （말하는 사람의 진의를) 파악하다*

［バーコードを］ （바코드를) 읽다

▶ **読み耽る**

［推理小説に］ （추리소설을) 탐독하다*

よむ（詠む）

［詩を］ （시를) 읊다

よる（寄る）

［そばに］ （가까이) 오다, 가다

［わきに］ （옆으로) 비키다

［会社帰りに飲み屋に］ （회사에서 돌아오는 길에 술집에) 들르다

［大邱へ行く途中大田に］ （대구에 가는 길에 대전에) 들르다

［弁当の中身が］ （도시락의 내용물이) 쏠리다

［ゆで卵の黄身が片方に］ （삶은 계란의 노른자위가 한 쪽에) 쏠리다

▶ **寄り掛かる**

［肩に］ （어깨에) 기대다

［親に］ （부모한테) 기대다

や
ら
わ

▶ 寄り添う

　　［被災者に］　　　　　　（이재민에게) 진심으로 다가가다, 진정으로 다
　　　　　　　　　　　　　가가다

よろける——————————————————————

　　［石につまずいて］　　　（돌에 걸려서) 비틀거리다
　　［酒に酔って］　　　　　（술에 취해) 비틀거리다
　　［リュックが重くて］　　（배낭이 무거워서) 비틀거리다

よろこぶ （喜ぶ）——————————————————

　　［子どもの卒業を］　　　（자식의 졸업을) 기뻐하다, 좋아하다
　　［孫の誕生を］　　　　　（손자의 탄생을) 기뻐하다, 좋아하다
　　［合格の知らせを聞いて］（합격 소식을 듣고) 기뻐하다, 좋아하다

↪ 喜ばす

　　［目を］　　　　　　　　（눈을) 즐겁게 하다

よろめく——————————————————————

　　［石につまずいて］　　　（돌에 걸려서) 비틀거리다
　　［砂利道で］　　　　　　（자갈길에서) 비틀거리다, 넘어지다
　　［人妻に］　　　　　　　（유부녀에게) 반하다, 넘어가다

よわまる （弱まる）——————————————————

　　［雨脚が］　　　　　　　（빗발이) 약해지다*
　　［抵抗力が］　　　　　　（저항력이) 약해지다*

↪ 弱める

　　［ガスの火を］　　　　　（가스 불을) 약하게 하다, 줄이다
　　［台風が勢力を］　　　　（태풍이 세력을) 약하게 하다
　　［ウイルスの毒素を］　　（바이러스의 독소를) 약화시키다*

よわる （弱る）——————————————————

　　［目に見えて体が］　　　（눈에 띄게) 몸이 쇠약해지다*, 약해지다*
　　［日に日に足腰が］　　　（날마다 하반신이) 약해지다*

ら・り

らくがきする（落書き—）───────────────

〔黒板に〕 （칠판에）낙서하다*

りきむ（力む）───────────────

〔重い石を動かそうと〕 （무거운 돌을 움직이려고）힘을 주다

りゃくす（略す）───────────────

〔詳しい説明を〕 （자세한 설명을）생략하다*

〔延世大学を延大と〕 （연세대학을 연대라고）줄여 쓰다

りっ，りっ，りの字で終わる言葉は？──しりとりと끝말잇기

　数年前に初めて札幌の雪祭りを見に行ったときのことです。どこを見ても雪，雪，雪です。会場のあちこちには，巨大な雪像の前で写真を撮ってくれるスポットがあり，観光客が列をなしています。係の人から渡されるキツネやクマのぬいぐるみを抱えて，ちょうどいい具合の位置に立つと「はい，撮りますよ」という掛け声とともに，大きな声で「ユキマツリー！」と言わされます。韓国では"김치！"ですが，ここでは「ユキマツリー！」なんですね。「はいチーズ！」の札幌版です。「ユキマツリー！」と言うときに口が横に開き，歯並びがきれいに見えます。

　さてこの「ユキマツリー！」で思い出したのが♪리 리 릿자로 끝나는 말은……という軽快な韓国の童謡（この曲は英語の歌 Row Row Row Your Boat に韓国語の歌詞をつけたもの）です。

　歌詞の中には괴나리，보따리，댑싸리，소쿠리，항아리……と리で終わる単語がたくさん出てきます。괴나리はレンゲ草，댑싸리は箒木のことです。보따리は風呂敷包み，소쿠리は竹で編んだかごです。そのほかにも꾀꼬리，목소리，울타리，개나리……延々と続きます。

　韓国語でも끝말잇기という「しりとり」遊びがあります。日本では「かんこく」→「くり」→「りす」→「すいか」……と最後の1文字を頭に持ってきて続けますが，韓国では，ハングルの性質上，한국 → 국수 → 수박 → 박물관……のように最後の字（ハングルの組み合わせをひとかたまりと考える）を続けます。

　しりとりは「ん」で終わると負けになってしまいますが，끝말잇기には何で終わったら負けと言うルールはありません。しかし次に続かないと負けですので，頭に来ることがない字で終わる単語を探して言えばいいのです。

　しりとりも끝말잇기も「らりるれろ」で終わる言葉をいかに多く知っているかが勝負の分かれ目です。これは韓国語も日本語も「らりるれろ」で始まる固有語が少ないからです。끝말잇기で勝利するためには，리で終わる言葉をたくさん覚えておくといいでしょう。☯

第2部

わ

わかちあう（分かち合う）
　〔喜びを〕　　　　　　　（기쁨을）서로 나누다
　　＊苦楽を分かち合う：동고동락하다

わかる（分かる）
　〔韓国語が〕　　　　　　（한국어를）알다, 이해하다*
　〔酒の味が〕　　　　　　（술 맛을）알다
　　＊わからない：모르다

わかれる（分かれる）
　〔道がふたまたに〕　　　（길이 두 갈래로）갈라지다
　〔二手に〕　　　　　　　（두 편으로）나뉘다

わかれる（別れる）
　〔空港で恋人と〕　　　　（공항에서 애인과）헤어지다
　〔駅で友達と〕　　　　　（역에서 친구와）헤어지다
　〔夫と〕　　　　　　　　（남편과）헤어지다, 이별하다*, 이혼하다*

わきまえる（弁える）
　〔立場を〕　　　　　　　（처지를）알다
　〔常識を〕　　　　　　　（상식을）알다
　〔身の程を〕　　　　　　（분수를）알다
　〔場所柄を〕　　　　　　（장소를）가리다
　〔礼儀を〕　　　　　　　（예의를）차리다
　〔善悪を〕　　　　　　　（선악을）분별하다*, 분간하다*, 변별하다*

わく（沸く）
　〔湯が〕　　　　　　　　（물이）끓다

MEMO

鍋料理などの材料が加熱により熱くなり煮えることも끓다という。
- 국이 끓다（味噌汁が沸騰する）
- 라면이 끓다（ラーメンが煮える）
- 매운탕이 끓다（メウンタンが煮える）

　〔会場中が〕　　　　　　（회장 전체가）들끓다

や
ら
わ

わく（わかす）

［全校が勝利の喜びに］　（학교 전체가 승리의 기쁨에) 들끓다, 들뜨다

➡ 沸かす

［湯を］　（물을) 끓이다

➡ 沸かせる

［名演説が聴衆を］　（명연설이 청중을) 열광시키다*

▶ 沸き上がる

［観衆から歓声が］　（관중으로부터 환성이) 들끓다, 터져 나오다

［会員から非難の声が］　（회원에게서 비난의 목소리가) 들끓다, 터져 나오다

▶ 沸き起こる

［割れんばかりの拍手が］　（우레와 같은 박수가) 터져 나오다

▶ 沸き返る

［大接戦にスタンドが］　（대접전에 스탠드가) 들끓다, 들레다, 열광하다*

▶ 沸き立つ

［好取組に場内が］　（막상막하의 대전에 장내가) 들끓다, 열광하다*

　　＊막상막하：互角, 伯仲, 五分五分。

わく（湧く）

［アイディアが］　（아이디어가) 샘솟다, 떠오르다, 생기다

［温泉が］　（온천이) 나오다, 솟다, 솟아나다

［岩かげから清水が］　（바위 밑에서 맑은 물이) 솟다, 솟아나다

［青空に入道雲が］　（파란 하늘에 소나기구름이) 피어 오르다

［水たまりにぼうふらが］　（웅덩이에 장구벌레가) 꾀다

［死体にうじが］　（사체에 구더기가) 꾀다, 뒤끓다

　　＊시체〈屍體〉：人間の死体, 사체〈死體〉：人間, または動物の死体。

［疑いが］　（의심이) 생기다, 나다

［勇気が］　（용기가) 생기다, 솟다, 솟아나다

［野球に興味が］　（야구에 흥미가) 솟다, 생기다

▶ 湧き出る

［地下水が］　（지하수가) 솟아나다

［望郷の念が］　（고향 생각이) 떠오르다

わける（分ける）

［文章を段落に］　（문장을 단락에) 나누다

［選挙区を 2 つの地域に］　（선거구를 2개의 지역으로） 나누다

［櫛で髪を左右に］　（빗으로 가르마를） 타다

➥ **分けられる**

［韓国は 9 つの道に］　（한국은 아홉 개의 도로） 나뉘어지다

［生物は動物と植物に］　（생물은 동물과 식물로） 분류되다*

わしづかみにする─────────────────

［銀行強盗が札束を］　（은행 강도가 돈다발을） 움켜쥐다

わずらう（患う）─────────────────

［肺炎を］　（폐렴을） 앓다

わずらわせる（煩わせる）─────────────────

［手を］　（수고를） 끼치다, （폐를） 끼치다, （신세를） 지다

わすれる（忘れる）─────────────────

［定期券を］　（정기권을） 잊어버리다

［電話番号を］　（전화번호를） 잊어버리다

［大切な約束を］　（중요한 약속을） 잊어버리다, 잊고 있다

［鍵をどこに置いたか］　（열쇠를 어디에다 놓아두었는지） 잊어버리다

［鍵をかけるのを］　（문 잠그는 것을） 잊어버리다

［傘を電車に］　（우산을 전철 안에） 두고 오다, 놓고 오다

［財布を］　（지갑을） 두고 오다, 놓고 오다

　*時間がたつのを忘れる : 시간 가는 줄을 모르다

　*忘れられない : 잊을 수 없다, 잊지 못하다

　*忘れかけている : 잊어가고 있다

わだかまる─────────────────

［お互いに不信感が］　（서로 불신감이） 응어리지다

わたす（渡す）─────────────────

［ボーイにチップを］　（보이에게 팁을） 주다

［メモを］　（메모를） 건네주다

［先生に宿題を］　（선생님께 숙제를） 제출하다*

［息子に全財産を］　（아들에게 전 재산을） 양도하다*, 물려주다

［第二走者にバトンを］　（제 이 주자에게 배턴을） 건네다

➥ **渡される**

［駅前でチラシを］　（역 앞에서 전단지를） 받다

やらわ

わたる（渡る）

［横断歩道を］　　　　　　（횡단보도를）건너다

［列車が鉄橋を］　　　　　（열차가 철교를）건너다

［泳いで海峡を］　　　　　（헤엄쳐서 해협을）건너다

［永住目的でアメリカに］　（영주를 목적으로 미국에）건너가다

［美術品が人手に］　　　　（미술품이 남의 손에）넘어가다

▶ 渡り合う

［強豪と互角に］　　　　　（강호와 대등하게）싸우다

［上司と激しく］　　　　　（상사와 심하게）다투다

▶ 渡り歩く

［日本中を］　　　　　　　（일본 전역을）떠돌아다니다, 방랑하다*

［いくつもの職場を］　　　（여러 직장을）돌아다니다

わたる（亘る）

［インタビューが長時間に］

　　　　　　　　　　　　　（인터뷰가 장시간에）걸치다

［博覧会が6か月間に］　　（박람회가 6개월간에）걸치다

［趣味が多方面に］　　　　（취미가 다방면에）걸치다

わびる（詫びる）

［無礼な振る舞いを］　　　（무례한 행동을）사과하다*

わらう（笑う）

［にこにこ］　　　　　　　（방긋방긋）웃다

［大声で］　　　　　　　　（큰 소리로）웃다

［げらげら］　　　　　　　（껄껄）웃다

［腹を抱えて］　　　　　　（배를 감싸고）웃다, 포복절도하다*

［腹の中で］　　　　　　　（속으로）웃다

▶ 笑わせる

［冗談を言って家族を］　　（농담을 해서 가족을）웃기다

　　＊笑わせるなよ：웃기고 있네.

▶ あざ笑う

［失敗を］　　　　　　　　（실패를）비웃다

　　＊笑わせるね：웃긴다.

▶ 笑い飛ばす

　　[心配を]　　　　　　　　　　（걱정을）웃어 넘기다

わる（割る）───────────────────────

　　[ガラスを]　　　　　　　　　　（유리창을）깨다

　　[クルミを]　　　　　　　　　　（호도를）쪼개다

　　[スイカを2つに]　　　　　　　（수박을 둘로）쪼개다

　　[竹を細く]　　　　　　　　　　（대나무를 가늘게）쪼개다

　　[10を2で]　　　　　　　　　　（열을 둘로）쪼개다, 나누다

　　[おので薪を]　　　　　　　　　（도끼로 장작）패다

　　[1ドルが100円を]　　　　　　（1달러가 100엔을）밑돌다

　　[投票率が40％を]　　　　　　（투표율이 40퍼센트를）밑돌다

　　[与党が過半数を]　　　　　　（여당이 과반수에）못 미치다

　　[ウイスキーを炭酸で]　　　　（위스키에 탄산을）타다

↪ 割れる

　　[卵が]　　　　　　　　　　　　（계란이）깨지다

　　[池の氷が]　　　　　　　　　　（연못의 얼음이）깨지다

　　[窓ガラスが]　　　　　　　　　（창유리가）깨지다

　　[花瓶が倒れて粉々に]　　　　（꽃병이 쓰러져서 산산조각이）나다

　　[皿が落ちて真っ二つに]　　　（접시가 떨어져서 두 조각）나다

　　[世論が2つに]　　　　　　　　（여론이 둘로）갈라지다, 나뉘다

　　[候補者の間で票が]　　　　　（후보자 사이에 표가）분산되다*

　　[党が3つに]　　　　　　　　　（당이 셋으로）분열되다*

　　[指紋から犯人が]　　　　　　（지문으로부터 범인이）밝혀지다, 판명되다*

　　[被害者の身元が]　　　　　　（피해자의 신원이）밝혀지다, 판명되다*

　　[169は13で]　　　　　　　　　（169는 13으로）나누어떨어지다

▶ 割り切る

　　[生活のためと]　　　　　　　（생활을 위해서라고）생각하다, 깨끗이 받아들이다

　　↪ 割り切れる

　　[12は3で]　　　　　　　　　　（12는 3으로）나누어떨어지다

▶ 割り込む

　　[子どもが大人の話に]　　　　（애들이 어른들 이야기에）끼어들다

　　＊列に割り込む：새치기를 하다, 새치기하다

やらわ

わる（わりだす）

▶ **割り出す**

［平均点を］　　　　　　　　（평균점을) 계산하다*

［犯人を］　　　　　　　　　（범인을) 추정하다*, 알아내다

▶ **割り引く**

［料金を］　　　　　　　　　（요금을) 할인하다*

▶ **割り振る**

［仕事を］　　　　　　　　　（일을) 할당하다*, 분담시키다*

訳と解答

〔p.169 の訳〕

ある女性が医者に体中が痛くてとても心配だと訴えた。

彼女は自分の腕を触っては「いたた」と大声を張り上げた。

こんどは足を触って「あっ」と悲鳴を上げた。そしてまた鼻を触っては「あいたた」と悲鳴を上げた。

そして医者に向かってこう言った。ね，見たでしょ？私の全身がおかしいんです。あちこち全部が痛いんです。

それを見て医師はこう言った。「たいしたことではないですね」

女性が「体中がこんなに痛いのに，たいしたことではないとおっしゃるのですか」というと，医者は「そうです。あなたの人差し指が折れただけのことです」と答えた。

〔p.251 の訳〕

　ある大学にコンピュータ音痴の教授がいた。ある日，自分のコンピュータがウイルスに感染したといって，コンピュータ救急隊を呼んだ。隊員がコンピュータを見てみると，ファイル名が全部，ワシ.hwp，オウム.hwp，ハト.hwp，……このように鳥の名前になっていた。

　それを見て隊員は「教授は鳥を研究なさっているようにお見受けしますが」と聞くと，教授は「いや，実はわしもそのことのために悩んでいるんだ。ファイルを保存する時に必ず「鳥の名前で保存」といってくるんだけど，もうこれ以上思い浮かぶ鳥の名前がなくてね」

〔p.265 のクイズの解答〕

[1] 데워　[2] 덥혀　[3] 데웠어요　[4] 덥혔다　[5] 덥혀졌어요

参考文献

박태하, 책 쓰자면 맞춤법, 서울: xbooks, 2020.

최종규, 새로 쓰는 비슷한 말 꾸러미 사전, 서울: 철수와영희, 2016.

김정선, 동사의 맛, 파주: 유유, 2015.

沖森卓也・曺喜澈　編著，韓国語と日本語，東京：朝倉書店，2014。

이재성, (글쓰기를 위한) 4천만의 국어책, 서울: 들녘, 2006.

김경원 김철호, 국어 실력이 밥 먹여준다 낱말편 1,2, 서울: 유토피아, 2006.

임창호 편저, 혼동되기 쉬운 말 비교 사전, 서울: 우석, 2001.

【著者】

今井 久美雄（いまい・くみお）

内科医師。韓国語講師。
宮城県仙台市生まれ。慶應義塾大学経済学部中退。
北里大学医学部医学科卒。
韓国・延世大学保健大学院公衆保健学科修了。

〈著書〉漢字で覚えるしっぽをつかむ韓国語（1999・インターブックス）
　　　　3パターンで決める 日常韓国語会話ネイティブ表現（2006・語研）
　　　　3場面で広がる 日常韓国語会話ネイティブの公式（2008・語研）
　　　　日常韓国語会話ネイティブの動詞160（2012・語研）
　　　　暮らしの韓国語単語 10,000（2014・語研）
　　　　暮らしの韓国語表現 6000 改訂版（2021・語研）
　　　　韓国語形容詞強化ハンドブック（2018・白水社）
　　　　韓国語〈漢字音・漢字語〉ハンドブック（2019・インターブックス）など。

編　集　　大橋利光
校　正　　星　文子
ＤＴＰ　　稲村大介
デザイン　近藤令子
協　力　　김규만

ネイティブ表現をきわめる
韓国語〈動詞〉小辞典 2600

2022 年 4 月 10 日　　　　初版第 1 刷発行

著　者　　今井久美雄
発行者　　松元　洋一
発行所　　株式会社インターブックス
　　　　　〒 102-0073　東京都千代田区九段北 1-5-10
　　　　　TEL 03-5212-4652　FAX 03-5212-4655
　　　　　メールアドレス　books@interbooks.co.jp
　　　　　ホームページ　　https://www.interbooks.co.jp
印刷所　　シナノ書籍印刷株式会社

韓国語の漢字語 約**500**通りをマスター！

日本語の漢字の知識を活用して，
韓国語の漢字博士に！

主な内容

- ・ハングルから
  漢字を探す ─────

- ・知っておきたい
  韓国語の漢字の知識 ───
  2通り以上に読む漢字
  日韓の漢字表記の違い
  韓国語独特の四字熟語 ほか

- ・付録 ─────
  日本と韓国の漢字体
  常用漢字の韓国語読み
  韓国・北朝鮮の行政区分 ほか

- ・役に立つ「コラム」 ───
  韓国語にない日本語熟語
  韓国人名の難読漢字 ほか

オールインワン
올인원 韓国語〈漢字音・漢字語〉ハンドブック

今井久美雄 著　定価（本体 3,200 円＋税）
ISBN 978-4-924914-62-9　A5 版　416 頁

株式会社インターブックス
〒 102-0073 東京都千代田区九段北 1-5-10 九段クレストビル 6 階
https://www.interbooks.co.jp